本书受山西师范大学优势专业建设基金资助出版

贪污贿赂罪之变迁
—— 以清代贪污贿赂罪为中心 ——

白平则 著

知识产权出版社
全国百佳图书出版单位
北京

图书在版编目（CIP）数据

贪污贿赂罪之变迁：以清代贪污贿赂罪为中心 / 白平则著 . —北京：知识产权出版社，2019.9

ISBN 978-7-5130-6489-7

Ⅰ.①贪… Ⅱ.①白… Ⅲ.①贪污贿赂罪—研究—中国—清代 Ⅳ.①D924.392.2

中国版本图书馆 CIP 数据核字（2019）第 202601 号

责任编辑：雷春丽　　　　　　　　　　责任印制：孙婷婷
封面设计：韩建文

贪污贿赂罪之变迁
——以清代贪污贿赂罪为中心

白平则　著

出版发行：知识产权出版社有限责任公司	网　　址：http://www.ipph.cn
社　　址：北京市海淀区气象路 50 号院	邮　　编：100081
责编电话：010-82000860 转 8004	责编邮箱：leichunli@cnipr.com
发行电话：010-82000860 转 8101/8102	发行传真：010-82000893/82005070/82000270
印　　刷：北京九州迅驰传媒文化有限公司	经　　销：各大网上书店、新华书店及相关专业书店
开　　本：720mm×1000mm　1/16	印　　张：19.25
版　　次：2019 年 9 月第 1 版	印　　次：2019 年 9 月第 1 次印刷
字　　数：287 千字	定　　价：78.00 元

ISBN 978-7-5130-6489-7

出版权专有　侵权必究

如有印装质量问题，本社负责调换。

目　　录

导　言 ………………………………………………………………… 1

第一章　贪污贿赂罪的界定 …………………………………………… 5
第一节　贪污贿赂罪的定义 ………………………………………… 5
第二节　贪污贿赂罪的类型 ………………………………………… 9

第二章　清代以前贪污贿赂罪的变迁 ………………………………… 12
第一节　贪污罪、公务侵占罪、公务使用侵占罪、挪用公款罪的变迁 ……………………………………………………………… 13
第二节　受贿罪、行贿罪的变迁 …………………………………… 23
第三节　贪污贿赂罪一般性规定的变迁 …………………………… 66
第四节　清代以前贪污贿赂罪变迁的特点 ………………………… 82

第三章　清代贪污贿赂罪的变迁 ……………………………………… 86
第一节　清代贪污贿赂罪变迁的思想基础与社会背景 …………… 86
第二节　清代贪污罪、公务侵占罪、公务使用侵占罪、挪用公款罪的变迁 ……………………………………………………… 97
第三节　清代受贿罪、行贿罪的变迁 ……………………………… 110
第四节　《暂行新刑律》关于受贿罪、行贿罪的规定 …………… 166

第四章　清代贪污贿赂罪立法的当代价值 …………………………… 167
第一节　清代贪污贿赂罪立法与当代外国贪污贿赂罪立法的一致性 …… 167
第二节　中国现行贪污贿赂罪立法与清代贪污贿赂罪立法的差异性 …… 185

第三节 中国现行贪污贿赂罪立法存在的十大问题及清代贪污
　　　　贿赂罪立法的当代价值 ………………………………… 187
第四节 完善中国贪污贿赂罪司法解释的构想 ………………………… 203

第五章 中国古代惩治贪污贿赂罪司法实践的启迪 …………………… 206
第一节 中国古代惩治贪污贿赂犯罪的司法实践——以清代为例 …… 207
第二节 中国古代惩治贪污贿赂犯罪司法实践的启迪 ………………… 286

参考文献 …………………………………………………………………… 292

导　　言

目前，国内外学者对中国古代官吏贪污贿赂犯罪的研究主要集中在惩贪肃贿、整顿吏治、廉政建设、案例介绍上，对贪污贿赂罪规则的研究成果很少，贪污贿赂罪规则的变迁、贪污贿赂罪的犯罪构成均是研究的薄弱环节。另外，关于贪污贿赂罪的研究基本为分朝代零散的研究，缺乏对于贪污贿赂犯罪法律体系的系统研究，而且现有的研究成果涉及贪污贿赂罪，大多以某一朝代贪污贿赂罪的历史沿革考察为主，很少有人对中国古代官吏贪污贿赂犯罪的历史变迁进行总体考察，对于各个不同朝代贪污贿赂犯罪法律规则之间内在联系很少涉及。

中国现行刑法关于贪污贿赂罪的规定无论从预防犯罪还是惩治犯罪的角度仍然存在一些不科学、不合理的因素，贪污贿赂金额3万元以下的行为一般不追究刑事责任，非法消费、使用公物及非法享用公共服务的行为除罪化，非法索要、接受财物以外的非物质性利益、好处的行为除罪化，非法接受他人财物及各种好处而不为他人谋取利益的行为除罪化，为谋取正当利益及没有明显谋利目的而给予国家工作人员以财物及各种好处的行为除罪化，均不利于预防贪污贿赂犯罪的发生。现行刑法关于巨额财产来源不明罪的规定从某种程度上弥补了上述行为除罪化留下的立法空白，但也折射出了国家工作人员的巨额非法所得无法按照贪污罪、受贿罪予以定罪处罚，从另一个角度反映出了现行贪污贿赂罪立法的犯罪圈太小，无法有效地预防和惩治贪污贿赂犯罪。

当前，我国完善贪污贿赂犯罪立法往往言必称西方，但是引进西方国家预防和惩治贪污贿赂犯罪法律制度的实际效果并不明显，其实当代国外刑法中许多有价值的法律制度在我国清代法律中已有规定。因此，发掘清代预防和惩治贪污贿赂犯罪的法制资源，对于完善当代中国贪污贿赂罪立法仍然具有强烈的现实意义和实际指导价值。清代法律规定，官吏受财，一两以下，杖七十，数额不是定罪标准，只是决定刑罚轻重的标准，当今世界许多国家的刑法不规定贪污贿赂构成犯罪的具体数额，中国刑法取消了贪污罪受贿罪的具体数额规定，但有关司法解释又重新规定贪污罪、受贿罪数额不满3万元（除非存在其他法定较重情节）不追究刑事责任。清代官吏受贿罪刑罚等级的划分比现行有关司法解释规定更细，官吏枉法受财有十三个、不枉法受财有十四个与受贿数额相对应的刑罚等级，而现行有关司法解释只规定了四个与受贿数额相对应的刑罚等级。西方国家，如美国量刑指南明确规定，提供、给予、索取或收受贿赂基本犯罪等级为十级。清代法律官吏受贿罪区分枉法与不枉法，枉法处罚重于不枉法，国外也有许多国家有类似的规定，如葡萄牙刑法把受贿罪明确区分为受贿实施不法行为罪和受贿实施合法行为罪，枉法受贿处1年至8年监禁，不枉法受贿处不超过2年监禁或者不超过240日罚金。[①] 清代时贪污罪比受贿罪处罚更重，监守自盗仓库钱粮，一两以下杖八十，四十两斩，官吏枉法受财，一两以下杖七十，八十两绞，而现行中国刑法受贿罪与贪污罪适用同样的处罚规定。清代法律重惩司法腐败，如风宪官吏受财各加其余官吏罪二等，而现行中国刑法并没有体现重惩司法腐败，以枉法裁判罪为例，司法工作人员收受贿赂，枉法裁判，按受贿罪处理时，并不比其他国家工作人员更重，至于纪检、检察、监察人员贪污受贿并无特别规定，而一些西方国家，如德国刑法规定其他工作人员受贿处3年以下自由刑或罚金，法官受贿处5年以下自由刑或罚金。在外国现行刑法关于贪污贿赂罪的规定中可以找到一些与清代法律相似或相同的内容，而在我国现行刑法关于贪污贿赂罪的规定中都找不到，这表明我们未能很好地区分清代法律的精华与糟粕，没有很好地继承清代惩贪立法的精华并在当代刑法中予以发扬光大。既然现行外国刑法关于贪污贿赂罪的规定有与清代法律相同或相似的内容，而与清代法律相去不远的中国现行刑法关于贪污贿赂罪的规定完全可以继承清代法律的内容。中国传统法律的惩贪规则具有跨越时空的合理

---

① 陈志军译：《葡萄牙刑法典》，中国人民公安大学出版社2010年版，第164页。

性，是中国古代法律智慧的集中体现，我们要善于从传统惩贪法律文化中去寻找完善现行惩贪法律的元素，而不是仅仅把其作为一种文化对待。批判传统法是中国近代法学的重要使命，而发掘传统法中仍然具有生命力的内容，继承传统法中迄今仍有价值的因素，应当是当代中国法学的重要使命。

我国古代预防和惩治官吏贪污贿赂犯罪的规则非常丰富，本书运用历史学考证方法、刑法学方法、比较方法对清以前及清代惩治官吏贪污贿赂犯罪规则进行了全面梳理，考察其变迁的过程、特点、路径与机理，重点考察清代预防和惩治贪污贿赂犯罪法律规则的变迁，并对清代惩治贪污贿赂犯罪的法律规则与当代中国及外国惩治贪污贿赂犯罪的法律规则进行了对比，深入论证继承传统法的必要性、可行性，探寻传统法可以为我国当前完善贪污贿赂罪立法借鉴的内容，以求发现中国传统法律中跨越时空的、具有现实合理性的规则，实现传统法与现代法的接榫。

历史学考证方法。历史学考证方法是法制史研究的一种重要方法。本书运用了历史学的考证方法，希望能在充分利用文献资料的前提下，理清中国古代贪污贿赂罪变迁的脉络，并作出恰如其分的概括和总结，作出客观公正的评价。本书关于贪污贿赂罪变迁的研究将把按照罪名、问题分别研究与按照朝代纵向展开、分别研究相结合，力求有所突破。

刑法学方法。本书尝试运用现代刑法学犯罪构成理论、贪污贿赂罪理论研究中国古代的贪污贿赂犯罪。本书首先依据现代刑法学关于贪污贿赂罪理论把中国古代的贪污贿赂罪区分为两大类，然后每一大类再划为若干小类，每一小类再细分为若干个具体罪名进行研究。本书以国内外有关贪污贿赂罪的刑事法规范为分析工具，并运用犯罪构成理论对每一个具体罪名进行深入分析。

比较方法。比较法是法学研究最基本的方法，也是法史学研究最重要的方法。德国著名比较法学者K. 茨威格特与H. 克茨对比较法做了精辟的论述，他们认为，"一切法律史的研究都表明是运用比较方法的一种作业"。"比较法的目的之一就是发现对问题的最好的解决办法。只有在探讨作为具体研究对象的问题的过程中进行特殊的比较考察时，才能够称之为真正的比较法。微观比较是对各个法律制度或法律问题的比较，是对不同的法律秩序中用以解决一定的具体问题或一定的利益冲突的规则的比较。"[①] K. 茨威格特与 H. 克茨的观点对本书思考贪污贿赂罪的变迁具有重要指导价值。通过对所研究的法律问题的古古对比、古今对比、中外对比可以发现相似点与差异点，为法律规则的继承、移植提供一些可供借鉴的思路。本书运用中国现行刑法关于贪污贿赂罪的规则、外国刑法贪污贿赂罪的规则与中国古代，主要是清代贪污贿赂罪的规则进行对比，宗旨是完善现行中国刑法的贪污贿赂罪立法。本书所主要关注的是法律问题本身而不仅仅是法律条文，从法律问题出发把清代的贪污贿赂罪规则与中、外现行刑法贪污贿赂罪规则逐条对比。从法律问题出发，而不是从法律条文出发的目的是看一看解决一个从古到今一直存在的问题，古今解决办法的不同，比较不同的解决办法。古代的法律问题与当代的法律问题是相似的问题，还是相同的问题，是否被解决了，怎样解决的。

  本书采用了中国现行刑法贪污贿赂罪的概念框架，在中国现行刑法没有相应规定时，借鉴当代外国刑法与中国古代法有关官吏贪污贿赂犯罪比较接近的概念。根据中国现行刑法的规定贪污贿赂罪主要包括贪污与贿赂两大类犯罪，其中贪污类犯罪主要包括贪污罪和挪用公款罪，贿赂类犯罪主要包括受贿罪和行贿罪。在坚持此分类的基础上，结合中国古代贪污贿赂罪立法的特点及当代外国刑法贪污贿赂犯罪的概念框架，将贪污类犯罪划分为贪污罪、挪用公款罪、公务侵占罪、公务使用侵占罪四个小类进行研究，将受贿类犯罪划分为受贿罪、行贿罪两个小类进行研究。在考察过程中坚持历史考证与规范比较分析相结合的方法。

[①] ［德］K. 茨威格特, H. 克茨：《比较法总论》, 潘汉典等译, 法律出版社 2003 年版, 第 12、11、16、3、7 页。

第一章　贪污贿赂罪的界定

第一节　贪污贿赂罪的定义

根据中国现行刑法的规定，贪污贿赂罪主要包括贪污与贿赂两类犯罪，其中贪污类犯罪包括贪污罪、挪用公款罪等，贿赂类犯罪包括受贿罪、行贿罪等。

一、中国古代法上的贪污罪、公务侵占罪、公务使用侵占罪、挪用公款罪

《中华人民共和国刑法》（以下简称《刑法》）第 382 条规定，"国家工作人员利用职务上的便利，侵吞、窃取、骗取或者以其他手段非法占有公共财物的，是贪污罪"。《刑法》第 384 条规定，"国家工作人员利用职务上的便利，挪用公款归个人使用，进行非法活动，或者挪用公款数额较大、进行营利活动，或者挪用公款数额较大、超过三个月未还的，是挪用公款罪……"外国现行刑法将上述行为称为公务侵占罪（相当于中国刑法之贪污罪）与公务使用侵占罪更为常见，有些国家，如马其顿、希腊，称职务侵占罪、职务欺诈罪，我国澳门地区刑法称公务上之侵占。公务使用侵占罪（包括中国刑法之挪用公款罪，但不限于挪用公款），如葡萄牙刑法规定的公务使用侵占罪包括：（1）违法使用公有交通工具或者具有相当价值的其他动产，或者允许他人使用；（2）将公款使用于非法律目的（相当于中国刑法之挪用公款罪）。有的国家，如马其顿，称"职务中的自用行为罪"，既包括自己未经授权使用，也包括未经授权交由他人使用，既包括其所托管的金钱、证券，也包括其他可移动物品。有些国家刑法也将上述行为称为贪污罪，但

是这些国家贪污罪的外延比中国刑法贪污罪的外延更大，既包括把因其职务原因占有、掌握的公私财产据为己有，即中国刑法之贪污罪，又包括中国刑法之贪污罪所不包括的挪用公款公物，如土耳其、巴西刑法规定出于使用后归还财物的目的实施贪污行为的可以减轻二分之一处罚，中国现行刑法挪用公款罪是独立于贪污罪的一个罪名，但中国没有挪用公物罪，即按照中国现行刑法国家工作人员未经授权使用或未经授权交由他人使用公物不构成犯罪，而按照中国古代法的规定，官吏违法自用或违法交由他人使用公物构成犯罪。中国古代法挪用公款的规定相对较少，而且无独立的处罚规定，均按贪污罪论处。

鉴于中国古代法有官吏违法使用公物、违法享用公共服务与公物构成犯罪的规定，而当代外国刑法也有类似的规定，当代中国刑法没有违法使用公物、违法享用公共服务与公物构成犯罪的规定，没有相应的罪名与古代法对接，鉴于我国贪污罪立法不够完善，许多应当予以犯罪化的行为迄今仍按违纪论处。因此，凡是中国刑法有相应罪名的将使用中国刑法的罪名，而在中国刑法没有相应罪名或不按犯罪论处时，本书将采用当代外国刑法可以与中国古代法有关官吏违法使用公物、违法享用公共服务与公物构成犯罪的规定进行对接，将统一用公务侵占罪与公务使用侵占罪。中国古代法上有官吏违法使用公款构成犯罪的规定可以与当代中国刑法挪用公款罪对接，仍使用挪用公款罪。

二、中国古代法上的受贿罪、行贿罪、介绍贿赂罪

《刑法》第385条规定，"国家工作人员利用职务上的便利，索取他人财物，或者非法收受他人财物，为他人谋取利益的，是受贿罪"。有关司法解释规定，国家工作人员利用职务上的便利，以借款，非法收受财物，买卖股票、房屋、汽车，收受干股，以开办公司等合作投资，投资证券、期货，委托理财，赌博等名义收受贿赂等也应认定为受贿。《刑法》第389条规定，"为谋取不正当利益，给予国家工作人员以财物的，是行贿罪……"《刑法》第392条规定，"向国家工作人员介绍贿赂，情节严重的，处三年以下有期徒刑或者拘役，并处罚金"。

外国刑法受贿罪的主体为公务员或公职人员，但有些国家，如匈牙利区分高级公务员与普通公务员、高级公务员受贿从重处罚；有些国家，如新西兰区分政府部长受贿罪、执法官员受贿罪和官员受贿罪，担任职务权力越大，受贿处罚相应更重。外国刑法受贿罪的犯罪对象很宽，不限于财物，也不限于物质利益，只要能达到影响公职人员职务行为的任何好处或利益都可以成为受贿罪的犯罪对象。如有的称"任何好处或利益"，利益指不限于财产的任何好处，金钱、有价值的对价、官职、职位或其他任何利益，包括直接利益和间接利益；有的称礼物、礼品、赠品、钱款、利益、不应接受的报酬、给予利益的许诺。外国刑法受贿的方法主要有三种形式，一是同意收受金钱、财物、礼物，接受服务或不应得的报酬，表现为公职人员被动接受；二是索取、索要、要求，表现为公职人员主动提出；三是强迫或诱使他人非法地许诺利益，让他人允诺财物，即承诺，彼此口头约定贿赂，简言之，收受贿赂、索要贿赂和承诺贿赂。有些国家，如意大利刑法规定事后受贿减轻处罚并区分了因职务行为受贿与因违反职责义务的行为受贿，后者处罚重于前者；有些国家，如葡萄牙刑法规定了受贿实施不法行为罪与受贿实施合法行为罪，其中，前者处罚重于后者；有些国家，如阿根廷刑法规定国家机关公职人员收受基于公职所送礼的并处1至6年完全剥夺资格，即公职人员非因职务上的事情而收受礼物，也构成受贿罪；中国香港地区的刑法规定任何政府雇员未得到长官的一般许可或特别许可而索取或接受任何利益，即属于犯罪，不必考究其收受利益的动机、意图，也不必考虑是否利用职务之便接受利益，根据中国香港地区刑法规定政府雇员非因公务受财，也构成受贿罪；外国刑法行贿人构成犯罪并不以谋取不正当利益为条件，只要行贿公职人员，谋取正当利益也构成行贿罪，有些国家行贿罪与受贿罪同样处罚。受贿罪的主要特点是利用职务上的便利，利用职务上的便利是受贿与普通送礼行为的重要区别，同时收受贿赂的认定比较复杂，必须考虑送礼行为的真实目的。通常情况下，送礼的目的包括以下六种情况：一是表达感情；二是出于与公职人员建立密切的私人关系以便将来请求公职人员利用职权枉法或不枉法地为其谋取利益或在办理某件事时给予方便、照顾；三是送礼人并不打算让公职人员为任何行为，仅出于对公职人员权利的恐惧心理而送礼；四是欲求公职人员为枉法行为；五是欲求公职人员为不正当行为；六是欲求公职人员为合法、正当行为。按照我国现行刑法的规定，如果送礼人并不明确要求收受者为自己谋取任何利益，收受者也没有承诺为送礼人谋取利益，就不构成受贿罪。当今世界各国刑法受贿罪犯罪圈的大小并不相同，受贿罪犯罪圈小的国家把公职人员利用职务之便收受数量较少的金钱、财物，获取非物质利益及非因职责范围内的事情收受礼物等行为排除在了犯罪圈之外，受贿犯罪圈大的国家把上述三种情况全部纳入了犯罪。当今中国属于受贿罪犯罪圈较小的国家，上述三种情况按照中国刑法关于受贿罪的规定均不构成犯罪。中国古代受贿罪犯罪圈很大，以唐律为例，几乎到了无所不包的程度，官吏只要收受财物、礼物，不论是否因公事收受，也不论收受礼物以后是否为枉法处断，不论收受什么礼物、数额多少，不论事前还是事后收受，不论是实际收受还是口头承诺，均构成犯罪。中国古代法受贿罪的犯罪圈与当今西方国家刑法受贿罪的犯罪圈大小非常接近，而与当今中国刑法受贿罪的犯罪圈相去甚远。今天中国发生的一些受贿行为按照中国古代法受贿罪的规定属于犯罪，按照当今西方国家刑法受贿罪规定也属于犯罪，但按照现行中国刑法受贿罪的规定却不属于犯罪，充其量只能按照违反党纪、政纪处理。

  为了研究问题的方便，鉴于中国古代法关于受贿罪的规定是数千年历史经验的长期积淀及西方国家受贿罪立法的发达，考虑到当今中国刑法关于受贿罪立法存在漏洞与不足，本书将在中国刑法有相应规定时使用中国刑法的规定，在中国刑法没有相应规定、不按犯罪论处时，将借鉴当代外国刑法与中国古代法有关官吏受贿罪类似的规定，以西方国家受贿犯罪圈为参照。中国古代法规定监临官吏"受所监临财物""监临受供馈""使所受供馈"等属于官吏非因公事受财，属于犯罪，但在这种情况下，与财人并无事在官吏之手，与财人也不以要求监临主守官为职务上枉法与不枉法之行为以实现自己正当或不正当的利益为追求，多数情况下是出于与监临主守官建立密切的私人关系以便将来请求监临官吏利用职权为其行枉法或不枉法之事，或在办理某件涉及官府的事务时给予方便、照顾，有些情况下送礼人仅是出于对监临官吏权力的恐惧心理而被迫送礼,按照现行中国刑法的规定,这些均不构成犯罪,上述两种情况虽不属于明显的行贿,监临官吏也无须作出枉法与不枉法判断以相谢,但是,这是一种极为隐蔽的行贿、受贿行为,具有潜在的行贿、受贿性质,对监临官吏具有强烈的腐蚀性,很容易毒化官场风气,也极易促成受财枉法行为的产生。因此,其直接的危害性虽然比官吏因事受财小一些,但其潜在的危害性很大,所以中国古代法一直把这种行为规定为犯罪。在当代西方文化背景下,有些国家没有上述行为存在的社会与政治土壤,因此不存在上述行为,也没有相关规定,另有些国家,如阿根廷就有相关规定,还有些地区,如中国香港也有相关规定。在中国文化背景下,从古至今一直存在这种非因有事在官而送礼、非因公事枉法与不枉法而收受财物的情况,而且相当之广泛、严重,甚至可以说是一种隐藏在社会底层的极具杀伤力的造成政治严重腐败的土壤,是一种具有中国特点的行贿、受贿,其危害性绝对不能低估,仅按照违纪对待,显然处罚太轻,相比较而言,古人比我们更高明些。某种程度上可以说,正是因为我国受贿罪犯罪圈太小,使得国家工作人员利用职务之便非因公务收受财物的行为仅是一种违纪行为,甚至连违纪都构不成,于是只好规定一个巨额财产来源不明罪弥补立法不健全、犯罪圈太小所留下的空白。因此,中国古代法上的官吏非因公事收受财物、礼物按照现行中国刑法之规定不属于受贿罪,但是本书仍将这些规定视为受贿罪的一种形式对待。

第二节 贪污贿赂罪的类型

在中国古代法中,贪污罪与贿赂罪不属于同一个犯罪类型,以唐律为例,贿赂罪主要规定在《职制律》中,而贪污罪则主要规定在《贼盗律》《厩库律》和《杂律》中。因此,本书秉承中国古代法的精神,首先把贪污贿赂罪区分为两大类,然后每一大类再划分为若干小类,每一小类再细分为若干具体罪名进行研究,分别考察每类犯罪的变迁过程,并探寻其变迁的特点、规律。

一、中国古代法上的贪污罪、公务侵占罪、公务使用侵占罪、挪用公款罪的类型

（一）贪污罪的类型

从中国现行刑法贪污罪的视角看，中国古代法中的贪污罪可以划分为三种类型：（1）官吏盗取官物；（2）官吏诈取官物；（3）官吏侵吞官物。

（二）公务侵占罪的类型

按照中国现行刑法规定这种情况不构成犯罪，从现代外国刑法公务侵占罪的视角看，中国古代法中的官吏变相侵吞官物是公务侵占罪的主要形式，以唐律为例，具体表现形式包括：（1）应由官传送而限外剩取；（2）不应入驿而入；（3）不合受供给而受；（4）非应食官瓜果、酒而食；（5）监当官私自役使在官人役、兵丁；（6）监临主守于所部僦运租税、课物。

（三）公务使用侵占罪的类型

按照中国现行刑法规定这种情况不构成犯罪，从现代外国刑法公务使用侵占罪的视角看，中国古代法中的公务使用侵占罪可以划分为以下几种形式：（1）官吏违法自用或者允许他人使用公有交通工具；（2）官吏违法自用或者允许他人使用公有物品；（3）官吏私借用官物过期不还；（4）官吏违法自贷及贷给他人官物。

（四）挪用公款罪的类型

从现代中国刑法挪用公款罪的视角看，中国古代法中的"官吏擅用库钱"属于挪用公款罪。

二、中国古代法上的受贿罪、行贿罪的类型

（一）受贿罪的类型

从现代刑法受贿罪的视角看，中国古代法受贿罪可以划分为六种类型：（1）官吏因公事收受财物、礼物；（2）官吏非因公事收受财物、礼物；

（3）官吏因公事或者非因公事索取及变相索取财物；（4）官吏因公事或者非因公事要求、引诱、强迫他人允诺财物；（5）官吏家人利用官吏职务上的影响力收受、求索、强行索取和变相索取财物；（6）官吏"说事过钱"。

（二）行贿罪的类型

从现代刑法行贿罪的视角看，中国古代法行贿罪可以划分为两种类型：（1）有事人以财请求官吏为枉法、不枉法之事；（2）非因有事请求给予官吏财物、礼物。

第二章　清代以前贪污贿赂罪的变迁

贪污贿赂罪作为一种法律制度，其变迁过程有一定的规律可循。德国制度经济学家柯武刚、史漫飞在论及制度变迁时指出，"制度变迁中存在着路径依赖，制度系统会在很大程度上顺从惯性，它们通常会循相当稳定的路径缓慢演化"。[①] 秦代及秦代以前是贪污贿赂犯罪立法的萌芽、草创时期，西汉是贪污贿赂犯罪立法的第一次大发展时期，魏晋南北朝是贪污贿赂犯罪立法的第二次大发展时期，唐代是贪污贿赂犯罪立法的成熟时期，宋、辽、金、元是贪污贿赂犯罪立法的徘徊、停滞时期，明、清是贪污贿赂犯罪立法进一步丰富、发展和完善时期。为了求得对清代贪污贿赂罪更加深刻的认识，需要对清代以前贪污贿赂罪变迁予以考察。清入关初期准用《大明律》，《大明律》关于贪污贿赂罪的规定是清代贪污贿赂罪变迁的起点，后来《大清律例》虽然在《大明律》的基础上增加了许多关于贪污贿赂罪的新规定，但《大明律》关于贪污贿赂罪规定的绝大部分内容被《大清律例》沿用，虽然清朝有例不用律，有些律条徒有虚名，但《大明律》关于贪污贿赂罪的规定在清代始终是贪污贿赂罪规定的主体部分，多数规定一直沿用到清朝灭亡。因此，研究《大明律》关于贪污贿赂罪的规定一定意义上就是在研究《大清律例》关于贪污贿赂罪的规定，而《大明律》在制定过程中大量吸收了《唐律》的内容，并继承了元代的一些法律规定。为了深入理解《大明律》，必须深入研究《唐律》，《唐律》又是唐以前法律的集大成者，为了求得对《唐律》的深刻理解，必须研究唐以前的法律。《宋刑统》与《大清律例》有着惊人的

[①] ［德］柯武刚、史漫飞：《制度经济学：社会秩序与公共政策》，韩朝华译，商务印书馆2000年版，第476页。

相似之处，宋、清两代的法律都是在原封不动地沿用前朝法律的基础之上通过不断发布新的敕文、条例而发展的，有许多共同特点，很值得关注。

本章首先对清代以前贪污罪、公务侵占罪、公务使用侵占罪、挪用公款罪、受贿罪和行贿罪的演变过程分别予以考察，其次对清以前各朝代关于贪污贿赂罪的一般规定进行考察，最后对清代以前的贪污贿赂犯罪变迁过程予以总体评价。

第一节 贪污罪、公务侵占罪、公务使用侵占罪、挪用公款罪的变迁

一、贪污罪

从现行中国刑法贪污罪的视角看，古代法上的贪污罪可以划分为三种类型：官吏盗取官物、官吏诈取官物和官吏侵吞官物。

（一）唐代以前贪污罪的变迁

秦律中官吏盗取官物没有专门罪名，按盗罪论。秦以后历代律例均把官吏盗取官物规定在《盗律》或《贼盗律》中。汉律中官吏盗取官物已经有了专门罪名："主守盗"。《汉书·刑法志》记载，汉文帝十三年（前167年）发布诏令："守县官财物而即盗之，已论命，复有笞罪者，皆弃市。"① 汉律规定，主守盗值十金弃市，"按史记平准书注，秦以一镒为一金，汉以一斤为一金。如淳曰，黄金一斤，直钱万。惠帝纪注，郑氏曰，凡言黄金真金也，不言黄，谓钱也。刘攽曰，诸书言若干金，则一金万钱"。由此可以推断汉代主守盗十万钱处以弃市。② 西汉初期官吏监守自盗不能以爵级减、免刑罚。汉高祖七年，《奏谳书》记载："七年八月己未江陵丞忠言：醴阳令恢盗官米

---

① 中国政法大学法律古籍整理研究所：《中国历代刑法志注译》，吉林人民出版社1994年版，第159页。
② 程树德：《九朝律考》，中华书局2006年版，第59、60页。

二百六十三石八斗。恢秩六百石，爵左庶长，从史石盗醴阳已乡县官米二百六十三石八斗，令舍人士伍兴、义与石卖，得金六斤三两、钱万五千五十，罪，它如书。兴、义言皆如恢。问：'恢盗赃过六百六十钱，石亡不训，它如辞。'鞠：恢，吏，盗过六百六十钱，审。恢当黥为城旦，毋得以爵减、免、赎。律：盗（赃）直（值）过六百六十钱，黥为城旦；令：吏盗，当刑者刑，毋得以爵减、免、赎，以此当恢。"《汉书·薛宣朱博传》记载："今醴阳令恢盗未足十金，故减一等黥为城旦，又因其为吏，故不得以爵减、免、赎也。"[①] 魏晋律称官吏盗取官物为"主守偷"。魏晋时期，"主守偷五匹、常偷四十匹，并加大辟"。[②] 南北朝时期的北周律称官吏盗取官物为"监临主掌自盗"。周文帝时，"监临主掌自盗二十匹以上，死"。[③] 南朝南宋也称官吏盗取官物为"主守偷"。《宋书·王弘传》载，"主守偷十匹，常偷五十匹死，四十匹降以补兵，官员士人犯偷不减刑，如需恩宥的，集议奏闻，决之圣旨"。[④]

（二）唐、宋、辽、金时期贪污罪的变迁

唐律称官吏盗取官物为"监临主守自盗"。《唐律疏议》卷第十九第二百八十三条规定："诸监临主守自盗，加凡盗二等，三十匹绞。"[⑤]《唐律疏议》卷第十九第二百八十二条规定："诸窃盗，五十匹加役流。"[⑥] 唐律对监临主守自盗的处罚重于常人窃盗，监临主守自盗值绢三十匹就处绞刑，而常人窃盗五十匹才处加徒流三千里。与此同时，唐律对监临主守自盗的处罚轻于监临主司受财枉法，监临主司受财枉法值绢十五匹就适用绞刑。由此可见，唐律治官重于治民，治贪（受贿）重于治盗（贪污）。《唐律疏议》诞生1000多年之后颁布的《大清律例》"监守自盗仓库钱粮"与《唐律疏议》的规定大体相似，均规定在刑律贼盗，处罚均重于常人盗，但唐律常人盗无死刑规

---

① 李均明：《简牍法制论稿》，广西师范大学出版社2011年版，第25页。
② 程树德：《九朝律考》，中华书局2006年版，第262、263页。
③ 中国政法大学法律古籍整理研究所：《中国历代刑法志注译》，吉林人民出版社1994年版，第217页。
④ 乔伟主编：《中国法制通史（第三卷）》，法律出版社1998年版，第318页。
⑤ 钱大群：《唐律疏义新注》，南京师范大学出版社2007年版，第619页。
⑥ 同上书，第618、619页。

定，而清律常人盗八十两绞，且清律由于监守自盗仓库钱粮多数情况下适用完赃减等，监守盗免死的机会更多，而常人盗免死的机会较少，因此实际处罚并不比监守盗更轻；清律监守自盗仓库钱粮四十两，斩，而官吏受财枉法八十两，绞。仅从法律条文规定上看，治盗（贪污）重于治贪（受贿），不过律文规定"监守自盗仓库钱粮"四十两，斩，但是例文的规定多数情况下远远轻于律文，而有例不用律，执行中还适用完赃减等，实际上，清朝对监守自盗仓库钱粮的处罚并不严。相反，官吏受财枉法的实际处罚重于监守自盗仓库钱粮。

唐律称官吏诈取官物为"监主诈取官财物"。《唐律疏议》第三百七十三条规定："诸诈欺官私以取财物者，准盗论。若监主诈取，谓监临主守诈取所监临主守之物，自从盗法，加凡盗二等，有官者除名。"① 这是中国古代法律文献较早的关于官吏诈取官物的正式记载。唐律规定，监主诈取官财物未遂也构成犯罪，比照本罪既遂减轻处罚，这种立法理念与现代刑法的精神是一致的。

宋律官吏盗取官物也称"监临主守自盗"，《宋刑统》与唐律关于"监临主守自盗"的规定基本相同，但宋代就贪污罪发布了许多敕令，这些敕令与唐律相比有一定变化，宋敕令监临主守自盗罪三十五匹才绞并且增加了配隶刑。宋真宗大中祥符八年改自盗法："二十五匹流二千五百里，三十匹流三千里，三十五匹绞。"② 宋《贼盗敕》记载南宋时，"诸监临主守自盗及盗所监临财物，罪至流，配本州（谓非除免者），三十五匹绞"。宋神宗定《诸仓丐取法》给予无禄之仓吏重禄并对仓吏窃取仓粮予以重惩，"丐取不满百钱，徒一年，每百钱则加一等；千钱流二千里；每千钱则加一等，罪至流三千里。其行货及过致者，减首罪二等。徒者皆配五百里，其赏百千；流者皆配千里，赏二百千；满十千，为首者配沙门岛，赏三百千，自首则除其罪。其后内则政府，外则监司，多仿此法。及哲宗初，偿罢重禄法，而绍圣复仍旧"。③ 辽

---

① 钱大群：《唐律疏义新注》，南京师范大学出版社2007年版，第808、809页。
② ［南宋］李焘：《续资治通鉴长编（卷八五，大中祥符八年六月癸巳）》，见《文渊阁四库全书（第三一五册）》，上海古籍出版社2003年版，第339页。
③ 沈家本：《历代刑法考》，中华书局1985年版，第998、999页。

代《兴宗纪》记载："重熙十年七月壬戌，诏诸职官私取官物者，以正盗论。"①

（三）元、明时期贪污罪的变迁

元代法律称官吏盗取官物为"监临主守自盗仓库钱粮"，这一称谓一直沿用到《大清律例》。元律重惩监临主守自盗仓库钱粮，《便宜一十八事》记载："监主自盗官物者死，应犯死罪者，具由申奏待报，然后行刑。"②《新元史·刑法志》记载，"太宗即位，楚材条，监主自盗官物者，死，著为令"。③《元史·刑法志》记载，"诸仓库官吏人等盗所主守钱粮，一贯以下，决五十七，至十贯杖六十七，每二十贯加一等；一百二十贯，徒一年，每三十贯加半年；二百四十贯，徒三年；三百贯处死。计赃以元钞为则，诸物以当时价估折计之"。④金代开始称纸币为钞票，元代大量印行流通。⑤米价在至元七年前后每石为一贯四百文，⑥至元十七年（1280年）一贯钞的购买力只及往日的一百文，⑦至元二十二年民间买米造酒，每石官价五贯，后来每石米到几十贯，⑧米价在至元十三年（1276年）前后是中统钞一贯买一石，至元钞发行时（1287年）便涨成十倍，在大德十年（1306年）十贯一石是正常的价格，大德十年江浙饥荒，每石要三十贯以上。至大四年（1311年）米价为每石二十五贯。至正六年上等粳米每石四十两，即比平定江南时高四十倍，⑨从整个元代看来，每石平均约值银八钱，或每公石值银二十九公分，元代金银比价为一比十，所以用黄金来计算，每公石约值两公分八九。⑩《明会典》（卷一七九）计赃时估："洪武元年令，凡计赃者皆据犯处当时物价。金一两

---

① 沈家本：《历代刑法考》，中华书局1985年版，第1039页。
② 王春瑜主编：《中国反贪史》，四川人民出版社2000年版，第756页。
③ 中国政法大学古籍整理研究所：《中国历代刑法志注译》，吉林人民出版社1994年版，第780页。
④ 同上书，第661、662页。
⑤ 彭信威：《中国货币史（下册）》，群众出版社1954年版，第368页。
⑥ 同上书，第388页。
⑦ 同上。
⑧ 同上书，第393页。
⑨ 同上书，第400页。
⑩ 同上书，第402页。

四百贯，银一两八十贯，铜钱一千文八十贯。"① 元律对贪污官钱粮的惩罚重于受贿枉法，受贿枉法没有死刑规定，最重的处罚才是杖一百七，不过如果按银一两八十贯计算，三百贯约合银三两七五钱，三百贯处死，即监临主守自盗仓库钱粮约合银三两七五钱就处死，实际处罚并不算轻。《唐律》监临主守自盗三十匹绞，三十匹约值银三十两，《大清律例》监临主守自盗仓库钱粮值银四十两才斩，而且杂犯准徒五年，可见，元代对监临主守自盗仓库钱粮实际处罚是很重的。

《大明律》官吏盗取官物沿用了元律"监守自盗仓库钱粮"的称谓，"若监临主守，诈取监守之物者，以监守自盗论"。② 元律重惩监临主守自盗仓库钱粮，惩治官吏贪污重于受贿枉法，监临主守自盗仓库钱粮不像《唐律》那样比照普通的窃盗罪加重二等处罚，三十匹绞，而是规定了独立的处罚体系，《大明律》继承了元律的重惩监临主守自盗仓库钱粮的规定，而没有遵循《唐律》的规定。《大明律》规定："凡常人盗仓库钱粮等物，八十贯，绞。"③ "凡监临主守自盗仓库钱粮等物四十贯，斩。"④ 《大明律》重惩监守自盗仓库钱粮体现在：（1）监临主守共同犯盗窃官钱粮等物，不分首从，并赃论罪；（2）在右小臂上刺盗官粮钱物三字；（3）对贪污官钱粮的惩罚重于受贿枉法，受贿枉法，八十贯，绞；贪污官钱粮，四十贯，斩。《唐律》窃盗五十匹加役流，《大明律》常人盗仓库钱粮八十贯绞，官盗的惩罚比常人盗重一倍，均体现了官盗的惩罚重于常人盗。清末著名法学家沈家本指出："唐不分官私，无盗官物专条也。明事事以官私分别，其宗旨遂歧出矣。窃谓监守乃知法守法之人，竟置法于不问而故犯之，其情罪甚重。《唐律》窃盗无死罪，而监主三十匹绞，此监主之重于常人。《汉律》主守盗直十金，弃市。是唐法本于汉也。《大明律》四十贯斩，本重于常人之八十贯绞，后来以其重也，而改为杂犯，其罪仅止准徒五年，反视凡盗之罪至满流者为轻，而其理遂难通矣。薛云监守重于窃盗，情法本应如是。《唐律》监守盗有绞

---

① 彭信威：《中国货币史（下册）》，群众出版社1954年版，第406页。
② 《大明律》，法律出版社1999年版，第144页。
③ 同上书，第138、139页。
④ 同上书，第137、138页。

罪，而窃盗止于加役流，非谓窃盗之不应死也。古人立法原有至理，天下未有生而为盗者，教养不先而穷苦无度迫不得已，非尽小民之罪，在上者方引以为愧，未忍尽法相绳，亦网开一面之意也。监临主守俱系在官之人，非官即吏，本非无知愚民可比，乃居然潜行窃盗之事，有何情节可原之！本系斩罪，后改为杂犯准徒五年，遂致诸多樛葛矣。"①《大明律》规定监守自盗仓库钱粮四十贯，斩，但是后来颁发的《监守自盗仓库钱粮条例》规定二百两以上才（至少在二百贯以上）真斩，不满二百两，均充军，而且在一年内完赃，就减等处罚。《监守自盗仓库钱粮条例》规定："凡仓库钱粮，若宣府、大同、甘肃、宁夏、榆林、辽东、四川、建昌、松潘、广西、贵州，并各沿边、沿海去处，有监守盗粮四十石、草八百束、银二十两、钱帛等物值银二十两以上，俱发边卫，永远充军。两京各衙门及漕运，并京、通、临、淮、徐、德六仓，有监守盗粮六十石、草一千二百束、银三十两、钱帛等物值银三十两以上，亦照前拟，充军。其余腹里，但系抚按等官查盘去处，有监守盗粮一百石、草四千束、银一百两、钱帛等物值银一百两以上，亦照前拟充军。以上人犯，俱依律并赃论罪，仍各计入己之赃，数满方照前拟断；不及数者，照常发落。其各处征收在官应该起解钱粮，有侵盗者，俱照腹里例拟断。凡沿边、沿海钱粮，有侵盗银二百两、粮四百石、草八千束、钱帛等物值银二百两以上，漕运钱粮，有侵盗银三百两、粮六百石以上，俱照本律，仍作真犯死罪。系监守盗者，斩。奏请定夺。"②

二、公务侵占罪

从现代外国刑法公务侵占罪的视角看，中国古代法官吏变相侵吞官物是公务侵占罪的主要形式。

（一）唐代以前公务侵占罪的规定

汉朝法律规定的平价坐赃、附益和平庸坐赃是中国古代法公务侵占罪较早的记录。《汉书·功臣表》记载："武帝太始四年，梁期候任当千坐卖马一

---

① 沈家本：《历代刑法考》，中华书局1985年版，第1862页。
② 《大明律》，法律出版社1999年版，第407、408页。

匹钱十五过平赃五百以上，免。"《居延汉简甲编》记载："贵市平贾石六钱，得利二万四千。"① 师古曰："附益者，盖取孔子云'求也为之聚敛而附益之'之义也，皆背正法而厚于私家也。"《汉书·肖望之传》："望之多使守史自给车马，之杜林护视家事又使买卖，私所附益之十万三千。受所监赃二百五十以上，请逮捕系治。"②《汉书·景帝纪》后元三年诏，"吏发民若取庸采黄金珠玉者，坐赃为盗"。③

（二）唐代及唐代以后公务侵占罪的变迁

《唐律》对以官吏变相侵吞官物为表现形式的公务侵占罪作了有史以来最为详尽的规定，主要有以下几种形式。

1. 非法享用公共服务、使用公物

《唐律疏议》第四百〇八条规定，"诸应给传送，而限外剩取者，笞四十；计庸重者，坐赃论，罪止徒二年。若不应给而取者，加罪二等。强取者，各加一等。主司给与者，各与同罪"。④《唐律疏议》第四百〇九条规定，"诸不应入驿而入者，笞四十。辄受供给者，杖一百；计赃重者，准盗论。虽应入驿，不合受供给而受者，罪亦如之"。⑤《唐律疏议》第四百四十一条规定，"非应食官酒而食者，坐赃论"。⑥ 窃取、诈取是最典型的贪污形式，体现为直接把公共财物非法据为己有。有资格享用公共服务与公物但享用超过了法定标准或者无资格享用公共服务与公物而享用，用现在的语言讲，就是白用、白吃、白住，就是占国家的便宜，表面上看并非直接把公共财物非法据为己有，但实际上是一种隐蔽的、变相的、间接的非法侵占公共财物，实质上也是贪污。按照唐律的规定非法享用公共服务包括违法使用国家的马匹传送（类似于现在的超标准使用公车及无资格使用公车而使用，也即白用），非法进入驿站住宿与非法享用驿站供给（类似于现在的无免费入住宾馆的资格而

---

① 陈乃华："秦汉官吏赃罪考述"，载《山东师大学报（社会科学版）》1991年第1期，第36页。
② 同上。
③ 同上书，第35页。
④ 钱大群：《唐律疏议新注》，南京师范大学出版社2007年版，第860页。
⑤ 同上书，第861页。
⑥ 同上书，第904页。

免费入住，及有资格免费入住宾馆但无权免费享用宾馆提供的其他服务而享用，也即白住白用），非法享用公物包括无权享用官田园瓜果、蔬菜等而违法享用及无权享用官酒食而违法享用（类似于现在的公款吃喝，也即白吃）。唐朝官员无权白用、白住、白吃，非法享用公共服务与公物构成犯罪，要承担相应的刑事责任，而且非法提供公共服务与公物者也要承担与非法享用公共服务与公物者同样或更重的刑事责任。超标准多使用国家的马匹或无权使用国家的马匹而违法使用、不应入驿站住宿而进入驿站住宿、擅自接受驿站提供的供给、擅食官田园瓜果蔬菜等及非应食官酒而食，即构成侵占，从现代刑法的角度看具有贪污性质，但目前中国刑法并未把这种情况犯罪化，而当代一些西方国家这方面的法律规定是很严的。这三条规定充分反映了唐律的严密性，反映出唐律的犯罪圈几乎涉及了当时官员可能得到的所有好处，正式俸禄与待遇之外，官员不能享受公家的一点额外好处，否则就构成犯罪。唐朝治官刑法之严之密之发达从此可见一斑。

2. 监临主司违法使用官役为私人服务

《唐律疏议》第二百四十七条规定："诸丁夫、杂匠在役，而监当官私使……各计庸准盗论……"① 南宋绍兴二十六年（1156年），高宗诏令："见任官于所部私役工匠营造己物者，依律计庸，准盗论。"② 这两条规定类似于领导干部违反规定使用国家支薪人员为其本人及家庭提供各种无偿的劳动服务。

3. 监临主守于所部违法从事营运、贸易活动

监临主守于所部违法从事营运、贸易活动包括两种情况：一是监临主守于所部僦运租税、课物；二是监临官以私财、奴婢、畜产等私有物贸易官物。《唐律疏议》第二百九十条规定："诸以私财物、奴婢、畜产之类……贸易官物者，计其等准盗论，官物贱，亦如之。计所利以盗论。""若是监临主守，加罪二等，合杖八十，应累并者，皆将'以盗'累于'准盗'加罪之类，除、免、倍赃各尽本法……假有监临之官，以私奴婢直绢三十疋，贸易官奴

---

① 钱大群：《唐律疏议新注》，南京师范大学出版社2007年版，第547页。
② ［南宋］李心传：《建炎以来系年要录（卷一七五，绍兴二十六年闰十月癸丑）》，见《文渊阁四库全书（第三二七册）》，上海古籍出版社2003年版，第469页。

婢直绢六十匹，即是计利三十匹，监临自盗合绞。"① 监临主守在所监临内租车运输或招揽他人运输监临内的租税、课物，以私财、奴婢、畜产等私有物贸易官物，容易出现借经营之名行贪污之实的情况，至少存在利用职务之便借经营之名行贪污之实的嫌疑，因此，应当犯罪化，避免出现立法上的漏洞，给犯罪分子以可乘之机。这种情况类似于现在的党政干部经商，但当前刑法没有继承传统法的精神，把这种情况予以犯罪化，而是仅规定为一种违反党纪、政纪的行为，给予党纪、政纪处分，而无须承担刑事责任。

《宋刑统》《大明律》关于官吏变相侵吞官物的规定与《唐律》基本相同。元律规定，"诸有司和买诸物，多余估计，分受其价者，准盗官钱论，不分受，以冒估多寡论。监临及当该官吏诡名中纳者，物价全没之"。②

三、公务使用侵占罪

从现代外国刑法公务使用侵占罪的视角看，中国古代法公务使用侵占罪可以划分为以下几种形式：（1）官吏违法自用或者允许他人使用公有交通工具；（2）官吏违法自用或者允许他人使用官物；（3）官吏私借用官物过期不还；（4）官吏违法自贷及贷给他人官物。

《秦简》记载："吏有故当止食，弗止，尽禀出之，论何也？当坐所赢出为盗。"③ 在秦代官吏违法使用官物，进行营利活动，按盗窃罪论处。《唐律疏议》第二百〇八条规定："诸监临主守，以官奴婢及畜产私自借，若借人及借之者，笞五十；计庸（人畜每天的工值）重者，以受所监临财物论。驿驴，加一等……即借驿马及借之者，杖一百，五日徒一年；计庸重者，从上法……"④《唐律疏议》第二百一十一条规定："诸假请官物，事讫过十日不还者笞三十，十日加一等，罪止杖一百；私服用者，加一等。"⑤《唐律疏议》第二百一十三条规定："诸监临主守之官，以官物私自借，若借人及借之者，

---

① 钱大群：《唐律疏义新注》，南京师范大学出版社2007年版，第634、635页。
② 中国政法大学古籍整理研究所：《中国历代刑法志注译》，吉林人民出版社1994年版，第657、658页。
③ 睡虎地秦墓竹简整理小组：《睡虎地秦墓竹简》，文物出版社1978年版，第217页。
④ 钱大群：《唐律疏义新注》，南京师范大学出版社2007年版，第488页。
⑤ 同上书，第559页。

答五十；过十日，坐赃论减二等……罪止徒二年。"①《唐律疏议》第二百一十二条规定："诸监临主守，以官物私自贷，若贷人及贷之者，无文记，以盗论；有文记，准盗论；文记，谓取抄署之类。立判案，减二等……无文记以盗论者，与真盗同，若监临主守自贷，亦加凡盗二等，有文记者准盗论，并五匹徒一年，五匹加一等。立判案，减二等，谓五匹杖九十之类。即充公廨及用公廨物，若出付市易而私用者，各减一等坐之……徵倍赃，有官者除名……"②唐律没有关于挪用公款罪的直接规定，但规定了与今天的挪用公款罪在本质上相同的挪用公物罪，即现代外国刑法意义上的公务使用侵占罪。唐朝的公务使用侵占罪分为四种情况：（1）监临、主守私自借用及转借给他人公有劳力和交通工具，即奴婢及畜产，其中，私自借用当时最重要的官府交通工具驿驴和驿马处罚更重；（2）监临、主守私自借用及转借给他人公有物品，如衣服、毯褥、帷帐、器玩；（3）监临、主守私自贷公有物及将公有物贷给他人。唐律规定监临、主守将公有物非法出借、贷给他人时，不仅处罚作为出借、贷人的监临、主守，而且处罚借、贷人；（4）私借用官物过期不还。《宋刑统》沿用了《唐律》的规定。《通考》（第一百六十七条）规定："嘉定十三年诏凡在官财物不应用而用之，依律科坐赃罪之人，自今私自入己者为赃罪，私自馈遗者为私罪，用之充公者为公罪。创始者为首，坐以全罪；循例者为从，与减一等。"③元律规定："诸职官辄借骑所部内驿马者，笞三十七，降先职一等叙，记过。"④《大明律》户律规定，"私借官车船，笞五十，计雇赁钱重者，各坐赃论，加一等；私借官物，十日内，笞五十，过十日，各坐赃论，减二等"。⑤

四、挪用公款罪

从中国现行刑法挪用公款罪的视角看，中国古代法"官吏擅用库钱"是

---

① 钱大群：《唐律疏义新注》，南京师范大学出版社2007年版，第453页。
② 同上书，第452页。
③ 沈家本：《历代刑法考》，中华书局1985年版，第1029页。
④ 中国政法大学古籍整理研究所：《中国历代刑法志注译》，吉林人民出版社1994年版，第658页。
⑤ 《大明律》，法律出版社1999年版，第57、71页。

挪用公款罪的表现形式。《秦简》记载，"府中公金钱私贷用之，与盗同法。何谓'府中'？唯县少内为'府中'，其它不为"。① 秦律规定挪用公款与盗同法。《隋书》记载，"卢思道以擅用库钱，免归于家"。②《元史·刑法志》职制上："诸职官侵用官钱者，以枉法论，虽会赦，仍除名不叙。"③《大明律》户律规定，私借钱粮，并计赃以监守自盗论。④ 挪移出纳、附余钱粮私下补数等，准以监守自盗论罪。古代虽有挪用公款问题，但是没有专门的挪用公款罪名，挪用公款通常按监守自盗论，但量刑上轻于监守自盗。

第二节　受贿罪、行贿罪的变迁

从现代刑法受贿罪的视角看，中国古代法受贿罪可以划分为五种类型：（1）官吏因公事收受财物、礼物。根据官吏收受财物、礼物以后利用职务上的便利为请求人做枉法、不枉法之事的情况，官吏因公事收受财物、礼物可以分为受人财为请求与监临主司受财枉法、不枉法。根据收受财物与施行枉法、不枉法之事的时间顺序，官吏因公事收受财物、礼物可以分为官吏受财与事后受财。根据收受财物以后是否曲法处断，官吏因公事收受财物、礼物可以分为受财枉法、受财不枉法；（2）官吏非因公事收受财物、礼物。根据犯罪对象的不同可以分为官吏非因公事收受财物与非因公事收受土宜礼物；（3）官吏因公事或者非因公事索取及变相索取财物。根据索取方法的不同可以分为求索、强行索取和变相索取；（4）官吏家人收受、求索、强行索取和变相索取财物；（5）官吏说事过钱。

从现代刑法行贿罪的视角看，中国古代法行贿罪可以划分为两种类型：（1）有事人以财请求官吏为枉法、不枉法之事。根据官吏受财之后是否枉

---

① 睡虎地秦墓竹简整理小组：《睡虎地秦墓竹简》，文物出版社1978年版，第165页。
② [唐] 魏徵：《隋书（卢思道传）（卷五十七）》，中华书局1997年版，第1398页。
③ 中国政法大学古籍整理研究所：《中国历代刑法志注译》，吉林人民出版社1994年版，第661、662页。
④ 《大明律》，法律出版社1999年版，第71页。

法，可以分为行财得枉法、行财不枉法；（2）非因有事请求给与官吏财物、礼物。根据给与物的特点，可以分为所监临内给与监临官财物、所部内馈送监临官土宜礼物。根据现行中国刑法的规定，这种情况不构成行贿罪。除了上述分类方法以外，受贿罪从犯罪主体的角度可以分为普通主体（有禄人与无禄人）受贿罪和特殊主体受贿罪；从犯罪主观方面的角度可以分为直接故意受贿罪与间接故意受贿罪；从犯罪客体的角度可以分为枉法受贿罪与不枉法受贿罪；从犯罪客观方面之受贿时间角度可以分为受贿罪与事后受贿罪；从犯罪的客观方面之是否实际收受贿赂角度可以分为实际收受贿赂罪与承诺收受贿赂罪；从犯罪的客观方面之是否因事角度可以分为因事受贿罪与非因事受贿罪；从犯罪的客观方面之方法角度可以分为强取受贿罪与和取受贿罪、直接受贿罪与间接受贿罪；从犯罪的客观方面之犯罪对象角度可以分为收受土宜礼物的受贿罪与收受金银等其他财物的受贿罪，收受公侯、部民、旧部财物的受贿罪与收受其他人财物的受贿罪。受贿犯罪的主体身份，是否因事受贿，受贿后是否有枉法行为，实际收受贿赂还是承诺收受贿赂，受贿的时间、方法及犯罪对象的情况，自首，主从等都对受贿罪的量刑轻重具有实际影响。

一、官吏因事受财罪的变迁

（一）唐代以前官吏因事受财罪的变迁

《尚书·吕刑》记载，"五过之疵，惟官、惟反、惟内、惟货、惟来"。[1] 其中惟货，货，贿赂，索贿受贿。《晋书·刑法志》《唐律疏议》载李悝《法经》杂律曰："丞相受金，左右伏诛；犀首以下受金，则诛；金自镒（一万钱）以下，罚不诛也，曰金禁。"[2]《秦简》法律答问记载："甲诬乙通一钱黥城旦罪，问甲同居、典、老当论不当？不当。"[3] 秦律对受贿实行零容忍，无数额起点之限制，通一钱也构成犯罪。《商君书·赏刑》记载："守法守职

---

[1] 高潮、马建石主编：《中国历代法学文选》，法律出版社1983年版，第3页。
[2] 徐世虹主编：《中国法制通史（第二卷）》，法律出版社1998年版，第11页。
[3] 睡虎地秦墓竹简整理小组：《睡虎地秦墓竹简》，文物出版社1978年版，第229—230页。

之吏有不行王法者,罪死不赦,刑及三族。"① 通钱枉法的处罚亦当如此。秦朝贿赂是一种比盗窃更重的犯罪,甚至替贿赂犯罪分子隐藏赃款也构成犯罪,"知人通钱而为藏,其主已取钱,人后告藏者,藏者论不论? 不论论"。② 秦律规定贿赂罪属于一种独立的犯罪类型,而"西汉盗律有受所监受财枉法"。③ 我国近代著名法学家杨鸿烈先生认为,"受所监临、受财枉法亦非盗事,而迹其贪心与盗无殊,故古人入之《盗律》,魏分出为《请赇律》,失古意矣"。④ 汉朝称官吏因事受财为"吏受赇枉法",赇以财物枉法相谢也。段玉裁注:"枉法者违法也,法当有罪而以财求免,是曰赇,受之者亦曰赇。"⑤ 颜注:"以财求事曰赇。"《广雅》:"赇,谢也。"⑥ 汉律中只讲受赇枉法,没有受赇不枉法的记载。据《汉书·刑法志》记载,汉文帝十三年(前167年)发布诏令:"吏坐受赇枉法,已论命,复有笞罪者,弃市。"⑦《二年律令·盗律》:"受赇以枉法,及行赇者,皆坐其赃为盗。罪重于盗者,以重者论之。"⑧ 汉代法律还规定了"请托、受托枉法",不明言受赇,可能是仅仅出于人情,可能是先允诺财物、事后收受,也可能是先不明言,事后以财相谢,汉代法律的这一做法也为唐律所继承,如淳曰,"律,诸为人请求于吏以枉法,而事已行,为听行者,皆为司寇"。⑨ 请托枉法人与受托枉法人都处以司寇刑。"平丘侯王迁,地节二年,坐平尚书听请受藏六百万,自杀……师古曰,有人私请求,而听受之。"⑩ "沈猷夷侯岁,元狩五年,坐为宗正听请,不具宗室,耐(削)为司寇……师古曰:受为宗正,人有私请求者,受听许之,故于宗室之中事有不具,而受获罪。"⑪ 魏晋时期受东汉影响

---

① 徐世虹主编:《中国法制通史(第二卷)》,法律出版社1998年版,第17页。
② 睡虎地秦墓竹简整理小组:《睡虎地秦墓竹简》,文物出版社1978年版,第229—230页。
③ 《晋书(刑法志)(卷三十)》,中华书局1997年版,第924页。
④ 杨鸿烈:《中国法律发达史》,中国政法大学出版社2009年版,第63、64页。
⑤ 程树德:《九朝律考》,中华书局2006年版,第53、54页。
⑥ 杨鸿烈:《中国法律发达史》,中国政法大学出版社2009年版,第81、82页。
⑦ 中国政法大学法律古籍整理研究所:《中国历代刑法志注译》,吉林人民出版社1994年版,第45页。
⑧ 李均明:《简牍法制论稿》,广西师范大学出版社2011年版,第23、24页。
⑨ 《汉书》卷十八,《外戚恩泽侯表第六》,中华书局1997年版,第694页。
⑩ 同上。
⑪ 《汉书》卷十五上,《王子侯表第三上》,中华书局1997年版,第434页。

较大，律学非常发达，以张斐、杜预为代表在律学理论方面取得了重大进步，对许多法律概念作了明确的定义，就贿赂罪而言，"将中有恶言为恐猲，不以罪名呵为呵人，以罪名呵为受赇……不求自与为受求，所监求而后取为盗赃，输入呵受为留难，敛人财物积藏于官为擅赋"。①魏晋律关于贿赂罪规定的变化主要体现在把贿赂罪从汉代的盗律中独立出来。魏《新律》十八篇包括《请求》篇，《晋书·刑法志》记载："《盗律》有受所监受财枉法，《杂律》有假借不廉，《令乙》有呵人受钱，科有使者验赇（沈家本认为，指使者受命案验贿赂之狱而更有违法之举也），其事相类，故分为《请赇律》。"②（本律主要是指官吏受财犯赃。梁改《受赇律》，北周称《请赇律》，唐律则归入《职制》）。魏晋时期距东汉不远，贿赂罪处罚受东汉影响较大，晋律对贿赂罪处罚相对减轻，多采用资格刑，轻者禁锢一定年限，重者终身禁锢，轻微受贿处以罚金，如《晋律》规定收受故吏财物者，"虽经赦宥，宜皆禁止"。《晋阳秋辑本》卷二载，"司隶校尉刘毅奏：'南郡太守刘肇，以布五十匹、杂物遗前豫州刺史王戎，请槛车征付廷尉治罪，除名终身。'"《晋律》曰："吏犯受财枉法虽遇赦，皆除名为民。所取饮食之用之物非以为财利者，罚金。"③《太平御览》卷六百五十一引何法盛《晋中兴书》曰："胡母崇为永康令，多受货赂，政治苛暴，诏都街顿鞭一百，除名为民，又曰除名比三岁刑。"④《抱朴子·审举篇》中说，"其以贪浊赃污为罪，不足至死者……皆宜禁锢终身，轻者二十年"。⑤

北魏是北朝时期贿赂犯罪立法最完善的一个朝代，也是惩贪立法极其严厉的一个朝代。北魏时期第一次明确提出了枉法赃这一概念，从此以后这一概念一直延续到清末。北魏后来又提出义赃的概念，虽未使用不枉法赃，但义赃之义显然是以不枉法为前提的，从此以后，立法上明确了枉法赃与不枉

---

① 中国政法大学法律古籍整理研究所：《中国历代刑法志注译》，吉林人民出版社1994年版，第96页。
② 同上书，第79、81页。
③ [宋]李昉等：《太平御览（卷六五一）》，见《四库全书（第八九四册）》，上海古籍出版社2003年版，第845页。
④ 同上书，第844页。
⑤ 乔伟主编：《中国法制通史（第三卷）》，法律出版社1998年版，第267页。

法赃分别处罚，枉法赃处罚重于不枉法赃一倍。太和年间官吏受赃立法是秦以来最严厉的，《魏书·刑法志》记载，"高宗初，诸司官赃二丈皆斩。太和元年，司徒元丕等奏言：'盗及吏受赇各绞刑，踣诸甸师。'太和三年律：'枉法十匹，义赃二百匹大辟。'《资治通鉴》卷一三六为：'义赃二十匹'，与《通典》卷一六四同，应为二十匹。义赃：以送礼名义进纳的贿赂。太和八年（484年）始班禄制，更定义赃一匹，枉法无多少皆死。"① 汉魏时期不枉法受财事实上已经存在，汉朝就有赃入身与赃不入身的说法，但概念上还不明确，北魏提出了义赃的概念，义赃虽不同于枉法赃，但是并未明确提出不枉法赃的概念，南陈第一次正式提出了不枉法受财的概念，南陈《宣帝纪》载，太建十一年（579年）五月诏："旧律以枉法受财，为坐虽重，直法容赇，其制甚轻，岂不长彼贪残，生其舞弄？事涉货财，宁不尤切。今可改不枉法受财科同正盗。"② "汉魏官吏赃罪已有枉法、不枉法之分，前者为重罪，后者为轻罪。宣帝此诏规定不枉法者'科同正盗'，当指受财不枉法按盗窃罪计赃定罪。这一制度在后世有一定影响。唐律规定受财不枉法罪处罚略重于盗窃罪，当为南陈这一法律规定的发展。"③ "隋《开皇律》篇目无请赇而有职制。准枉法者但准其罪，以枉法论者，即同真法。（刘子栩传引律）按唐律名例称准枉法论、准盗论之类，罪止流三千里，但准其罪称以枉法论及以盗论之类，皆与真犯同。"④ 这一做法也为后来的唐律所承袭。隋朝贿赂罪的立法体例又发生了一次重大转变，贿赂罪不再独立设置为一章，而是被置于《职制律》中，成为《职制律》的一个重要组成部分，这一做法为后来的唐律所继承，这表明贿赂罪是一种职务犯罪，这无疑是中国法制史上关于贿赂罪性质认识的一个重大进步，贿赂罪立法的合理性进一步提高了。

（二）《唐律疏议》关于官吏因事受财罪的规定

唐律称官吏因事受财为"监主受财枉法"。《唐律疏议》第一百三十八条

---

① 中国政法大学法律古籍整理研究所：《中国历代刑法志注译》，吉林人民出版社1994年版，第151、152、155、157页。
② 程树德：《九朝律考》，中华书局2006年版，第337页。
③ 乔伟主编：《中国法制通史（第三卷）》，法律出版社1998年版，第465页。
④ 程树德：《九朝律考》，中华书局2006年版，第431页。

规定："诸监临主司受财而枉法者，一尺杖一百，一匹加一等，十五匹绞；不枉法者，一尺杖九十，二匹加一等，三十匹加役流。无禄者，各减一等；枉法者二十匹绞，不枉法者四十匹加役流（加长二年役期的三千里流刑）。"①唐高宗永徽五年（654年）三月制："州胥吏犯赃一匹以上，先决一百，然后准法。"②旧《玄宗纪》天宝元年二月丙申诏："枉法赃十五匹当绞，今加至二十匹。"③唐玄宗天宝元年（742年）二月二十一日敕："官吏准律应枉法赃十五匹合绞者，自今以后，特宜加至二十匹，仍即编诸律著为不刊。"④唐代受财枉法与受财不枉法犯罪主体的范围较窄，仅包括拥有重权、实权的监临主司，而明、清时期的官吏受财的犯罪主体官吏范围很广，并不限于监临主司，甚至包括并非官吏的在官人役，白役受财也按在官人役受财治罪。因此，唐朝监临主司受财应当属于特殊主体职务犯罪，而明、清官吏受财属于一般主体职务犯罪。犯罪主体均分有禄人与无禄人，无禄人各减一等处罚；就犯罪客观方面而言，利用职权这一点是相同的。从刑罚轻重比较的角度看，以有禄人为例，唐律枉法赃各主者及同时受多人财者，累而倍（折半）之，一人犯两罪以上，后发之罪与已决之罪轻若等，不论，而《大清律例》通算全科，并不折半，后发之罪与已决之罪轻若等，也并论；唐律规定，一尺杖一百，一匹加一等，十五匹绞；不枉法者，一尺杖九十，二匹加一等，三十匹加役流。《大清律例》规定，一两以下，杖七十，五两加一等，一十五两，杖一百；二十两至四十两，加徒杖，四十五两至五十五两，加流杖一百，五两加一等；八十两，实，绞监候。开元十六年绢一匹以五百五十钱为定赃的标准，开成三年扬州金价是每两值七千五百二十钱，按金银比价一比五至六计算，⑤每两银当时大约值一千五百零四至一千二百五十三文钱，一匹绢折算成银大约在0.2至0.3两，即在当时一两银可以买到二至三匹绢，开元天

---

① 钱大群：《唐律疏议新注》，南京师范大学出版社2007年版，第369、370页。
② [宋]王溥：《唐会要》《杂记（卷四十一）》，见《文渊阁四库全书（第六百〇六册）》，上海古籍出版社2003年版，第553页。
③ 沈家本：《历代刑法考》，中华书局1985年版，第950页。
④ [宋]王溥：《唐会要》《君上慎恤（卷四十）》，见《文渊阁四库全书（第六百〇六册）》，上海古籍出版社2003年版，第533页。
⑤ 彭信威：《中国货币史》，群众出版社1954年版，第184、192页。

宝年间每公石米为三百三十六文，一公石米折算成银大约0.3至0.4两，考虑到清朝银价的变动，康熙年间白银一两换算成铜钱大约在七百至九百文，每石米大约在六百至八百文，可见在康熙年间一两白银可以买到一石米，①清朝康熙年间一两白银的实际购买力仅相当于唐朝的三分之一，那么唐朝的一匹绢如果在清朝康熙年间大约值一两白银。如果把唐朝计赃单位改为白银，则为，枉法赃，一两以下，杖一百，一两以上，每增加一两加一等，十五两绞；不枉法赃，一两以下，杖九十，每增加二两加一等，三十两加徒流放，无禄，枉法者二十两绞，不枉法者四十两加徒流放。因此，我们可以得出结论，《唐律》对握有重权、实权官员利用职权枉法受贿罪与不枉法受贿罪处罚比《大清律例》要重很多，但《唐律》不枉法无死刑，从这一点上看，清律又重于唐律。《唐律》关于刑罚幅度的规定比《大清律例》简洁，《唐律》仅规定了十个刑罚幅度，而《大清律例》规定了十三个刑罚幅度，《唐律》的最低刑罚起点较高，幅度也更少。可见，唐律对官吏受贿更不能容忍，具有防微杜渐的立法意识，即使是少量的受贿也给予极重的惩罚，而不是像当今中国对少量的受贿仅给予纪律处分或不处分，只有达到数额较大时才处以刑罚。《唐律》重于《大清律例》，而《大清律例》又重于现行中国刑法，从预防犯罪的角度看，唐律的规定比中国现行刑法的规定更加合理。

除了实犯受财枉法与不枉法之外，《唐律》中还有准枉法论、以枉法论的规定。《唐律疏义》规定："诸有事先不许财，事过之后而受财者，事若枉，准枉法论；事不枉者，以受所监临财物论。"②《唐律》规定，监临、出使官强索取被监临者财物、土宜供馈，准枉法论，称"准枉法论""准盗论"，罪止流三千里，但准其罪，即只依其规定之刑罚处罚，并不与对真犯其罪者一样，并不在除、免、倍赃、监主加罪、加役流之例，而称"以枉法论""以盗论"，皆与真犯同。《唐律》事前没有承诺给财物，事成之后接受财物的，如果事情处断枉法的，准枉法论，即按照受财枉法罪的刑罚处罚，但不和真犯受财枉法罪一样处罚，法定最高刑为流三千里并且不适用除名、

---

① 彭信威：《中国货币史》，群众出版社1954年版，第526、530页。
② 钱大群：《唐律疏议新注》，南京师范大学出版社2007年版，第370、371页。

免官、加倍征赃、监临主司加重、加徒流的处罚。《大清律例》规定"事后受财"，如果事情处断枉法的，准枉法论，所枉重者，仍从重论，官吏削职为民；《唐律》规定，如果事情处断不枉法的，以受所监临财物罪论；《大清律例》规定，如果事情不枉断者，准不枉法论，官吏削职为民，可见，《大清律例》关于事后受财的处罚规定重于《唐律》。《唐律》贿赂犯罪既在《职制》篇予以专门规定，又在其他篇中进行补充规定。如《唐律疏义》第四百七十二条规定的"主守导令囚翻异及通传言语"就属于非纯正职务犯罪，按照该规定在案件审理过程中掌囚、典狱等司法官吏，收受囚犯财物，引导囚犯翻供，为囚犯传递消息，导致最终判决结果法外加重或减轻，以枉法论。"依无禄枉法受财，一尺杖九十，一匹加一等，十五匹加役流，三十匹绞。赃轻及不受财者，减故出入人罪一等（出入囚死罪者，处流三千里；出入流罪以下，各减本罪一等）；无所增减者，笞五十；受财者，以受所监临财物论，一尺笞四十，一匹加一等，八匹徒一年。其非主守而犯者，各减主守一等，若受财，于主守赃上减一等；若不受财者，于囚罪上减二等；虽通言语，无所增减，笞四十。"① 枉法与不枉法严格区分，突出对受财枉法的严惩，相对而言，不枉法受财处罚要轻得多，这样做有利于强化官吏持法的意识。《唐律》除了规定"监主受财枉法"外，还规定"受人财请求""有所请求"，这两种情况实际上也属于受贿枉法及与受贿密切相关的枉法。《唐律》官吏职务犯罪可以分为一般主体职务犯罪与特殊主体职务犯罪，监临官以外的其他官员受贿就属于特殊主体职务犯罪。《唐律疏议》第一百三十六条规定："诸受人财而为请求者，坐赃论加二等；监临势要，准枉法论。与财者，坐赃论减三等。"② 监临官以外的其他官员收受有事人财物代其向本人所在司衙官员请托求情的，以坐赃论，加重二等处罚，一尺以上，处笞四十，一匹加一等，最高处流刑二千五百里；监临、势要官收受有事人财物代其向本人所在司衙官员求情的，准枉法论，受贿绢一尺以上，给予杖一百的处罚，受贿每增加一匹绢的价值就增加一等，最高处罚为三千里流刑，

---

① 钱大群：《唐律疏议新注》，南京师范大学出版社2007年版，第961、962页。
② 同上书，第366页。

无禄官犯者减有禄官一等处罚，给予财物之请求者，坐赃论，减三等，最高处一年半徒刑；如果收受他人财物，答应为其请托求情，还没有去请托求情而事情已经暴露的，只依坐赃之罪。如果并不想为人嘱请，只是胡编捏造骗取财物，自然应当依诈欺判处，取得财物者虽然出于欺诈，与人财物者毕竟是为了求情请托，这种赃物也应当追缴没收。至于收受被监临人的财物，代其向非本人所在司衙官员嘱咐请求，如果法律没有另外规定，只依坐赃加二等处罚，最高处流二千五百里。如果还没有请求，事情就被发觉，就和受所监临财物罪同样处罚。《大清律例》无受托受贿规定，《唐律》无单纯说事过钱的规定，类似的规定也不在"监临官受财枉法与不枉法"条文中，而是另立一条，按《唐律》的规定单纯说事过钱不构成犯罪，按照《大明律》《大清律例》的规定受托受贿并不属于受贿罪。《大清律例》"说事过钱"通常指无赃的情况，即说事人过钱而不受钱，有禄人减受钱人一等，无禄人减二等，这种情况下，说事过钱人因赃致罪但并未得实赃，仅是介绍贿赂、代为转交贿赂物，与受托受贿完全不同；如果有赃，说事人过钱而又受钱，计赃从重论，如果赃重，依照官吏受财本律处罚。说事过钱人受财时，与唐律受托受贿的情况相近，但处罚不同，唐律受托受贿罪的犯罪主体是监临官以外的其他官员，以坐赃论，加重二等处罚，最高处流刑二千五百里，只有监临、势要官受托受贿，准枉法论，且最高处流三千里，无禄官犯者减一等处罚。由此可知，在这种相近的情况下，《大清律例》规定的处罚重于《唐律》的规定。

根据《唐律》规定所有公事都应依照正理处断，凡妄自为自己或他人请求主司官员枉法处断的，请求之事尚未实施的，处答五十，主司官员如果答应了所请托的事但尚未实施的，与请求者同罚，也答五十；主司官员如果不答应所请托的事，请求人与听许人一样，都不处罚；如果所请求枉法之事已经实施的，请求人与听许人，均处罚杖一百，企图通过请求主司规避的本罪仍依法处罚；如果主司接受嘱请所作枉法处断之本罪重于杖一百的，主管官吏以出入人罪论处；其他人及亲属代为请求的，比枉法之主司官减轻三等处罚，只宜处杖八十，这就使得减等处罚者之刑罚轻于"枉法已施行之杖一百"的基本规定，像这类情况，一律依杖一百处罚；如果犯罪人自己提出请求，主司枉法处断的，依所请求的本罪加重一等处罚；如果监临、势要官，凡属官，不分官阶品级高低，只要主管官员畏惧、不敢违抗他，虽然官品低的，亦同样，为人嘱咐请托枉法处断的，不问实行与否，承诺与否，只要一经嘱咐请托，就应处杖一百；主司应允的，处笞五十，所枉曲之罪重于杖一百的，为人嘱咐请托的监临、势要官与主司都按照出入人罪处罚；主司依法当处死刑的，为人嘱咐请托的监临、势要官应按死刑减轻一等处罚。

　　枉法请求罪的犯罪主体包括涉案者本人、他人及亲属，也可以是监临、势要官；枉法听请罪的犯罪主体仅指主司（所涉案件的主管官员）。枉法请求罪，请求者有枉法请求行为但并未以财行求主司，即不通过受财、行财方式为自己、他人及亲属请求主司为枉法处断，或者说是通过受财、行财以外的其他方式为自己、他人及亲属请求主司为枉法处断。现实中，并非监临、势要的涉案者本人、他人及亲属可能利用其社会资源、身体资源、智慧，如与主司的亲戚关系、博得主司的同情、身体的魅力、过去与主司结成的私人感情（如故交）以及承诺日后报答等方式请求。监临、势要官可以直接利用其所掌握的权力，利用其对于所涉案件的主管官员所处的领导、控制地位，利用所涉案件的主管官员对其权力的畏惧，为他人嘱托请求其枉法处断，这有点像现在的上级领导向下级打招呼、施压，嘱托其就某事违法地作为或不作为，即以权压法，可能构成滥用职权。枉法请求罪虽未行财，不构成有事以财行求，但是，一方面，它可以起到与行财同样的激励、迫使官员枉法处断的效果，不能不防；另一方面，它可能为监临、势要官受人财为请求、请求者与听请者承诺行财和承诺受财留下机会，唐律无官吏听许财物之规定。因此，单纯枉法请求行为的犯罪化有利于减少这方面的激励，也有利于预防监临、势要官通过主司官员受财，还有利于预防请求者与听请者承诺行财与承诺受财现象的发生，弥补了《唐律》在承诺行财与承诺受财犯罪立法方面的漏洞与不足。按照《唐律》的规定无论是否以财行求，只要请求官吏为枉法之事就构成犯罪，从立法的角度看，这样做有利于防范不行财枉法请求的现象发生，使得立法防范更加严密，预防效果更好。总之，枉法听请罪的规定有利于防范主司官员不受财、事后受财、听许财物枉法现象的发生，有利于主司官员依法抵挡来自上司的违法请求，有利于防止监临、势要官以权压法。

《大明律》《大清律例》没有规定枉法请求、听请罪，但规定了"官吏听许财物罪"。

（三）宋代法律关于官吏因事受财罪的规定

1.《宋刑统》与《唐律》关于官吏因事受财罪规定之比较

《宋刑统》把《唐律》第一百三十八条"监临主司受财而枉法"与第一百三十九条"有事先不许财"合并成一条并增加了强率敛的内容合称枉法赃、不枉法赃、强率敛，不仅文字表述略有变化，而且内容也作了一些修改和添加，以"准"的形式附载于与《唐律》相同的律文与疏议的后面，内容的变化主要表现在：（1）官吏（有禄人）犯枉法赃，《唐律》规定十五匹绞，《宋刑统》改为适用唐天宝元年二月二十日敕节文，"官吏应犯枉法赃十五匹合绞者，自今以后，特宜加至二十匹"。宋朝的其他敕条规定："诸监临主司，受财枉法二十匹，无禄者二十五匹，绞。若罪至流，不枉法赃五十匹，配本城。"①（2）无禄官受财不枉法，《唐律》的处罚标准是四十匹加役流，《宋刑统》准周显德五年七月七日敕条规定，"今后过五十匹者，奏取敕裁"。（3）"官吏（有禄人）犯不枉法赃"，《唐律》规定三十匹加役流，《宋刑统》改为适用周显德五年七月七日敕条，不枉法赃，今后过五十匹者，奏取敕裁。（4）无禄人枉法者，《唐律》规定二十匹绞，《宋刑统》改为适用周显德五年七月七日敕条，"无禄人犯枉法赃者，二十五匹绞"。（5）官吏率敛吏民，按照《宋刑统》规定，"刺史、县令、丞尉得替，自今后，如是见任官将已分财物资送得替人，即请勿论。其或率敛吏民，以受所监临财物论，加一等"。"今后应缘检括田苗、差役、定税、送帐过簿、了末税租、团保捉贼、供造僧帐，因以上公事率敛人，钱物入己，无所枉曲者，诸以不枉法论，过五十匹者奏取敕裁。若不入己，转将行用，减二等，过一百匹者奏请敕裁。"② 按照《唐律》第一百四十条规定"强乞取者"，准枉法论。《宋刑统》规定，"如以威刑率敛，以枉法论。其去任受财人，请减二等。""若率敛财

---

① 杨一凡、田涛：《中国珍稀法律典籍续编（第一册）》，见《庆元条法事类（卷七五）》《职制敕》，黑龙江人民出版社2002年版，第804页。
② 《宋刑统》，法律出版社1999年版，第196—208页。

物有所枉曲，及强率敛人财物入己者，并以枉法论"。

美国法学家 E. 博登海默在论及法律稳定与变化的关系时指出，"法律的变化都是缓慢而又渐进发生的。稳定与变化在法律生活中趋于互相连接和互相渗透"。① 美国法学家劳伦斯·M. 弗里德曼论及法律变化时指出，"不是法律制度中的一切变化都是重大变化，大多数变化是很次要的。任何更改，即使是给法规加个逗号，也是法律变化的事例"。②《宋刑统》与《唐律》相比，袭用《唐律》的内容占绝大多数，调整、修改和新增加的内容只占很少一部分，调整主要表现在形式上的变化，如修并；修改表现在处罚由重改轻或者由轻改重，增加主要是针对前朝没有而本朝新出现的问题而出台的新规定。总之，形式变化较大，内容变化很小。

2. 宋代法律关于官吏因事受财罪的特别规定

（1）监临主司受财枉法。宋真宗景德四年，知审刑院朱巽上言："官吏因公事受财，证佐明白，望论以枉法，其罪至死者，加役流，从之。"③《庆元条法事类》卷九《给纳·旁照法·职制敕》记载，"诸监临主司受财枉法，及乞取所监临赃百匹，命官，奏裁，余配本城"。④

（2）重禄人受财加重处罚。宋代针对胥吏制定了仓法，熙宁三年（1070年）制定重禄法，重禄公人犯法，以重法论。熙宁八年（1075年），宋又补充规定行仓法人"因职事以借便、质当为名受财者，告赏、刑名论如仓法"。⑤ 元丰二年（1079年）编敕对仓法又作了修正，"应行重法人借使钱物之类，当依取受科罪，若本职相干公事，虽有过之后而受者，亦合依重法施行。其因买卖以取剩利，并借使之类还讫而事发者尚未有法，今定依取受条

---

① ［美］E. 博登海默：《法理学：法律哲学与法律方法》，邓正来译，中国政法大学出版社2004年版，第340页。
② ［美］劳伦斯·M. 弗里德曼：《法律制度：从社会科学的角度》，林欣等译，中国政法大学出版社2004年版，第314页。
③ 中国政法大学古籍整理研究所：《中国历代刑法志注译》，吉林人民出版社1994年版，第406页。
④ 杨一凡、田涛主编：《中国珍稀法律典籍续编（第一册）》，见《庆元条法事类（卷九）》《馈送·旁照法·贼盗敕》，黑龙江人民出版社2002年版，第171页。
⑤ ［南宋］李焘：《续资治通鉴长编（卷二六三，神宗熙宁八年闰四月癸巳）》，见《文渊阁四库全书（第三一八册）》，上海古籍出版社2003年版，第445页。

还讫事发减五等，家人减身犯二等坐之"。① 此后仓法普遍推广到其他部门，包括刑狱机构的吏人，不再局限于司仓人员，如元祐元年（1086年）编敕规定京城刑狱机构"所差狱子取受，依重禄法"。② 这些狱子贪赃依仓法重惩，自然亦给重禄。此后，这一制度进一步扩大到地方。徽宗政和二年（1112年）诏，左右狱当直司狱子给重禄，③ 领取重禄之人犯法，依重禄法惩处。元祐五年废罢重禄法，然而不久又予以恢复。元祐五年规定："重禄人因职事取受财物，及系公人于重禄人因本处事取受人财物，故放债收息及欺诈，不满一百文，徒一年，一百文加一等，一贯文流二千里，一贯加一等，共受并赃论，徒罪皆配邻州，流罪五百里，十贯配广南。家人有犯减正身罪二等坐之，正身知情依本法，其引领过度者，减受赃人罪二等，徒罪皆不刺面，配邻州本城者依别条，罪轻者杖八十；若许而未得，减本罪一等，徒罪邻州编管，十贯配千里；即便借及买卖有剩利并赊欠，各依取受法；还讫事发，减五等，罪止杖一百，并许人告，即不枉法，应配广南者配千里，应配千里者配邻州，应配五百里及邻州者并依地里编管，应编管者免。告重禄法，虽不枉法应减，编配，并准格给赏，能自首给赏，亦如之并候事状明白日报所属，限三日先借官钱代支后以取与引领过度人家财充，不足者除放告重禄法赏钱徒罪五十贯，流罪一百贯，配广南二百。"④

（四）辽、金、元官吏因事受财罪的变迁

1. 辽、金法律关于官吏因事受财罪的规定

辽重熙元年规定："枉法受赇，例皆免死。"⑤ 金章宗承安二年，制军前受财法，"一贯以下，徒二年，以上徒三年，十贯处死"。⑥

---

① ［南宋］李焘：《续资治通鉴长编（卷二百九十六，神宗元丰二年正月癸巳）》，见《文渊阁四库全书（第三一九册）》，上海古籍出版社2003年版，第111页。
② ［南宋］李焘：《续资治通鉴长编（卷三九一折，宗元祐元年十一月丙寅）》，见《文渊阁四库全书（第三二〇册）》，上海古籍出版社2003年版，第670—673页。
③ 戴建国：《宋代刑法史研究》，上海人民出版社2008年版，第125页。
④ ［南宋］李焘：《续资治通鉴长编（卷四百五十折，宗元祐五年十一月乙丑）》，见《文渊阁四库全书（第三二一册）》，上海古籍出版社2003年版，第771页。
⑤ 中国政法大学古籍整理研究所：《中国历代刑法志注译》，吉林人民出版社1994年版，第563页。
⑥ 同上书，第600页。

2. 元代法律关于官吏因事受财罪的规定

元代称官吏因公事收受财物:"职官及有出身人因事受财。""元贞二年六月,降官吏受赇条格,凡十有三等。"①《世祖纪》:"至元二十九年三月,中书省与御史台共定赃罪十三等,枉法者五,不枉法者八,罪人死者以闻,制曰可。"《续通考》(第一百三十五条)规定:"先是,十九年九月始定官吏受贿及仓库侵盗,台察知而不纠者,验其轻重罪之;凡中外官吏赃罪,自五十贯以上皆杖决,除名不叙;百贯以上者处死;言官缄默与受赃者一体论之;至是,中书省、御史台共定赃罪十三等,枉法者五云云,不枉法者八云云,罪人死者以闻。至元三十一年十一月,成宗即位,京师犯赃罪者三百人,帝命事无疑者准世祖所定十三等例决之;至元赃罪十三等,大德七年改定,除去死罪,故为十二章,其法仍本至元;《刑法志》所载受财与《续通考》所载十三等入死外,其罪并同,未尝有所增损,惟《刑法志》夺去'五十贯以上至一百贯八十七'一章,是少一章,当以《元典章》补之。"②《元史·刑法志》职制上记载:"诸职官及有出身人,因事受财枉法者,除名不叙;不枉法者,殿三年;再犯不叙,无禄者减一等,以至元钞(纸币)为则。枉法:一贯至十贯,笞四十七,不满贯者,量情断罪,依例除名;一十贯以上至二十贯,笞五十七;二十贯以上至五十贯,杖七十七;五十贯以上至一百贯,杖八十七;一百贯之上,杖一百七。不枉法:一贯至二十贯,笞四十七,本等叙,不满贯者,量情断罪,解见任,别行求仕;二十贯以上至五十贯,笞五十七,注边远一任;五十贯以上至一百贯,杖六十七,降一等;一百贯以上至一百五十贯,杖七十七,降二等;一百五十贯以上至二百贯,杖八十七,降三等;二百贯以上至三百贯,杖九十七,降四等;三百贯以上,杖一百七,除名不叙。诸钱谷官吏受赃,不枉法者,止计赃论罪,不殿年叙;枉法者降先职三等叙,不枉法者解职别叙。"③

元律与唐律的规定相比处罚更轻了,《唐律》受财枉法相当于一尺绢的

---

① 沈家本:《历代刑法考》,中华书局1985年版,第1078页。
② 同上书,第1075页。
③ 中国政法大学古籍整理研究所:《中国历代刑法志注译》,吉林人民出版社1994年版,第79页。

价格就杖一百,而元律一百贯以上才杖一百七,且元律受财枉法无死刑规定;《唐律》受财不枉法相当于一尺绢的价格就杖九十,而元律二百贯以上至三百贯才杖九十七,三百贯以上才杖一百七,且元律受财不枉法最高刑为杖一百七;元律受财枉法共分了六等,每一等之间及其内部幅度差距较大而且逐渐加大,第一等为未满贯,第二等、第三等之间及内部幅度差距为十贯,第三等与第四等之间及第四等内部幅度差距为三十贯,第四等与第五等之间及第五等内部幅度差距为五十贯,第六等内部幅度差距为一百贯至无限大。由此可见,元律对官吏受财枉法处罚幅度差距之大,立法之粗疏,充分彰显了元律宽处赃吏的立法思想。《大明律》官吏受财继承了元律的立法模式,但是幅度比元律小,划分比元律更细,官吏受财枉法与不枉法均为十三等,第一等至第十二等每等之间及其内部差距均为银五两,处罚比元代更重,无论是否枉法均有死刑规定。

  元代由于纸币发行混乱,属于一个高物价时代。按照元钞的购买力计算,如以银一两八十贯为例,一百贯仅相当于一两二五钱银。仅从废除贪污贿赂犯罪死刑的角度看,处罚更轻了,从杖刑来看,比唐律轻,但与明律官吏受财一两至五两杖八十相比,并不算轻。顺帝至正十年(1350 年)至正交钞,一贯合铜钱一千文或至元宝钞两贯。① 米价在至元七年前后每石为一贯四百文。② 至元十七年(1280 年)一贯钞的购买力只及往日的一百文。③ 至正二十二年民间买米造酒,每石米官价五贯,后来每石米到几十贯。④ 米价在至元十三年(1276 年)前后是中统钞一贯买一石,至元钞发行时(1287 年)便涨成十倍,在大德十年(1306 年)以前,十贯一石是正常的价格,大德十年江浙饥荒,每石要三十贯以上。至大四年(1311 年)米价为每石二十五贯。至正六年上等粳米每石四十两,即比平定江南时高四十倍。⑤ 从整个元代看来,每石平均约值银八钱,或每公石值银二十九公分。元代金银比价为

---

① 彭信威:《中国货币史(下册)》,群众出版社 1954 年版,第 368 页。
② 同上书,第 388 页。
③ 同上。
④ 同上书,第 393 页。
⑤ 同上书,第 400 页。

一比十，所以用黄金来计算，每公石约值两公分八九。①《明会典》（卷一七九）计赃时估："洪武元年令，凡计赃者皆据犯处当时物价。金一两四百贯，银一两八十贯，铜钱一千文八十贯。"②

元朝赃罪的概念有了发展，最明显的变化是由泛指所有侵财犯罪，趋向于专指与官吏贪污受贿有关的犯罪。《赃罪条例十二章》贯穿着轻典治吏的精神，具有两个特点：一是比元世祖时期的量刑要轻，十二章无死刑规定；二是十二章的立法技术较《赃罪十三等》有所提高，趋于更加规范化。③"所谓十二章者，枉法五章：曰一贯至十贯，四十七下，不满贯者，量情决断，依例除名；曰十贯以上至二十贯，五十七下；曰二十贯以上至三十贯，七十七下；曰三十贯以上至一百贯，八十七下；曰二百贯以上，一百七下。不枉法七章：一贯至二十贯，四十七下，本等叙，不满贯者，量情断罪，解见任别行求仕；二十贯以上至五十贯，五十七下，注边远一任；五十贯以上至一百贯，六十七下，降一等；一百贯以上至一百五十贯，七十七下，降二等；一百五十贯以上至二百贯，八十七下，降三等；二百贯以上至三百贯，九十七下，降四等；三百贯以上，一百七下，除名不叙。所谓枉法者，断令有理：一受讫无理人钱物；一受讫有罪人钱物，脱放；一受讫有罪人钱物，刑及无辜；一教令有罪人妄指平民取受钱物；一违例卖官及横差民户充仓库官、祇待、头目、乡、里正等诈取钱物。不枉法者：一馈献率敛，津助人情，推收过割，因事索要勾事纸笔等钱，及仓库院务搭带分例关津批验等钱，其事多端，不能尽举；一与钱人本宗事无理或有罪，买嘱官吏求胜脱免，虽已受赃，其事未曾枉法结绝，合从不枉法论，其赃物结没；一与钱人本宗事无理或买嘱官吏求胜脱免者，不论其事已未结绝及自首，俱合没官；一与钱人本宗事虽有理，用钱买嘱官吏要求将对讼人凌虐重断，不遂其意，告发到官，即系行赇，亦合没官；一营求勾当赃钱及求仕人虽依理合用，当该官吏不曾刁蹬乞取行赇急早定夺，或不遂其意告发到官者；一骗胁科敛等钱，畸零不能给散，或不能尽见出钱，入花名随事议设；一与钱人本宗事有理，官吏刁蹬取受，告发到官，合给主。终元之世，科赃罪

---

① 彭信威：《中国货币史（下册）》，群众出版社1954年版，第402页。
② 同上书，第406页。
③ 韩玉林主编：《中国法制通史》，法律出版社1998年版，第350页。

皆依十二章决罚,屡申明其制以儆官吏焉。"①

除了《赃罪条例十二章》以外,元代法律还有一些关于官吏因公事收受财物、礼物罪的特别规定:"诸方面大臣受金纵贼成乱者,斩。僚佐受金,或阿顺不能匡正,并坐罪,会赦仍除名。"②"诸职官行田,受民户齐敛钱者,以一多科断。诸受财占民差徭者,以枉法论。"③《元史·刑法志》职制上:"诸罪在大恶,官吏受赃纵令私合者,罢之。诸司狱受财,纵犯奸囚人,在禁疏枷饮酒者,以枉法科罪,除名。"④《元史·刑法志》职制上:"诸白纸坊典守官,私受桑楮皮折价者,计赃以枉法论,除名不叙,仍追赃,收买本色还官;诸官局造作典守,辄克除材料者,计赃以枉法论,除名不叙。"⑤《元史·刑法志》职制上:"诸职官受财为人请托者,计赃论罪。"⑥

(五)《大明律》关于官吏因事受财罪的规定

《大明律》称官吏因事受财"官吏受财",即官吏因公事受财枉法、不枉法,或者称枉法受贿罪、不枉法受贿罪。《大明律》规定:"凡官吏受财者,计赃科断,无禄人,各减一等,官追夺除名,吏罢役,俱不叙,说事过钱者,有禄人,减受钱一等;无禄人,减二等,罪止杖一百,各迁徙,有赃者,计赃从重论。有禄人枉法,赃各主者,通算全科,谓受有事人财而曲法科断者,如受十人财,一时事发,通算作一处全科其罪,一贯以下,杖七十;一贯以上至五贯,杖八十;一十贯,杖九十;一十五贯,杖一百;二十贯,杖六十,徒一年;二十五贯,杖七十,徒一年半;三十贯,杖八十,徒二年;三十五贯,杖九十,徒二年半;四十贯,杖一百,徒三年;四十五贯,杖一百,流二千里;五十贯,杖一百,流二千五百里;五十五贯,杖一百,流三千里;八十贯,绞。不枉法,赃各主者,通算折半科罪,谓虽受有事人财,判断不为曲法者,如受十人财,一时事发,通算作一处,折半科罪。一贯以下,杖

---

① 中国政法大学古籍整理研究所:《中国历代刑法志注译》,吉林人民出版社1994年版,第790、791页。
② 同上书,第645页。
③ 同上书,第650页。
④ 同上书,第674页。
⑤ 同上书,第661、662页。
⑥ 同上。

六十；一贯之上至一十贯，杖七十；二十贯，杖八十。三十贯，杖九十；四十贯，杖一百；五十贯，杖六十，徒一年；六十贯，杖八十，徒一年半；七十贯，杖八十，徒二年；八十贯，杖九十，徒二年半；九十贯，杖一百，徒三年；一百贯，杖一百，流二千里；一百一十贯，杖一百，流二千五百里；一百二十贯，罪止杖一百，流三千里；无禄人枉法，一百二十贯，绞，不枉法，一百二十贯之上，罪止杖一百，流三千里。"① 明代著名思想家王夫之在其《噩梦》一文中对以赃数分等定罪处罚颇有微词，他认为不应当仅仅依据受赃之多少定罪处罚，而应当充分考虑枉法的轻重，"赃以满贯抵重罪，刻法绳人，此所谓一切之法也。抑贪劝廉，唯在进人于有耻，画一以严劲之，则吏之不犯者鲜，更无廉耻之可恤，而唯思巧为规避，上吏亦且重以锱铢陷人于重罚而曲为掩盖。上愈严而下愈匿，情与势之必然也。且凡所受于下吏、下民者，乃至鸡凫、扇帕、纸墨、油碳，皆坐价抵赃，绳人于交际之途，且必开其掠夺之大焉。有出身事主而可如于陵仲子争名于一鹅半李之间者乎？即不枉法矣，则何谓之赃？其枉法也，则所枉之大小与受赃之多少，孰为轻重？假令一兵部官滥授一武职，以致激变丧师，或为情面嘱托，实所受贿仅得五十贯；令一吏部官滥授一仓巡河泊，其人无大过犯，而得贿二百贯；又令一问刑官受一诬告者之贿而故入人于杖，得二百贯；岂可以贯之多少定罪之重轻乎？则无如不论贯而论其枉不枉，于枉法之中又分所枉之重轻，但除因公科敛，因所剥削之多少，分等定罪。其它非黄白狼籍，累万盈千者，苟非枉法，但付吏部记过，全士大夫之名节于竿牍饮食之中，而重之于箕敛渔猎之条。唯宽也，乃能行其严，恶用此一切之法为？"② 王夫之的批评切中了以赃定罪的要害，受贿罪社会危害性的轻重不仅体现在受贿金额的大小上，更体现在因受贿枉法所造成的社会危害后果的轻重上。《大明律》及其以前的惩贪法律只注重受贿金额，片面地依据受贿金额的大小来决定刑罚的轻重和有无，而未把枉法后果之轻重作为刑罚轻重、有无的重要依据。

通过唐、明律官吏因事受财规定对比可以发现《大明律》的一些重要变

---

① 《大明律》，法律出版社1999年版，第183—190页。
② 高潮、马建石主编：《中国历代法学文选》，法律出版社1983年版，第552、553页。

化:《唐律》受赃的主体为监临主司,而《大明律》则称官吏,后来又扩大到在官人役,官吏的范围比监临主司大,也可以说,《唐律》本罪为特殊主体犯罪,而《大明律》本罪为一般主体犯罪。《问刑条例》(万历十三年舒化等辑)中的《官吏受财条例》规定:"凡在官人役,取受有事人财,律无正条者,果于法有枉纵,俱以枉法计赃科罪。文武职官,索取土官、夷人、猺獞财物,犯该徒三年以上者,俱发边卫充军。"[1] 唐、明律受财均分枉法与不枉法、有禄人与无禄人,处罚轻重有别。从枉法的角度看,唐律的起点为,一尺杖一百,不满一尺如何处罚,尚不明确,明律的起点为,不满一贯,杖七十。唐律规定,一匹加一等,十五匹,绞。明律规定,一贯以上每五贯加一等,五十五贯,杖一百,流三千里,八十贯,绞。明律规定了十三个刑罚等级,而唐律规定了十个刑罚等级。《大明律》体现了轻其轻者、重其重者的立法思想,明律比唐律多了三个处罚较轻的等级,即杖七十至杖九十,轻者更轻一些。明律,杖一百以上,杖与徒并用,杖一百与流并用,而唐律则是单处徒与流,并不加杖。因此,中间的处罚等级明律又重于唐律,重者更重。从立法技术上看,唐律比较简洁,只用了一句话,"一匹加一等"(具体刑罚可以根据五刑种类推算出来),而没有详细列出每一等的数额,而明律详细列出了每一等的数额。另外,明律规定,"有禄人枉法,赃各主者,通算全科"。而唐律则是折半计算。明律增加了说事过钱的处罚规定,"说事过钱者,有禄人,减受钱一等;无禄人,减二等;罪止杖一百,各迁徙。有赃者,计赃从重论"。明律还一并规定附加行政处分,"官追夺除名,吏罢役,俱不叙。"《问刑条例》(万历十三年舒化等辑)中的《文武官犯私罪条例》规定:"文职官吏犯赃,发为民。"[2]《大明律》规定:"有禄人枉法,八十贯,绞,无禄人枉法,一百二十贯,绞。"但后来发布的《问刑条例》(万历十三年舒化等辑)作出了免死的规定,即并不真死,《官吏受财条例》规定,"文职官吏、监生、知印、承差,受财枉法至满贯绞罪者,发附近卫所充军"。[3] 由于贯钞的贬值,无禄人枉法赃一百二十贯发北方边卫充军,后又提

---

[1]《大明律》,法律出版社1999年版,第428、429页。
[2] 同上书,第364页。
[3] 同上书,第429页。

高到估钞八百贯之上，发北方边卫充军。"初制，凡官吏人等犯枉法赃者，不分南北，俱发北方边卫充军。正统五年（明英宗1440年），行在三法司言："洪武定律时，钞贵物贱，所以枉法赃至百二十贯者，免绞充军（无禄人受赃满贯为杂犯死罪，不至真死，故'免绞充军'）。今钞贱物贵，若以物估钞至百二十贯枉法赃俱发充军，轻重失伦矣。今后文职官吏人等，受枉法赃比律该绞者，估钞八百贯之上，俱发北方边卫充军。其受赃不及前数者，视见行例发落。从之。"① 清末著名法学家沈家本指出，"唐目'监主受财枉法'，明改。此受赃之专条也。六赃中枉法最重，各主者通算全科，视窃盗之以一主为重者为严，然计入己之赃坐罪，又视窃盗之并赃论罪者为宽，盖宽严相济矣。薛云②，《明律》虽有苛刻之处，而不枉法并无死罪，则仍系宽典；虽无累倍之法，而折半科罪尚为近古；分别有禄、无禄，《唐律》已然。"③ 唐律以实物绢计赃，明律以货币贯钞计赃。"洪武八年发行的大明宝钞，每贯等于铜钱一千文，或白银一两，四贯合黄金一两。"④ "明朝的纸币到英宗以后已不通行，但钞银称谓一直在使用。"⑤ "洪武九年钞一贯或银一两折米一石到两石，到了三十年白银一两在纳粮时可以折米四石，但钞票却要二贯五百文折米一石。"⑥ 明朝官俸用米计算，而用宝钞折支。洪武年间一贯抵一石，到了永乐元年改为十贯一石，洪熙元年（1425年）加为二十五贯一石，当时布一匹官给钱五十贯。宣德四年，米一石要五十贯，八年绢一匹折钞四百贯，布二百贯，当时白银一两值钞百贯。景帝景泰三年（1452年）七月令京官俸给，照时价给银，五百贯钞给银一两。孝宗弘治元年（1488年）官俸每银一两折钞七百贯，当时铜钱七文折银一分，所以钞一贯合铜钱一文。嘉靖四十五年要五千贯钞才折得白

---

① 中国政法大学古籍整理研究所：《中国历代刑法志注译》，吉林人民出版社1994年版，第869页。
② 薛云，即薛允升说，薛允升（1820—1901），晚清著名法律学家，曾任刑部尚书，主要著作有《唐明律合集》等。沈家本：《历代刑法考》，中华书局1985年版，第1881页。
③ 沈家本：《历代刑法考》，中华书局1985年版，第1881页。
④ 彭信威：《中国货币史》，群众出版社1954年版，第421页。
⑤ 同上书，第423页。
⑥ 同上书，第433页。

银一两。① 洪武年间平均米价每公石约值银四钱六分，永乐年间二钱八九分，宣德、正统、天顺年间每公石也是二钱九分，成化年间每公石要四钱四分，弘治十五年每公石要用银二两以上，崇祯年间每公石米平均价格在一两以上。② 明代的绢价从 14 世纪后半期至 17 世纪前半期每匹银价在 0.5—0.7 两之间。③ 如果以贯钞计算，明初一贯合白银一两，绢每匹约白银 0.5 两，可以买到两匹绢，五贯可以买到十匹绢，八十贯可以买到八百匹绢。可见，尽管明初官吏受财枉法处罚较重，但与唐律相比要轻很多。《大明律》规定："凡计赃，以铜钱四百文为一贯。"④ 可见，《大明律》发布时每贯钞值四百文铜钱，如果折成银约合 0.4 两，即一贯可以买到约 0.9 匹绢。如果以铜钱计赃，那么铜钱的币值在明朝一直很稳定，基本可以做到量刑公正。但是，如果以贯钞计赃，随着明中后期贯钞的严重贬值，如贯钞曾下降到七百贯合白银一两，即七百贯才能买两匹绢，显然贯钞的贬值会影响刑罚轻重的变化。从不枉法的角度看，明律规定了十四个刑罚等级，而唐律仅规定了十一个刑罚等级。最轻的处罚，唐律为杖九十，重于明律杖六十，最重的处罚，唐律为加役流，明律为杖一百、流三千里，均无死刑规定。明律规定，"不枉法，赃各主者，通算折半科罪"，唐律对此并无专门规定。

事后受财。事后受财与官吏受财相比：一是收受财物的时间不同，先做枉法、不枉法之事，而后收受财物。主管官吏在承诺做事时既没有实际收受当事人的财物，也没有得到当事人事成之后给予财物的口头承诺，本人也没有主动向当事人索要财物；二是主观方面与已接受财物或得到给予财物的口头许诺不同，主管官吏做事时并没有受到收受财物的直接影响，充其量是有相关考虑。主管官吏在作出枉法处断时，可能是出于事后会得到财物的激励或者纯粹出于私人感情等非财产因素的考虑而有所偏向。至于事不枉断，主观原因很复杂，可能是出于对犯罪的恐惧，也可能是意在主持公道，但就当事人而言，毕竟得到了一个在法定条件下可以期盼的结果，因此，事后以财

---

① 彭信威：《中国货币史》，群众出版社 1954 年版，第 434、435 页。
② 同上书，第 457、458 页。
③ 同上书，第 465 页。
④ 《大明律》，法律出版社 1999 年版，第 264 页。

物相谢。事后受财与官吏受财在犯罪主体、利用职务之便、收受财物及枉法、不枉法方面是完全相同的，可谓大同小异。因此，法律规定准枉法、不枉法论。《大明律》规定："凡有事，先不许财，事过之后而受财，事若枉断者，准枉法论；事不枉断者，准不枉法论。"①本条《唐律》的类似规定为"有事先不许财"，但"有事先不许财"与"事后受财"之间并不完全相同，事后受财，"事不枉断者，准不枉法论"。"有事先不许财"，"事不枉法者，以受所监临财物论"。按照《唐律》"受所监临财物"之规定最高刑为流二千里，而按照官吏受财不枉法最高刑为杖一百流三千里，就枉法而言，"有事先不许财"准枉法，不在除、免、加役流之例，而"事后受财"准枉法，至死减一等，最高刑为杖一百、流三千里。

官吏听许财物，即官吏得到有事人事成之后给予财物的允诺，同意为枉法、不枉法之事。本罪与事后受财相比，相同的地方在于，官吏在行枉法、不枉法之事前均未实际接受财物；不同的地方在于，本罪与财人事前许诺事成之后实际交付财物，受财人事前得到了与财人事后给予财物的明确的口头应许，而"事后受财"与财人事前并未许诺事成之后实际交付财物，受财人事前也没有得到与财人事后给予财物的明确的口头应许。因此，本罪官吏虽未实际收受财物，但在行枉法、不枉法之事时已经受到了将来会得到财物的诱惑，从主观心态看，与实际收受财物并无多大差别。另外，本罪与事后受财相比，最大的不同在于本罪官吏最终没有实际收到财物，而事后受财，虽然受财在事后，但毕竟最终实际收到了财物。用当代刑法的犯罪构成理论来看，官吏听许财物，官吏主观恶性程度比"事后受财"更大，客观上，事若枉法，其危害后果也是存在的，但是，从作为犯罪分子的官吏而言，最终毕竟没有得到财物，没有达到其犯罪目的。因此，本罪与事后受财同样，"事若枉者，准枉法论；事不枉者，准不枉法论，所枉重者，各从重论"②，但考虑到官吏最终没有实际收到财物，各减一等处罚。清末著名法学家沈家本认为，"听许与汉法之听请微有不同。听许谓但许之而未受者也，其情尚轻。

---

① 《大明律》，法律出版社1999年版，第183—190页。
② 同上。

事未枉者而亦以不枉法论,于法稍重"。① "克留盗赃",按当代刑法理论,巡捕官将已获赃物入己,即构成贪污。《大明律》规定:"凡巡捕官已获盗贼,克留赃物不解官吏,笞四十;入己者,计赃,以不枉法论,仍将其赃并论盗罪。若军人、弓兵有犯者,计赃虽多,罪止杖八十"②, "入己者,计赃,以不枉法论",甚是不妥。

《大明律》规定:"凡有司官吏人等,非奉上司明文,因公擅自科敛所属财物,及管军官吏、总旗、小旗科敛军人钱粮赏赐者,杖六十。赃重者,坐赃论;入己者,并计赃以枉法论。"③ 按照当代刑法理论,官吏因公擅自科敛类似于乱收费,乱收费不入己,属于滥用职权,入己应属于贪污。清末著名法学家沈家本认为,"唐率敛监临财物系以馈遗人,明增入因公一层,则与《唐律》不同矣。此等赃并无关乎法之枉不枉,而以枉不枉科之,未为允协"。④《大明律》规定:"凡有司官吏人等,非因公务科敛人财物,入己者,计赃以不枉法论。若馈送人者,虽不入己,罪亦如之。"⑤ 按照当代刑法理论,官吏非因公科敛人财物入己或馈送人,应属于索取他人财物,即受贿。非官吏非因公科敛人财物入己或馈送人,应属于敲诈勒索罪。《大明律》规定:"凡内外各卫指挥、千户、百户、镇抚、总旗、小旗等,不得于私下或明白接受公侯所与宝钞、金银、段匹、衣服、粮米、钱物。若受者,军官杖一百,罢职发边远充军。总旗、小旗,同罪。再犯处死。"⑥ 本罪为军官受贿罪,明代以前没有独立罪名,系明律所独创,本罪行贿、受贿均为特殊主体,系典型的特殊主体受贿罪。本罪军官受财未区分枉法与不枉法,也未区分因公事与非因公事,也不实行以赃定罪,军官只要接受公侯财物无论数额多少初犯者一律罢职、杖一百、发边远充军,再犯一律处死。军官受贿的社会危害性更大,特别是接受公侯财物,直接影响政权稳定,因此,军官受贿处罚重于文职官吏因事受财。清末著名法学家沈家本指出,本条系唐律所无,

---

① 沈家本:《历代刑法考》,中华书局1985年版,第1883页。
② 《大明律》,法律出版社1999年版,第183—190页。
③ 同上。
④ 沈家本:《历代刑法考》,中华书局1985年版,第1883页。
⑤ 《大明律》,法律出版社1999年版,第183—190页。
⑥ 同上。

"为洪武五年铁榜九条之一,曰内外各指挥千户等不得私受公侯金帛衣物"。①

二、官吏非因事收受财物、礼物罪的变迁

（一）唐代以前官吏非因事收受财物、礼物罪的变迁

汉代法律称官吏非因事收受财物、礼物为"吏受所监临"。汉代"吏受所监临"可以分为三种情况：（1）吏受所监临饮食；（2）吏受所监临财物。吏受所监临财物又区分出吏受其故官属所将、监、治送财物；（3）吏贱买贵卖。景帝元年（前156年）秋七月，诏曰："吏受所监临，以饮食免，重；受财物、贱买贵卖，论轻。"廷尉信谨与丞相议曰："吏及诸有秩受其官属所监、所治、所行、所将，其与饮食计偿费，勿论。它物，若买故贱，卖故贵，皆坐赃为盗，没入赃县官。吏迁徙罢免，受其故官属所将、监、治送财物，夺爵为士伍，免之。无爵，罚金二斤，令没入所受。有能捕告，畀其所受赃。"②"清安侯申屠臾，元鼎元年坐为九江太守，受故官送，免。"（功臣表）。"钟离意为郡督邮，县亭长有受人酒礼，郡下法记治之。意封记曰，政化自近及远，宜先清府内，阔略远县微细之愆。"③关于受官属饮食、受故官属财物，时人有不同看法，《后汉书·卓茂传》记载："人尝有言部亭长受其米肉遗者，茂辟左右问之曰：'亭长为从汝求乎？为汝有事嘱之而受乎？将平居自以恩意遗之乎？'人曰：'往遗之耳。'茂曰：'遗之而受，何故言耶？'人曰：'……今我畏吏，是以遗之，吏既卒受，故来言耳。'茂曰：'汝为敝人矣……亭长素善吏，岁时遗之，礼也。'人曰：'苟如此，律何故禁之？'茂笑曰：'律设大法，礼顺人情。今我以礼教汝，汝必无怨恶；以律治汝，汝何所措其手足乎？……'"④

北魏法律称官吏非因事收受财物、礼物为诸监临受财。《北史·张衮传》记载："显祖诏诸监临之官所监治，受羊一口、酒一斛者，罪至大辟，与者以从坐论。"⑤行贿、受贿按共同犯罪论处，受贿为主，行贿为从，按北史张

---

① 沈家本：《历代刑法考》，中华书局1985年版，第1883页。
② 同上书，第854页。
③ 程树德：《九朝律考》，中华书局2006年版，第128页。
④ 同上书，第127、128页。
⑤ 同上书，第379页。

袭传白泽上表以为此法,"若行之不已,恐奸人窥望,请依律令旧法,是魏律原有监临受财之条,献文特加重之耳"。《北史·王宪传》记载:"在州受所部荆山戎主杜虞财货,又取官绢因染割易,御史纠劾,付廷尉。"①

(二)《唐律疏议》关于官吏非因事收受财物、礼物罪的规定

《唐律疏议》官吏非因事收受财物、礼物罪包含受所监临财物、因使受馈送、监临受供馈和去官受旧官属四个罪名。唐朝无论以何名义监临官都不得收受被监临任何礼物,监临官非因公事受贿因受贿对象物特性与功能的不同而分为两种情况:第一种,监临官收受、和索取、强索取被监临财物(此处之财物仅指货币、金银、布、绢等贵重物品,不包括普通的土宜产品);第二种,监临官收受、强索取被监临土宜供馈,土宜供馈通常用于表达谢意、联络感情,其中和索取与强索取因主观恶性更大,处罚重于收受,收受被监临者财物罪的处罚比因公事枉法受贿罪与不枉法受贿罪轻。《唐律疏议》第一百四十条规定:"诸监临之官,受所监临财物者,一尺笞四十,一匹加一等;八匹徒一年,八匹加一等;五十匹流二千里。与者,减五等,罪止杖一百。乞取者,加一等;强乞取者,准枉法论。"② 和索取被监临者财物比收受被监临者财物加重一等处罚;强索取被监临者财物,准枉法论。送给监临官财物者,减轻监临官本人五等处罚,最高刑为杖一百。另外,送给非监临主司财物者,也减收受者本人五等,"非监临主司,而因事受财者。与者,减五等"。③ 汉、唐受所监临,明、清为坐赃致罪,"坐赃致罪"官吏人等非因枉法、不枉法之事而受人之财,此人未必是所监临,官吏人等,一者,不限于官吏,二者,即使是官吏,也不一定是监临之官,范围更大。监临官收受被监临杀讫猪羊、鸡鸭鱼、瓜果、酒食等土宜供馈,坐赃论,即按照非监临主司因事受财论处,"一尺笞二十,一匹加一等;十匹徒一年,十匹加一等,罪止徒三年"。④ 如果以畜生及米面之属馈饷者,按照受所监临财物论;监临官强索取被监临者土宜供馈,按照强取监临财物法,即准枉法论,明、清无

---

① 程树德:《九朝律考》,中华书局2006年版,第379页。
② 钱大群:《唐律疏议新注》,南京师范大学出版社2007年版,第371、372页。
③ 同上书,第834页。
④ 同上书,第371、372页。

此规定，该规定相当于现在的国家工作人员收受节礼。非监临官员因受命出使，在出使之处收受赠送及索要财物的，与监临官收受所监临财物、赠送同样处罚；在经过处收受赠送及索要财物的，减轻一等处罚，但纠弹之官不减等；强乞取者，准枉法论。汉、唐上述情况属于受所监临；明、清把于使所或经过处受送馈归并到"在官求索借贷人财物"名下，甚是不妥，受送馈是被动接受，而不是主动求索。

监临官员离任后，家眷未离开原任所前（其家口去讫，受馈饷者，律无罪名，若其乞索者，从"因官挟势乞索"之法），收受旧官属、士人与庶民的馈赠，比在任时减三等处罚（受馈与，以监临受猪羊供馈处罚；乞取，以乞取所监临财物处罚）。明、清时官员离任收受、索取原部下及所监临士庶财物、礼物属"在官求索借贷人财物"。

唐律的规定体现了严以治贪，几乎穷尽了在当时历史条件下官吏利用职权及其影响直接或间接所可能得到的任何好处，包括财产性利益与非财产性利益、贵重物品与日常物品，不给官员留下合法收受他人财物、礼物的任何机会，官吏可能利用职权为自己谋利的所有行为均被犯罪化，犯罪圈已达到了极限，甚至可以说到了极其苛刻的地步；唐律体现了现代刑事立法关于罪责刑相适应的原则。监临主司等无论是否因公、是否枉法都不能收受所监临内部民的任何财物、礼物，一旦收受，无论金额大小、数量多少均构成犯罪；因公收受他人财物处罚重于非因公收受他人财物；因公收受他人财物枉法，处罚又重于不枉法；非因公收受他人的钱币、绢等贵重财物处罚重于收受他人的土宜等普通礼物。这就使得任何人都不得利用任何财物、礼物去贿赂、拉拢官员，与官员建立密切关系，与官员的来往真正做到了君子之交淡如水，以确保官员依正理（法）办公事，以求实现唐王朝以法治国的政治目的。

（三）宋、金、元时期官吏非因事收受财物、礼物罪的变迁

《宋刑统》与《唐律》关于官吏非因事收受财物、礼物罪的比较：(1)《宋刑统》把《唐律疏议》第一百四十条受所监临财物、第一百四十一条因使受送馈、第一百四十二条贷所监临财物、第一百四十三条役使所监临、第一百四十四条监临受供馈、第一百四十五条率敛监临财物、第一百四十六

条监临家人乞借、第一百四十七条去官受旧官属、第一百四十八条挟势乞索九条合并成一条受所监临赃、乞取强乞取赃、监临内受馈遗、监临内借贷役使买卖游客乞索，文字表述变化不大，但增加了一些新内容，以"准"的形式附载于唐律律文与疏议的后面，内容变化主要表现在：《宋刑统》"受所监临赃"增加了适用周显德五年七月七日敕条，受所监临赃及乞取赃过一百匹者，奏取敕裁。①（2）《宋刑统》关于官吏非因公事收受财物、礼物罪的规定沿用《唐律》，但也有所变化，监临官受所监临财物《唐律》的处罚标准是：一尺笞四十，一匹加一等，八匹徒一年，八匹加一等，五十匹流二千里。乞取者，加一等。强取者，准枉法论。《宋刑统》准周显德五年七月七日敕："今后受所监临赃及乞取赃过一百匹者，奏取敕裁。"（3）坐赃致罪《唐律》的处罚标准是：一尺笞二十，一匹加一等，十匹徒一年，十匹加一等，罪止徒三年。《宋刑统》的规定与唐律完全相同。

宋代法律关于官吏非因事收受财物、礼物罪的特别规定：（1）监临主司不枉法乞取罪，宋《职制敕》规定监临主司官员收受、乞取所监临赃物价值达到百匹时，朝廷命官，奏取圣裁，其余配隶本城。②（2）官吏受馈送，南宋时法律对惩处馈赠的规定特别详细，官吏在所辖范围内巡行时超过法定等级接受供给馈送者，按盗窃论；官吏以犒设为名违法、擅自馈送或收受者，按坐赃论处；官吏因为生日擅自收受属员贺礼以及赠送贺礼者，均徒一年，如果用诗、颂作为贺礼减一等处罚，收受赃物重者，按坐赃论处。③

金代法律关于官吏非因公事收受财物、礼物罪的特别规定：（1）受献遗，"明昌二年六月，禁职官元日、生辰受所属献遗，仍为永制"。④（2）鞠勘官受饮宴，"泰和五年二月，定鞠勘官受饮宴者罪"。⑤（3）造作人匠，"泰和八年闰月，制诸州府司县造作，不得役诸色人匠，违者准私役之律，

---

① 《宋刑统》，法律出版社1999年版，第196—208页。
② 扬一凡、田涛主编：《中国珍稀法律典籍续编（第一册）》，见《庆元条法事类（卷九）》《馈送·旁照法·职制敕》，黑龙江人民出版社2002年版，第171页。
③ 扬一凡、田涛主编：《中国珍稀法律典籍续编（第一册）》，见《庆元条法事类·职制门六》，黑龙江人民出版社2002年版，第267页。
④ 沈家本：《历代刑法考》，中华书局1985年版，第1059页。
⑤ 同上书，第1065页。

计庸以受所监临财物论"。①

《元史·刑法志》职制规定，元代官吏非因事收受财物、礼物罪可以归纳为：（1）职官收受所部赀见仪物（受所监临财物）。《便宜一十八事》记载："贡献礼物，为害非轻，深宜禁断。"②《元史·刑法志》（职制上）："诸职官到任，辄受所部赀见仪物，比受赃减等论。"③《元史·刑法志》（职制上）规定，严禁地方官员觐见皇帝时擅自敛取部属俸钱、礼物，违者以犯罪论处。④《元史·刑法志》（职制上）规定，在任官敛取属吏俸钱赠送离任官者，处罚笞四十七，仍留职。⑤（2）职官收受部民事后致谢食物。《元史·世祖本纪》记载："至元二十六年十月丙辰，禁内外百官吏人馈酒食者，没其家赀之半。"⑥《元史·刑法志》（职制上）规定，在任官收受部民事后致谢食物者，处罚笞二十七并给予记过处分。⑦（3）上司、出使官在出使所在地接受燕食、馈遗。《元史·刑法志》（职制上）规定，上司、出使官在出使所在地接受饮食、馈遗者，比照不枉法减二等处罚，经过而接受者，减轻一等处罚。⑧

（四）《大明律》关于官吏非因事收受财物、礼物罪的规定

官吏非因事收受财物、礼物，即官吏非因枉法及不枉法之公事收受财物或者接受供应馈送，按中国现行法律规定均属于违反党纪、政纪的行为，但无论是中国古代法还是现行外国刑法都规定为犯罪。

官吏非因枉法及不枉法之公事收受财物或接受供应馈送，即官吏非因主管某事务及他人有事在自己职权范围内而收受他人财物、礼物、赠物，接受他人供应、服务，相比于受财枉法、不枉法，这种情况即单纯受贿。按照当代中国刑法的规定，由于在这种情况下并不为他人谋取利益，因此不构成受

---

① 沈家本：《历代刑法考》，中华书局1985年版，第1067页。
② 王春瑜主编：《中国反贪史》，四川人民出版社2000年版，第756页。
③ 中国政法大学古籍整理研究所：《中国历代刑法志注译》，吉林人民出版社1994年版，第635页。
④ 同上书，第648页。
⑤ 同上书，第658页。
⑥ 杨鸿烈：《中国法律发达史》，中国政法大学出版社2009年版，第418页。
⑦ 中国政法大学古籍整理研究所：《中国历代刑法志注译》，吉林人民出版社1994年版，第635页。
⑧ 同上。

贿罪，仅属于违反党纪、政纪的行为。当前，我国政治生活中存在的无事时对于青年干部利用钱物进行长线投资、培养感情，节日给领导送礼，无事请领导吃饭、游玩，遇有领导生病探望送礼品，领导过生日、升迁送贺礼、父母过世、子女结婚上重礼等，如果在中国古代，均属于非因枉法及不枉法之公事受财或受供应馈送，均构成犯罪。

《唐律》（职制）第一百四十条受所监临财物、第一百四十一条因使受送馈、第一百四十四条监临受供馈共三个条文都是针对监临官吏非因枉法及不枉法之公事收受财物或接受供应馈送而制定的。《宋刑统》把《唐律》的上述三个条文全部合并到"受所监临赃、乞取强乞取赃、监临内受馈遗、监临内借贷役使买卖游客乞索"条内，名称仍在，内容原封不动地予以保留。元代法律没有继承唐律的规定，但元律也有类似的专门立法，如"职官收受所部赆见仪物""职官收受部民事后致谢食物""上司及出使官于使所受其燕食馈遗"。《大明律》彻底取消了唐律"受所监临财物""因使受送馈""监临受供馈"三个条文，也没有继承元律的相关规定，而是在《宋刑统》"受所监临赃、乞取强乞取赃、监临内受馈遗、监临内借贷役使买卖游客乞索"一条简单归并《唐律疏议》第一百四十条受所监临财物、第一百四十一条因使受送馈、第一百四十二条贷所监临财物、第一百四十三条役使所监临、第一百四十四条监临受供馈、第一百四十五条率敛监临财物、第一百四十六条监临家人乞借、第一百四十七条去官受旧官属、第一百四十八条挟势乞索九个条文的基础上，创造了一个新的罪名："在官求索借贷人财物"，从此，这九个罪名在中国古代法上就彻底消失了，不仅罪名消失了，而且删除了大量的内容，仅有部分内容得以保留下来。就上述三个条文而言，《大明律》"在官求索借贷人财物"仅保留了《唐律》很少的一点内容，"监临官吏若接受所部内馈送土宜礼物，受者，笞四十；与者，减一等。若因事而受者，计赃，以不枉法论。其经过去处，供馈饮食及亲故馈送者，不在此限。其出使人，于所差去处，受馈送者，并与监临官吏罪同"。① 从上述规定看，《唐律疏议》第一百四十条"受所监临财物"的内容被彻底删除了，其部分内容可以在

---

① 《大明律》，法律出版社1999年版，第183—190页。

《大明律》"坐赃致罪"中找到，凡官吏人等，非因事受财，坐赃致罪，各主者通算，折半科罪，与者，减五等。清末著名法学家沈家本指出，"薛谓明将《唐律》之'受所监临财物'并'坐赃致罪'二条并为一，而六赃遂少一名目矣。按六赃之名，唐与明异。唐以受财枉法、不枉法、受所监临、强盗、窃盗、坐赃为六赃。明以监守盗、常人盗、窃盗、枉法、不枉法、坐赃为六赃，而无强盗及受所监临。然计赃之法，监守与枉法同，常人与不枉法同，名为六赃，实止四等，不若唐之六赃之确为六等也。唐无常人盗，而监主加凡盗二等，别无计赃之法，故入于六赃之内。此唐、明之所以异也"。① 监临官吏不因公事而受所监临内财物者，只有按照《大明律》规定"坐赃致罪"予以处罚，此"坐赃致罪"已与《唐律疏议》第三百八十九条杂律一"坐赃致罪"不完全相同了，《唐律疏议》"坐赃致罪"是指非监临主司而因事受财，按照《唐律疏议》第一百四十条规定，监临官吏不因公事而受所监临内财物者，计赃一尺绢以上，笞四十，一匹加一等，最高刑为五十匹流二千里，与财者最高刑为杖一百，而按照《大明律》"坐赃致罪"，监临官吏不因公事而受所监临内财物者，一贯以下笞二十。一贯至八十贯，十贯加一等。一百贯至五百贯之上，一百贯加一等，最高刑为，杖一百，徒三年。清末著名法学家沈家本认为，"《唐律疏议》受所监临财物乃不因公事而受监临内财物者，其罪名视坐赃为重。坐赃一尺笞二十，一匹加一等；十匹徒一年，十匹加一等，罪止徒三年。受所监临财物一尺笞四十，一匹加一等；八匹徒一年，八匹加一等，五十匹流二千里。二法截然不同"。②《唐律疏议》第一百四十四条监临受供馈没有区分因公事与非因公事，而是区分了馈送的对象，采用了列举法，如果馈送物为猪、羊等杀讫家畜及酒食、瓜果等时，坐赃论，与者并不处罚，如果馈送物为生畜及米面等时从"受所监临财物"，而《大明律》区分因事与非因事，馈送物用了一个概括性术语"土宜礼物"，非因事而接受所部内馈送土宜礼物，不按坐赃论，受者，笞四十（与坐赃致罪二十贯处罚相同），与者，减一等，这说明《大明律》的创制者们认为监临官

---

① 沈家本：《历代刑法考》，中华书局1985年版，第1881、1882页。

② 同上。

吏非因事接受所部内馈送土宜礼物并不是什么大不了的事，不需要按坐赃论处，这已经接近于目前中国把这种情况仅视为一种违纪行为。《大明律》规定，监临官吏若因事接受所部内馈送土宜礼物，计赃以不枉法论。至于，监临官吏因事接受所部内馈送土宜礼物后，所决断之事是否枉法在所不计，即使枉法也一律按不枉法计赃。这说明《大明律》的创制者们认为监临官吏因事接受所部内馈送土宜礼物与其他财物不同，计赃，土宜礼物轻于其他财物。《大明律》还规定，监临官吏于其经过去处，接受所部内供馈饮食及亲故馈送者，不在此限。由此可知，监临官吏因使接受部内供馈饮食不在禁止之列，而《唐律》并未明确这一点。《唐律疏议》第一百四十一条"因使受送馈"规定，诸官人因使于所使之处受送馈财物，计赃准罪，与监临官吏同，如非因公事，按受所监临财物罪论处；因公事，按监临主司受财枉法、不枉法论处，而不按监临受供馈论处，监临受供馈犯罪对象并非财物。《大明律》"在官求索借贷人财物"规定，其出使人，于所差去处，受馈送者，并与监临官吏罪同。如何理解与监临官吏同？如果因事或者非因事接受所使之处土宜礼物，处罚与上面有关监临官吏的规定相同，如果因事或者非因事接受所使之处财物，则依官吏受财，或者"坐赃致罪"论处。

　　《大明律》坐赃致罪所指关于非实赃的情况，如"擅科敛财物，或多收少征钱粮虽不入己，或造作虚费人工物料之类，凡罪由此赃者，并名为坐赃致罪"。[①] 从当代刑法理论的视角看，不属于贪污贿赂犯罪，属于滥用职权。《大明律》"坐赃致罪"规定，如"被人盗财，或殴伤，若赔偿及医药之外，因而受财之类，各主者并通算，折半科罪"。[②] 这些内容与《唐律疏议》第三百八十九条"坐赃致罪"规定相同，应当指非官吏非因公事（因私事，《大明律》"坐赃致罪"规定非因事，此处之事即公事，即非因公事，私事应当属于本罪之范围，不能理解为不因任何事）受财，从当代刑法理论的视角看，因犯罪主体不是官吏，而是官吏以外的任何人，不属于贪污贿赂犯罪，而且也不是犯罪行为，充其量属于民法上的不当得利。"坐赃致罪"独立作

---

① 《大明律》，法律出版社1999年版，第183—190页。
② 同上。

为一个法条唐律就出现了,"坐赃致罪"在唐律中是指非官吏因事受财,规定在杂律而非职制律中,不属于职务犯罪,而明律"坐赃致罪"则改变了唐律之意,把唐律受所监临财物合并到了"坐赃致罪"中来,坐赃从此就不全是虚赃,而成了实赃,并且不规定在杂律中,而是规定在刑律受赃中,"坐赃致罪"从此包括官吏非因事受财。不过,明律之坐赃含义虽与唐律不同,但是仅是部分不同,明律之坐赃也包括非官吏因事受财,在这一点上与唐律是相同的。另外,明律之坐赃处罚规定与唐律之坐赃处罚规定轻重相同,可谓变其意而不改其罚。唐律规定,受所监临财物最高刑流二千里,而"坐赃致罪"最高刑徒三年,明律把受所监临财物并入"坐赃致罪"以后,监临官吏不因公事而受财的实际处罚就比唐律轻了,即改重为轻,同时监临官吏不因公事而受财就没有了专门的罪名,受重视程度也就相应地降低了,也许明代立法者认为唐代监临官吏不因公事而受财,处罚太重,但是,这一修改无疑降低了监临官吏不因公事而受财的法律成本,对于预防和减少监临官吏不因公事而受财犯罪而言,显然是一个不小的损失。明代以前送礼与行贿、收受礼物与受贿的界限是很清晰的,只要彼此之间不存在法定的亲属关系,超越了彼此感情交流的正常范围,官吏收受他人的财物、礼物就构成受贿,而送礼就构成了与财,均成立犯罪,而且有专门的罪名,自从淡化了对官吏非因公事收受财物、礼物的处罚以后,送礼与行贿、收受礼物与受贿之间的界限就变得越来越模糊,官吏非因公事收受财物、礼物也就变得无足轻重,以至于渐渐地半公开了,无论是与者还是送者,因为该种行为不构成犯罪,因此主观上也就没有犯罪感,于是,官吏非因公事收受财物、礼物,非因有事给官吏送礼,就变成了一种普遍的社会现象,使得明朝以后官场上送礼风日益猖獗,以至于到了清代屡禁不止,变成了无法治愈的顽疾。当前,我国刑法干脆把官吏非因公事收受财物、礼物彻底地除罪化,于是,官场上送礼风已成燎原之势,近年来由于严格执行党内八项规定,送礼风得到了有效遏制,但仍存在反弹的压力。我们不得不佩服唐人立法的高明之处,明朝这一改使"受所监临财物"这一从汉朝到元朝存在了一千五百多年的惩治监临官吏不因公事而收受财物的罪名从此失传了,这一改革实在是犯了一个永远无法饶恕的错误,是中国古代惩贪立法史上的一次大倒退。唐律将监临官吏贿赂犯罪作为一种职务犯罪规定在《职制律》中，而明律则规定在刑律中，仅作为一种普通刑事犯罪对待，淡化了其职务犯罪的性质。明律虽然继承了唐律中的许多规定，比唐律简洁，但明律极不明智地删除、修改、归并了唐律中的许多内容，如受所监临财物、官吏家人受贿官吏不知情也坐等，实属无知，仅为了律文的简洁而删除本该保留的内容，修改了本无须修改的内容，不能不说是一种破坏，与唐律相比，差距实在是太大了。清末著名法学家沈家本指出，"唐目'有事先不许财'，明改，此较事前受财者情节为轻，故不枉法者以受所监临财物论。明无受所监临一条，故亦以不枉法论，视受所监临科罪为重。此可见古法之不可妄删也"。[1]

三、官吏索取及变相索取财物罪的变迁

（一）唐代以前官吏索取及变相索取财物罪的变迁

汉代法律"贱买贵卖"属于"吏受所监临"，《唐律》"受所监临财物"不包括"贱买贵卖"，"贱买贵卖"实际上具有变相索贿性质。汉律中官吏因公事或者非因公事索取及变相索取财物称吏"恐猲受赇"。《汉律考三》律文考："元鼎三年嗣葛魁侯戚坐缚家吏，恐猲受赇，弃市。师古注，猲以威力胁人也。赇，枉法以财相谢。鸿嘉三年，嗣候德天坐恐猲国人受赇赃五百以上，免。"[2] 假借不廉（借人钱物不及时还），即变相索贿。"永平时，诸侯负责，辄有削绌之罚，其后皆不敢负民。孝文三年，嗣候陈信，坐不偿人债过六月，免。元狩二年，嗣候田祖坐当归织侯宅不与，免。"[3] 北魏和平四年诏曰："今内外诸司州镇守宰，侵使兵民，劳役非一。自今擅有召役，逼雇不程，皆论同枉法。"[4] "民平二年正月诏曰：刺史牧民，为万里之表，自倾每因发调，逼民假贷，大商富贾，要射时利，旬日之间，增赢十倍，上下通同，分以润屋。故编户之家，困于冻馁，豪富之门，日有兼积，为政之弊，莫过

---

[1] 沈家本：《历代刑法考》，中华书局1985年版，第1882页。
[2] 程树德：《九朝律考》，中华书局2006年版，第53页。
[3] 同上书，第57页。
[4] 同上书，第377页。

于此，其一切禁绝。犯者十四以上皆死。布告天下，咸使知禁。"①

(二)《唐律疏议》关于官吏索取及变相索取财物罪的规定

《唐律疏议》中官吏因公事或者非因公事索取及变相索取财物包括贷所监临财物、役使所监临、率敛监临财物三个罪名。监临官通过借贷、率敛所监临财物，擅赋擅加，非法役使所监临，在所监临地域内买卖货物非法取利，违法借用所监临财物属于变相、隐蔽、间接受贿罪。监临官借贷所监临财物，以非监临官因事受财论处；即使已被任命还未上任者，也同样处罚。如果监临官借贷所监临财物经过一百天仍未偿还的，以收受被监临财物罪论处。如果以威力强行借贷者，在一百天以内，以非监临官因事受财论加二等，满一百天以后，从受所监临财物罪上加二等。监临官在所监临地域内买卖货物，如果有余利者，计算所得余利，以和索取监临财物论处，用威力强行买物者，罚答五十，如果有余利，计利，准枉法受财论处。如果官员遣人或者市司卖买货物有余利，犯罪时官员不知获利之实情，据律不应该处罚，如果被派遣之人买卖有余利，财虽不归监临官本人，但既然得利，或者进行强迫买卖，依"不应得为而为之"罪处罚（"不应为"——指《杂律》卷二十七（总第四百五十条）中"不应得为而为之者，答四十，其情理重者，杖八十"之规定）；如果买卖已进行完毕，官员本人知情，依"对家人乞取财物知情罪"之法处罚（家人在所部有乞取等犯罪，如监临官人知情与同罪之规定）。该规定可以防止监临官及其所遣、所属之人依仗权势通过买卖货物达到索贿的效果。如果监临官不按官署依契约所作裁决偿还自己的负债超过50天，以受所监临财物论，该规定可以防止监临官依仗权势拒不偿还、拖延偿还依契约应当偿还的债务，维护合法的市场交易秩序，可以防止监临官依仗权势以赖债的形式达到索贿的效果。如果监临官私自借用所监临衣服、器玩等物超过30天不还，坐赃论，最高刑为徒1年。该规定可以防止监临官依仗权势以借用名义达到索贿的效果。监临官因借贷所监临财物犯罪，即使遇上大赦，免罪，但所借贷财物仍应征偿。监临官亲自领人收取所监临财物赠送给他人，以实犯收

---

① 程树德：《九朝律考》，中华书局2006年版，第379页。

受被监临者财物论,合并总数折半计罚;监临官将所取被监临财物自己占有的,以乞取被监临财物罪处罚,与者无罪,物归原主;监临官以威力强率敛所监临财物,准枉法论。

官吏违法擅自征收聚敛,或者虽然依法征收但擅自增加征收数额,入官赃物价值达到六匹绢,处刑重于杖六十,都依坐赃罪判处,入官赃物比照聚敛众人财物折半计算,最高刑为三年徒刑;赃物入私的(入私不一定就是入己,只要没有缴入官府,就是入私),按受财枉法论,但犯本罪达到应处死刑的,判处加役流,不判处绞刑。如果征收聚敛所得,部分入官,部分入私者,依照"重赃并满轻赃条文"规定办理。①《唐律疏议》第一百四十五条规定:"诸率敛所监临财物馈遗人者,虽不入己,以受所监临财物论。"② 唐律因公科敛与因私率敛用两个条文分别规定,《大清律例》因公科敛包括因公擅自科敛所属财物不入己、不馈送人与非因公科敛人财物入己、馈送人两种情况,第一种情况,"杖六十,赃重者,坐赃论;入己者,以枉法论"③;第二种情况,无论非因公科敛人财物入己还是馈送人,均计赃,以不枉法论。④ 监临官因私非法驱使所部内人提供劳务及借用所部奴婢、部曲、客女、牛马驼骡驴、车船、磨坊、旅店等,计算工价(每人每日功价按绢三尺计算)、租赁费,以收受被监临人财物罪论处,以威力强行驱使,加重二等处罚。监临官非法私自驱使九品以外的流外官及本该在官府中供差的杂任,计算工价,以坐赃论,一尺笞二十,一匹加一等,最高刑为杖一百,这些人本该在官府当差,因此,私役使他们处罚轻于平常人。监临官驱使依法应供自己驱使的执衣、白直等人,除非有因公事文案可据,这些人提供了劳务就不用缴纳人力雇佣钱,如果他们已经提供了劳务,再收受他们的人力雇佣钱,也以坐赃论,最高刑为杖一百。如果监临官家中有吉凶之事,借使所监临,人数不得超过二十人,人均不得超过五日,但使用自己的亲属(谓本服缌麻以上亲及大功以上亲共为婚姻之家),接受他们的赠送、

---

① 钱大群:《唐律疏议新注》,南京师范大学出版社2007年版,第428页。
② 同上书,第382页。
③ 《大清律例》,法律出版社1999年版,第505页。
④ 同上。

索取或借贷他们的财物，都不为犯罪。监临官因营缮官房非法借使被监临者，计算工值、租赁费，依坐赃论，减二等处罚。如果因替官府做买卖获利及无限期拖欠价款不归还的，也同样处罚。监临官员离任后，家眷未离开原任所前，借贷、买卖有余利、役使等，比在任时减三等处罚。① 上述情况，在汉代，属于受所监临；明、清律属于在官求索借贷人财物，明、清律把并非官吏的豪强之人也作为该罪的主体，唐律中该罪主体仅指监临之官，不包括豪强之人。

（三）宋、元时期官吏索取及变相索取财物罪的变迁

《宋刑统》官吏索取及变相索取财物罪与《唐律》文字表述差别不大，但增加了一些新内容，以"准"的形式附载于与《唐律》相同的律文与疏议的后面。

《元史·刑法志》（职制上）规定："诸有司和买诸物，监临及当该官吏克落价钞者，准不枉法赃论。诸职官辄以亲故人事之物，为散之民，鸠敛钱财者，计其时直，以余利为坐，减不枉法赃二等科罪，钱物各归其主。"②《元史·刑法志》（职制上）规定："诸职官恐吓有罪人求赂，未得财者，笞二十七。"③ 官吏恐吓索取有罪人财即使未遂也要处罚。

（四）《大明律》关于官吏索取及变相索取财物罪的规定

官吏因公事或者非因公事索取及变相索取财物在《大明律》中第一次有了一个专门罪名，"在官求索借贷人财物"，这一称谓也被后来的《大清律例》继承。《唐律疏议》第一百四十二条贷所监临财物、第一百四十三条役使所监临、第一百四十八条挟势乞索被《大明律》"在官求索借贷人财物"取代。《唐律疏议》第一百四十二条贷所监临财物区分了两种情况，分别以坐赃与受所监临财物论处，贷所监临财物，百日内归还，坐赃论，强者，坐赃论，加二等；满百日外，以受所监临财物论，强者，从受所监临财物上加

---

① 钱大群：《唐律疏议新注》，南京师范大学出版社2007年版，第374—377、385页。
② 中国政法大学古籍整理研究所：《中国历代刑法志注译》，吉林人民出版社1994年版，第657、658页。
③ 同上书，第635页。

二等。《大明律》没有以百日为界进行轻重区分，而且因取消了受所监临财物罪，规定"凡监临官吏挟势求索借贷所部内财物者，并计赃，准不枉法论。强者，准枉法论。财物给主"。[①] 可见，《大明律》的处罚重于《唐律疏议》。《唐律疏议》第一百四十二条卖、买有剩利，计利，以乞取监临财物论，强者，笞五十，有剩利，计利，准枉法论，借衣服器玩之属，经三十日不还者，坐赃论，最高刑为徒一年；《大明律》增加了将自己物货散与部民的规定，强市并未区分有无剩利，取消了断契有数韦负不还超五十日的内容，故规定凡监临官吏挟势若将自己物货散与部民，及低价买物、多取价利者，并计余利，准不枉法论。强者，准枉法论。物货价钱，并入官给主。若于所部内买物，不即支价，及借衣服器玩之属，各经一月不还者，并坐赃论。《唐律疏议》第一百四十三条监临官役使所监临，包括私役使所部之人，以受所监临财物论罪，《大明律》取消了私役使所部之人的规定，以坐赃论罪，"凡监临官吏挟势私借用所部内马、牛、驼、骡、驴及车船、碾磨、店舍之类，各验日计雇赁钱，亦坐赃论。追钱给主"。[②]《大明律》在官求索借贷人财物的犯罪主体除了官吏还包括豪强之人，豪强之人为上述行为者，与监临官吏处罚相同。依据现代刑法的理念，豪强之人所为的上述行为应当属于强迫交易罪，而不属于受贿罪。[③]

《大明律》规定风宪官吏变相受贿，加重处罚，其法律渊源在元律，《元史·刑法志》（职制上）规定："诸风宪官吏但犯赃，加等断罪，虽不枉法亦除名。"[④] 清末著名法学家沈家本认为，"风宪官吏唐与监临同，而明加二等，似嫌重"。[⑤] 按现代刑法的理念看，上述两种情况均为直接的受贿。监临官吏在所监临区域内从事借贷、买卖货物多取利、违法借用所监临财物，实质上是一种变相、隐蔽的索贿，属于广义的受贿罪。

---

① 《大明律》，法律出版社1999年版，第183—190页。
② 同上。
③ 同上。
④ 中国政法大学古籍整理研究所：《中国历代刑法志注译》，吉林人民出版社1994年版，第648页。
⑤ 沈家本：《历代刑法考》，中华书局1985年版，第1883页。

四、官吏家人收受、求索、强行索取和变相索取财物罪的变迁

（一）宋代以前官吏家人收受、求索、强行索取和变相索取财物罪的变迁

家人受财的规定最早见于汉朝，《汉书·薛宣朱博传》记载："池阳令举廉吏狱掾王立，府未及召，闻立受囚家钱。宣责让县，县案验狱掾，乃其妻独受系者钱万六千，受之再宿，狱掾实不知。掾惭恐，自杀。宣闻之，移书池阳曰：'县所举廉吏狱掾王立，家私受赇，而立不知，杀身以自明。立诚廉士，甚可闵惜！……'"① 《唐律》中官吏家人收受、求索、强行索取和变相索取财物称为"监临家人乞借"。《唐律疏议》第一百四十六条规定："诸监临之官家人，于所部有受乞、借贷、役使、卖买有剩利之属，各减官人罪二等；官人知情与同罪，不知情者各减家人罪五等。"② 监临官吏家人等利用其权威及影响力受贿，按现在刑法的语言讲就是关系人利用国家工作人员的影响力受贿，包括以下几种情况：收受、乞取、强乞索、借贷其所监临财物，在其所监临区域内买卖有余利，役使其所监临。监临官员的家人在其所辖区域内有收受或索要财物、借贷财物、役使民人、做买卖获利之类的犯罪，都按照监临官之犯减二等处罚；监临官员知情的与家人同样处罚，不知情的，比家人减五等处罚，比官员自身犯罪，得减七等。其在官非监临及家人有犯者，各减监临及监临家人一等。依仗官员的威势索要财物的，计索要财物的总数折半，坐赃论，减一等。家人受贿，本官不知情，也同坐，有利于本官严格约束其家人，也使得本官无法以自己不知情为理由推卸责任，有利于避免本官利用家人受贿自己装作不知情而逃避责任，同时有利于官员家人从官员的政治前途出发，遏制自己的贪利行为，彼此责任连带，可以使彼此制约，有利于更好地预防官吏家人利用其权威及影响力实施贿赂犯罪。按照现代刑法的犯罪构成理论，本官不知情，连坐，即没有犯罪故意与过失，也要承担刑事责任，有点像美国刑法上的严格责任。该规定虽然苛刻，但一方面客观

---

① 李均明：《简牍法制论稿》，广西师范大学出版社2011年版，第23、24页。
② 钱大群：《唐律疏议新注》，南京师范大学出版社2007年版，第382页。

上无论本官是否知情，其家人已经实际利用了其权威及影响力，另一方面虽然官员本人不知情，但是他有责任、有条件教育、约束其家人，家人受贿也说明他未能有效约束其家人，并非绝对地没有过错，只是过错更小些。与此同时规定，家人受贿，官员本人不知情的，比自身犯减七等处罚，也充分考虑到了官员主观上不知情的实际情况，考虑到了执法的公平性，从最大限度地预防贿赂犯罪的角度看，这样的规定显然具有一定的合理性，体现了唐代立法者高超的智慧。

明、清律，官员本人不知情者，不坐，处罚轻于唐律，表面上更合理、更公正，实际上，为官员利用家人受贿提供了极大的方便，清代官员利用家人受贿相当普遍，也从反面证明了其立法的漏洞和缺陷。

（二）宋、辽、元、明时期官吏家人收受、求索、强行索取和变相索取财物罪的变迁

《宋刑统》针对宋代出现的新问题增加了游客乞索的新规定。《宋刑统》增加了适用"周显德四年二月六日敕节文：诸处颇有闲人、游客，干投县、镇乞索，或执持州、府职员书题，干求财帛，县、镇承意分配节级所由，其所由节级又须转于人户处乞觅，颇是烦扰者，宜令今后止绝。如有此辈，并许诸色人论告，勘当不虚，其发书题人并县、镇官吏并游索人等，并当重断"。《宋刑统》增加了官人亲识、王公、百官家人及游客不得要求所在官人供给的规定，刑部格敕："诸州解代官人，及官人亲识并游客，并不得于所在官司及百姓间乞取，若官人处分及率敛与者，并同自乞取法。其诸王公以及百官家人，所在官人不得令供给，其强索供给者，先决杖三十。"① 《辽志》记载："兴宗重熙元年，诏子弟及家人受赇，不知情者，止坐犯人。"② 《元史·刑法志》（职制上）规定："诸官吏家人受赃，减官吏法二等坐。官吏初不知，及知即首，官吏家人俱免；不即首，官吏减家人法二等坐，家人依本法。若官吏知情，故令家人受财，官吏依本法，家人免坐。官吏实不知者，止坐家人。"③ 辽、元律官吏不知情者不坐，表面上看是更合理，实际上为官

---

① 《宋刑统》，法律出版社1999年版，第196—208页。
② 沈家本：《历代刑法考》，中华书局1985年版，第1038页。
③ 中国政法大学古籍整理研究所：《中国历代刑法志注译》，吉林人民出版社1994年版，第826页。

吏利用家人受贿开了方便之门。至顺元年（1333年），御史台臣言："内外官吏令家人受财，以其干名犯义，罪止杖四十七，解任。贪污者缘此犯法愈多，请依十二章计赃多少论罪。从之。"① 元律官吏知情故意让家人受财，官吏依本法，家人免坐，唐律无此规定，按律意官吏依本法，家人也不能免坐。唐律所涉范围广而且处罚也重。

官吏家人收受、求索、强行索取和变相索取财物，即官吏家人、与官吏关系密切的人利用官吏的影响力受贿。《大明律》家人求索与《唐律疏议》第一百四十六条监临家人乞借相比变化主要表现在以下两个方面：一方面，《唐律疏议》区分监临之官家人与在官非监临家人，在官非监临家人受贿减监临官家人一等处罚，体现了刑重主司的原则，包括对主司家人的处罚也相对更重。《大明律》没有对监临之官家人与在官非监临家人予以区分，而是删除了在官非监临及家人有犯的情况；另一方面，《唐律疏议》规定监临之官家人与在官非监临家人受贿，监临之官与在官非监临即使不知情也要同坐，《大明律》规定监临之官家人有犯，监临官吏不知情者，不坐，从此，家人有犯，监临官吏的责任就大大减轻了，而且，监临官吏可以通过家人受贿而自己装作不知情，无须承担任何责任。《元史·刑法志》（职制上）规定："诸官吏家人受赃，官吏实不知者，止坐家人。"② 可见，《大明律》的这一规定来自元律而非唐律，这一修改不能不说是明律的一大败笔。

五、行贿罪的变迁

（一）元代以前行贿罪的变迁

行贿罪最早见于《秦简》法律答问记载，"邦亡来通钱过万，已复，后来盗而得，何以论之？以通钱"。③ 汉律规定"行言许受财"，即行财人以言许财，即承诺行财也构成行贿。疏勒河流域出土汉简记载，"行言者若许多受赇以枉法皆坐赃为盗，没入官"。④《二年律令·盗律》记载："受赇以枉

---

① 中国政法大学古籍整理研究所：《中国历代刑法志注译》，吉林人民出版社1994年版，第826页。
② 同上。
③ 睡虎地秦墓竹简整理小组：《睡虎地秦墓竹简》，文物出版社1978年版，第229—230页。
④ 陈乃华："秦汉官吏赃罪考述"，载《山东师大学报（社会科学版）》1991年第1期，第34页。

法，及行赇者，皆坐其赃为盗。罪重于盗者，以重者论之。"① 《二年律令·具律》规定："其受赇者，加其罪二等。所予赃罪重，以重者论之，亦加二等。其非故也，以其赎论之。"② 一人犯两罪以上，不实行数罪并罚，而是从一重罪加重处罚，过失犯罪，允许赎。本条律意应作何解，是否受贿处罚比行贿重二等？所予赃罪重，此罪是指行贿罪，还是行贿所求官吏枉法处断之他罪？显然应当理解为受贿罪与行贿罪处罚相同（即《大清律例》之行财与受同科），而就行贿罪而言，如果行贿者要求官吏枉法处断之他罪处罚更重，则以他罪论，而不以行贿罪论，同时加重二等处罚。"孝文十三年，嗣汾阴侯周意，坐行赇，髡为城旦。"③ "武帝建元六年，嗣乐平侯卫侈，坐买田宅不法，有请赇吏，死。"④ "临汝侯贤，建元元年坐行赇罪，国除。"⑤ 崔鸿《十六国春秋·前燕录》记载，"侍郎韩偏以财行求，贿辽东内史宋该，举偏为孝廉，一经查出，行贿者韩偏以'亏乱王典'而免官，并禁锢终身。"⑥

《唐律》称有事人以财请求官吏为"有事以财行求"。《唐律疏议》第一百三十七条规定，有事情涉及讼案的人用财物行贿请求因而使官人作出枉法判决的，依坐赃论；虽然用财物行贿请求，但并未使官人作出枉法判决的，以坐赃论，减二等。如果同案犯聚集财物共同行贿官人，首先提出聚集财物者合并计赃作为首犯，以人们共同给与钱财的总数折半论罪，其余跟着拿出钱财行贿者，按照他们各自所拿出的钱财数额计罚，并依从犯论处。⑦ 除了第一百三十七条专门规定以外，《唐律》在受贿罪条款中也相应规定了行贿的刑罚，第一百四十条规定，与监临官财物者，按受所监临财物论，减受者五等处罚，最高刑为杖一百；第一百三十六条规定受人财为请求，与财者，坐赃论减三等；第三百八十九条规定坐赃致罪，非监临主司而因事受财者，

---

① 张家山二四七号汉墓竹简整理小组：《张家山汉墓竹简（二四七号墓）》，文物出版社2011年版，第56—57页。
② 李均明：《简牍法制论稿》，广西师范大学出版社2011年版，第23—24页。
③ 《汉书》卷十六，《高惠高后文功臣表第四》，中华书局1997年版，第549页。
④ 同上书，第622页。
⑤ 《史记》卷十八，《高祖功臣侯者年表第六》，中华书局1997年版，第960页。
⑥ 乔伟主编：《中国法制通史（第三卷）》，法律出版社1998年版，第318页。
⑦ 钱大群：《唐律疏议新注》，南京师范大学出版社2007年版，第368页。

与者,减五等。行贿罪比受贿罪的刑罚要轻,有事以财行求得枉法裁断者,对行贿人的刑罚按坐赃论。《宋刑统》把《唐律疏议》第一百三十五条有所请求与第一百三十六条受人财请求、第一百三十七条有事以财行求合并成一条请求公事曲法受财请,文字表述略有变化,内容相同。而明、清律,无不枉法如何处理之规定。但明、清律,规定官吏强索,出钱人不坐。这一做法显然是合理的,也被当代立法继承。

行求者之事包括合法可行之事与违法不可行之事,行求之目的多为欲求官吏为违法不可行之事,但也不完全排除为合法可行之事行贿的可能性。如果因合法之事,以财行求,官人自然不会作出枉法判断,即不枉法。不过,按此条规定应当理解为不包括上述情况,也许当时并不存在因合法之事而行贿的问题,如果存在这种情况,按唐律之立法精神不可能不处罚,凡官吏任何礼物都不能收受,何况因事受贿,即使合法,受贿也不正当。按此条规定应当理解为欲求官吏作出枉法判决而行贿,官吏收受贿赂当时可能承诺为行贿人谋求非法利益(如果是虚假的承诺即构成诈骗而非受贿),最终的结局只能是两种,一种是为行贿人实际谋取到了违法不应得的利益,即作出了枉法判断,另一种是由于主客观原因(客观上不可行、主观上改变了主意),没有作出枉法判断,没有谋取到利益,即不枉法。行贿罪的社会危害性具有间接性,其社会危害性的大小主要通过受贿罪的社会危害性的大小反映出来,受贿而不枉法的社会危害性显然小于受贿而枉法的社会危害性,受贿而枉法的社会危害性越大,行贿的社会危害性相应地也越大;因此,受贿而不枉法,对行贿人减轻二等处罚,暗合了现代刑法的罪责刑相适应原则,是合理的,受贿所造成的社会危害性越小,相应地对行贿人的处罚也应该更轻一点。

(二)元、明时期行贿罪的变迁

《元史·刑法志》(职制上)详细列举了行贿人与受贿人同坐的几种情况:官吏实际收受赃物,过付人未言明官吏起初并不知情,官吏已经知道临时寄存在过付人家中、事毕后取回,本来并未言明、故意把钱物放在官员家里、假称已经过付、诬陷他人,官吏只有在实际收受财物时才坐,而与财人在上述几种情况下均坐。① 元代还有用亲女行贿官吏的事例,《大元通制·职制》记载:"诸以亲女献当路权贵求进用,已得者追夺所受,命仍没入其家。"②

根据《大明律》规定,以行贿罪的犯罪主体为标准可以分为一般主体行贿与特殊主体行贿,一般主体即普通人,特殊主体如公侯、所监临内部民;以是否有事请求官吏可以分为有事以财行求与非因有事与财;以犯罪对象为标准可以分为馈送土宜礼物与以财物相送。从行贿罪立法技术的角度看,特殊主体行贿与受贿规定在一个条文内,一般主体行贿采用单独规定的方式。明代的行贿罪包括以下几种情况:(1)公侯与军官财。公侯给与卫指挥、千户等军官宝钞、金银、段匹、衣服、粮米、钱物等,"初犯、再犯,免罪附过;三犯,准免死一次。若奉命征讨,与者、受者,不在此限"。③(2)监临所部及出使经过处、使所处馈送监临官吏土宜礼物,笞三十。"监临官吏若接受所部内馈送土宜礼物,受者,笞四十;与者,减一等。其出使人,于所差去处,受馈送者,并与监临官吏罪同。"④(3)非因事与官吏财者,减受财官吏五等处罚。《大明律》规定:"凡官吏人等,非因事受财,坐赃致罪。各主者通算,折半科罪。与者,减五等。为两相和同取与,故出钱人减受钱人罪五等。"⑤(4)有事以财请求。《唐律疏议》第一百三十七条有事以财行求,根据受财之官人是否欲为枉法裁判,对行求之人分别给予不同的处罚,受财之官人欲为枉法裁判者,坐赃论,不欲为枉法裁判者,减坐赃二等,并对共同行贿犯罪做了规定。《大明律》规定,受财之官人欲为枉法裁判者,坐赃论,受财之官人不欲为枉法裁判者,请求人不坐,同时补充规定了官吏用强索贿、出钱人不坐的规定,使得行贿罪的规定更加完善了。⑥

---

① 中国政法大学古籍整理研究所:《中国历代刑法志注译》,吉林人民出版社1994年版,第635页。
② 杨鸿烈:《中国法律发达史》,中国政法大学出版社2009年版,第419页。
③ 《大明律》,法律出版社1999年版,第183—190页。
④ 同上。
⑤ 同上。
⑥ 同上。

第三节　贪污贿赂罪一般性规定的变迁

一、秦律关于贪污贿赂罪刑罚的一般性规定

秦代贪污属于盗罪，秦律已经确立了盗罪以赃计罚的量刑原则，以后历代延续不断。秦律赃罪等级有："盗一钱未满，赀一盾；盗百钱，赀二甲；盗百十钱以上，耐隶臣；盗六百六十钱以上黥城旦、舂。"① 秦律规定，"盗一钱未满，赀一盾"，这说明在秦律中盗窃没有数额起点，无论数额多少一律治罪，这一做法也为历代所继承。秦律虽被后世认为过于严酷，但盗窃数额较小的，单处罚金。秦律已经确立了贿赂罪以赃计罚的规定，贿赂处罚重于贪污，通一钱应处的刑罚与盗六百六十钱相当。秦代的赃罪等级有：赃直百一十、赃直过六百六十、过二百二十钱到千一百、过千一百钱二千二百钱、过二千二百钱以上。②

二、汉律关于贪污贿赂罪定罪、量刑及刑罚执行的一般性规定

（一）汉律所见关于贿赂罪附加刑的规定

（1）罚金刑。西汉受贿适用罚金刑。根据西汉法律制度，对于低额受贿者要处以比受贿额高得多的罚金，如张家山汉简案例十三：士吏贤"受豚、酒赃九十，出敛，疑罪。廷报：贤当罚金四两"。③ （2）资格刑。东汉对贿赂罪特别加重处分，如《刘恺传》说："安帝初，清河相叔孙光坐赃抵罪，遂增锢二世，衅及其子。"④《汉书》卷七十二，《王贡两龚鲍传第四十二》记载："吏坐赃者，禁锢不得为吏。"⑤ 东汉吏坐赃者，禁锢不得为吏，实乃资

---

① 睡虎地秦墓竹简整理小组：《睡虎地秦墓竹简》，文物出版社1978年版，第116页。
② 同上书，第166、150、116页。
③ 《江陵张家山汉简〈奏谳书〉释文》，载《文物》1993年第10期，第45页。
④ 《后汉书》卷三十九，《刘赵淳于江刘周赵列传第二十九》，中华书局1997年版，第1308页。
⑤ 《汉书》卷七十二，《王贡两龚鲍传第四十二》，中华书局1997年版，第3077页。

格刑，即剥夺做官的资格，不仅涉及本人，而且波及子孙。我国著名法律史学家程树德先生对禁锢给予了高度评价，他所著的《九朝律考》一书按语："六朝多赃吏，尤以北齐为最，高欢姑息，不敢惩也。宣帝深知治本，加重赃罪，其后隋文帝亦定盗一钱弃市之律，法可谓重。然陈宣隋文，皆非令主，故此风卒莫能戢。五代赃吏尤多，艺祖受命，凡犯赃皆弃市。元季贿赂公行，明祖峻刑而民风不变，或曰是刑乱国用重典，恐非常法。然古今言吏治者，首推两汉，文帝禁坐赃者不得为吏，安帝以后，赃吏子孙，三世禁锢，是重惩赃吏，不特汉制如是，固历代不易之成规也。"①

（二）汉律所见关于贿赂罪量刑规定

（1）一人犯数罪从一重罪加重处罚。一人犯两罪以上，不实行数罪并罚，而是从一重罪加重处罚；过失犯罪，允许赎。（2）再犯从重处罚。（3）细分刑罚等级。秦律已经确立了贿赂罪以货币数额多少计罚的规定，汉代继承了这种做法，不过，汉代除了钱作为货币单位，还使用金作为货币单位。汉代的赃罪等级包括：万钱，《汉书·薛宣朱博传》记载，宣为相，府辞讼例不满万钱不为移书，后皆遵用薛侯故事；十金，《史记·平准书》注如淳曰，黄金一斤，直钱万，十金就是十万钱，汉律规定，主守盗直十金弃市，根据货币史专家彭殊威的观点，如果未明言黄金者就不是指黄金，此处未明言黄金，因此并非指黄金；三十万，《后汉书·桓帝纪》建和元年诏，长吏臧满三十万而不纠举者，刺史、二千石纵避为罪；百万，《汉书·孔光传》引律，赃百万以上即为不道罪。犯不道罪不仅本人处死，而且父母妻子同产皆弃市；千万，见《汉书·魏相丙吉传》；三千万，见《田延年传》。②汉律所见关于贿赂罪实际执行减、免、赎的规定。贡禹《论宜除赎罪之法》记载："孝文皇帝时，贵廉洁，贱贪污，吏坐赃者禁锢不得为吏，无赎罪之法。武帝行壹切之变，使犯法者赎罪。"③由此可见，汉朝"吏坐赃赎罪"从汉武帝时开始施行。

---

① 程树德：《九朝律考》，中华书局2006年版，第337页。
② 陈乃华："秦汉官吏赃罪考述"，载《山东师大学报（社会科学版）》1991年第1期，第36页。
③ 高潮、马建石主编：《中国历代法学文选》，法律出版社1983年版，第278、279页。

通过比较秦、汉关于贿赂罪处罚规定可以得出一个结论,汉律对贿赂罪的处罚轻于秦律。

三、唐律关于贪污贿赂罪定罪、量刑及刑罚执行的一般性规定

(一) 关于贪污贿赂罪的主体及因主体身份而减、免、赎的规定

贪污贿赂罪的主体包括享有官府正式发给的禄米与月俸的九品以上的所有官员,其中被称为"监临主守"的京内外各官署的长官、判官及其他的直接管事官人是重点防范的对象。① 官员犯贪污贿赂罪可以用官品抵减刑罚,五品以上用一个官职可以抵徒刑两年,九品以上用一个官职可以抵徒刑一年。② 但是上请制度不适用于犯贪污贿赂罪的官员。③ 拥有官职以前所犯罪,在有官职以后发案的,如果应当判处流罪以下刑罚,允许赎罪。④

(二) 关于贪污贿赂罪附加行政处罚的规定

京内外各官署的长官、判官及其他的直接管事人员犯盗窃罪、受财枉法罪的数额在一匹以上(时法定价550钱)的,除名;如果判决生效后,适逢大赦,就只解除现任官职,不削除名籍。⑤ 如果受财而不枉法也只解除现任官职。⑥

(三) 关于贪污贿赂犯罪赃物的追缴

行贿、受贿犯罪中一方主动给予、另一方被动收受的赃物上缴国库,受贿一方强取、索取所得赃物归还原主。案发时,赃物仍在的,上缴国库或者归还原主;赃物已消耗者,被判处死刑及发配的罪犯,不再征收,被判处其他刑罚者,即使赃物已经不存在,仍要追征,犯盗窃罪者,加倍征收。因非法使用劳力及公物而按劳务费、租赁费计算的贪污受贿所得,不征收;当遇到大赦及减刑时,犯盗窃、诈骗和受贿罪者,还应追征原赃,上缴国库或者

---

① 钱大群:《唐律疏议新注》,南京师范大学出版社2007年版,第221、222页。
② 同上书,第73、74页。
③ 同上书,第51页。
④ 同上书,第69页。
⑤ 同上书,第79、80、83页。
⑥ 同上书,第86页。

归还原主,盗窃犯免予加倍退赃。① "私役使所监临及借车马之属,计庸一日为绢三尺,以受所监临财物论。"②

（四）关于贪污贿赂犯罪赃物的计算方法

贪污贿赂犯罪所涉及赃物的价格应当按照该物在犯罪地当时的价格及当地当时上等绢的价格进行估算。每个月分别按上、中、下旬三等估价,赃物的价格按照犯罪当旬估算,定罪时按照犯罪当旬上等绢的价格进行计算。劳务费按照每人每日三尺绢计算,牛马驼骡驴车等使用费也按照每日三尺绢计算,其他按照犯罪当时租赁费计算,但所计租赁费总额不能超过该物的本价,当租赁费总额超过该物当时的本价时,按照该物当时的本价计赃。③

（五）贪污贿赂犯罪的自首

犯罪以后,没有立案之前,自动投案的,免罪,但,赃物仍应依法征收。一人犯有多个罪,其中处罚较轻的一个罪已经被立案查处,自己主动交代未被发现的另一个应当给予更重处罚的罪,免除对该重罪的处罚。在本罪审理过程中,主动说出自己所犯的其余罪,免除其余罪的处罚。自动投案以后,只如实供述了部分犯罪事实,就以没有如实供述的部分犯罪事实定罪处罚,如果应当判处死刑时,就减轻一等处罚。自己只主动如实供述了部分贪污受贿所得,就以没有供述的部分贪污受贿所得进行处罚。如果犯罪嫌疑人知道有人打算举报他,以及在司法部门抓捕过程中逃亡,在未被抓获前自动投案的,减轻本罪二等处罚。④

（六）贪污贿赂的共同犯罪

外人与监临主守共同犯贪污罪的,不论监临主守在犯罪过程中是否起主要作用,监临主守都是主犯,外人在犯罪过程中不论是否起主要作用都是从犯,监临主守按贪污罪论处,外人按盗窃罪论处。⑤

---

① 钱大群:《唐律疏议新注》,南京师范大学出版社2007年版,第136页。
② 同上书,第142、143、144页。
③ 同上书,第146、147页。
④ 同上书,第160、161页。
⑤ 同上书,第183页。

（七）唐代贪污贿赂犯罪的数罪并罚、连续犯与想象竞合犯的处罚办法

判决宣告以前一人犯数罪的，以数罪中处罚较重的罪论处；判决宣告以后发现漏罪的，如果新发现的罪应当判处的刑罚与原判刑罚相同的，对新发现的罪不再处罚；如果新发现的罪应当判处的刑罚比原判刑罚重，就首先对新发现的重罪作出判决，用原判刑罚充抵后数，充抵后剩余的部分应再加之。因赃致罪，从多处收受贿赂或者同时收受多人贿赂，把收受的所有贿赂物全部加在一起，然后折半计算。如果所犯赃罪刑罚轻重不等，就把刑罚较重的罪所涉及的赃物全部计算在刑罚较轻或最轻的罪所涉及的赃物中（重赃并入轻赃计算），然后折半计算。从一人处收受贿赂，其中部分贿赂物先发案并判决完毕后，又发现了该人上次交代未尽，隐瞒了部分贿赂物，此时，就把前后两次发现的贿赂物合并通计，以此数定罪量刑。可见，从一人处收受巨额贿赂的处罚重于从多人处收受贿赂总数更高但其中取自每个人贿赂则较一人为少时的处罚。监临主司因事同时收受多人共同给予的财物、在一个人案件中连续收受当事人财物及在自己所监临主官的范围内连续盗窃财物的，累计赃物定罪不作折半计算处罚。[①]

（八）贪污贿赂犯罪的刑罚种类及赎罪标准

从唐律规定看所有刑罚种类均可用铜赎罪，笞、杖、徒共计五等，流三等，死刑二等。刑罚由身体刑、自由刑和生命刑组成，没有明确规定附加刑，也不存在附加刑独立适用的问题，但在承担刑事责任的同时，还要附加行政责任。[②]

（九）贪污贿赂犯罪的处罚分类

根据《唐律疏议》第五十三条规定，贪污罪的处罚分为监临主守盗、以盗论和准盗论三种情况，其中以盗论处罚与真犯盗罪相同，准盗论并不与对真犯盗罪者一样处罚，不在除、免、倍赃、监主加罪、加役流之例；唐律贿

[①] 钱大群：《唐律疏议新注》，南京师范大学出版社2007年版，第195—199页。
[②] 同上书，第10—16页。

赂罪的处罚分为监临受财枉法、准枉法论与以枉法论三种情况，其中以枉法论处罚与真犯受财枉法相同，准枉法论并不与对真犯受财枉法一样处罚，不在除、免、倍赃、监主加罪、加役流之例。① 贪污贿赂犯罪死刑执行方法的改革。唐时赃吏，多于庙堂决杀，其特宥者乃长流岭南。《日知录》（卷十七）记载，唐玄宗天宝年间把死刑执行方法由绞、斩改为决重杖，唐元和五年贪污贿赂罪除盗赃外，其余死刑都改为流刑。有例为证，（唐）裴耀卿《论夷州刺史杨睿决杖表》记载，"臣见夷州刺史杨睿犯赃处死，敕决六十配流。伏望凡刺史县令，于本部决杖，及夏暑生长之时，所定杖刑，并乞停减"。②

官吏犯赃一般不适用赦免制度，禁锢犯赃官吏。武则天改元光宅（684年）诏，"官人枉法受财、监临主守自盗所监临，并不在赦例。"③ 唐穆宗长庆元年（821年）即位诏，"自元和十五年二月五日昧爽已前，大辟罪已下罪无轻重咸赦除之，唯故杀人、官典犯赃、主掌钱谷贼盗，不在免限。"④ 唐文宗开成二年（837年）三月诏："天下死罪降从流，流以下并释放，唯故杀人、官典犯赃、主掌钱谷贼盗，不在此限。"⑤ 唐武宗会昌六年（846年）二月诏："京城天下系囚，除官典犯赃、执杖劫杀、忤逆十恶外，余罪递减一等，犯轻罪者并释放。"⑥ 唐懿宗咸通十四年（873年）四月制："京畿及天下州府见禁囚徒，除官典犯赃等外，余罪轻重节级递减一等。"⑦

唐代监临主守，特别是刺史和县令贪污、受贿采取加重刑罚政策。监临主守犯赃加重处罚体现在：（1）同罪异罚；（2）监临主守于所监守内犯盗、受财枉法不得适用请、减特权；（3）监临主守于所部内犯盗、受财枉法必须除名，虽遇赦仍需免官。

---

① 钱大群：《唐律疏议新注》，南京师范大学出版社2007年版，第218、219页。
② 高绍先主编：《中国历代法学名篇注译》，中国人民公安大学出版社1993年版，第442页。
③ 宋敏求编：《唐大诏令集》卷三，《改元光宅诏》，见《文渊阁四库全书（第四二六册）》，上海古籍出版社2003年版，第26页。
④ 宋敏求编：《唐大诏令集》卷二，《穆宗即位诏》，见《文渊阁四库全书（第四二六册）》，上海古籍出版社2003年版，第18页。
⑤ 《旧唐书》卷十七下，《文宗纪》，中华书局1997年版，第568页。
⑥ 《旧唐书》卷十八上，《武宗纪》，中华书局1997年版，第609页。
⑦ 《旧唐书》卷十九上，《懿宗纪》，中华书局1997年版，第683页。

四、宋律关于贪污贿赂罪定罪、量刑及刑罚执行的一般性规定

官吏犯赃附加行政处罚。《续资治通鉴长编》卷十九太宗太平兴国三年（978年）六月载："上注意治本，深惩赃吏。己巳，诏太平兴国元年十月乙卯以后，京朝、幕职、州县官犯赃除名配诸州者，纵逢恩赦，所在不得放还，已放还者，有司不得叙用。"① "当（宋高宗）建、绍间，待贪吏极严，应受赃者，不许堂除及亲民；犯枉法自盗者，籍其名中书，罪至徒即不叙，至死者，籍其赀。诸文臣寄禄官并带'左'、'右'字，赃罪人则去之。是年，申严真决赃吏法。令三省取具祖宗故事，有以旧法弃市事上者，帝曰：何至尔耶？但断遣之足矣。贪吏害民，杂用刑威，有不得已，然岂忍真缙绅于死地邪？"② 美国学者马伯良指出，"要透彻地研究官吏的贪腐就必须描述一下事实：人们怎样看待贪污、各种贪污实例、已被发现的腐败行为的社会属性和其他属性、国家的因应之道。宋人极为关注受贿行为，特别是有司法官员涉及其间时。十三世纪的《庆元条法事类》中有一条这样的规定：监察官员收受财物价值二十匹以上并妨碍司法的，处以绞刑（如果是不拿薪水的小吏触犯此条，收受财物价值二十五匹以上并妨碍司法的，处以绞刑）。对于一些并不妨碍司法公正的轻微腐败，则其刑罚相对较轻。若罪至流，及不枉法赃五十匹，配本城。在《庆元条法事类》颁行之时，一匹绢大约值四贯铜钱，故而政府定义的贪污大致是贪污八十至一百贯铜钱。十三世纪前期，在一条旧规则修改的基础上形成的新法令清楚地显示出挪用资金的严重性，凡在官财物不应用而用之依律科坐赃罪之人，自今私自入己者，为赃罪，私自馈遗者，为私罪；用充公用者，为之公罪。贿赂和出于私利的挪用行为都可能被处罚，刑罚的严厉程度取决于财物价值的多少，甚至有可能判处死刑。较普遍的做法是对犯罪官员处以笞刑和流刑，有时也收犯人家人为奴。轻微一点的犯罪，则是将犯人从官府中除名并永不叙用，以及没收其不法财产"。③

---

① 戴建国：《宋代刑法史研究》，上海人民出版社2008年版，第123、124页。
② 中国政法大学古籍整理研究所：《中国历代刑法志注译》，吉林人民出版社1994年版，第445页。
③ ［美］马伯良：《宋代的法律与秩序》，杨昂、胡雯姬译，中国政法大学出版社2010年版，第82、83页。

中国古代对以赃致罪的惩罚皆以赃物的多少与价值的高低为定罪依据。但是由于赃物种类繁多，不同时期和不同地区各种物价的差别，给计赃定罪带来了困难。因此，统一平赃标准是公平计赃的一个关键问题。唐律中确定的平赃原则实际上在中唐时期已随着绢价的变动而发生变化。唐玄宗开元十六年（728年）五月三日御史中丞李林甫奏："天下定赃估，互有高下，如山南绢贱绢贵不等，贱处计赃不至三百即入死刑，贵处至七百已上方至死刑，即轻重不侔，刑典安寄。请天下定赃估，绢每匹计五百五十价为限。"① 唐玄宗同意了李林甫的奏请。唐肃宗上元二年（761年）正月二十八日降敕："先准格敕，每犯五百五十价估当绢一匹。自今以后，应定赃数宜约当时绢估，并准宝钱庶叶从宽俾在不易。"② 唐文宗大中六年（852年）闰七月敕："应犯赃人，其平赃定估等，取所犯处及犯月上绢之价。是年十月，中书门下又提出犯赃人平赃估价，每匹九百文结计。"③ 唐律中确定的以绢价平赃、以绢数计赃定罪之法为宋朝所继承，但宋朝亦采取了以钱代绢、计钱定罪的原则。宋朝两种计赃标准的出现使计赃论罪更加复杂化，尤其是宋朝市场绢价的不断升高、货币的不断贬值直接影响了计赃数量的多少和定罪的轻重，又因各地货币种类不一，不同币值之间的悬殊，更造成了计赃论罪的混乱。因此，宋朝随着市场物价的变动不断调整计赃绢价标准和各类货币之间的比值，是其保持计赃定罪相对平衡的一项措施，此也展现出宋朝计赃论罪法体时适变的时代特征。宋代以绢计赃与以钱计赃并用，律以绢计赃，敕以钱计赃。宋太祖建隆二年（961年）制定的《窃盗法》中，首次规定"犯窃盗赃满三贯文，坐死。不满者节级科罪。其钱八十为陌"。④ 这是宋朝第一次规定以钱代绢、计钱论罪的计赃标准。建隆三年（962年）改为："今后犯窃盗赃满五贯，处死。以百钱足为陌。不满者决杖徒役，各从降杀。"⑤《宋志》乾道六

---

① 王溥：《唐会要》卷四十，《定赃估》，见《文渊阁四库全书（第六〇六册）》，上海古籍出版社2003年版，第539页。
② 同上。
③ 同上书，第540页。
④ 《宋刑统》卷十九，《强盗窃盗》准敕条，法律出版社1999年版，第165页。
⑤ 同上书，第167页。

年诏："以绢计赃者，更增一贯。以四千为一匹。议者又言：犯盗，以敕计钱定罪（仓法），以律计绢。今律以绢定罪者襫增一千，敕内以钱定罪，亦合例增一千。从之。"① 以绢计赃与以钱计赃并用而由于市场上的绢价在不断变化，为了体现以绢计赃与以钱计赃的平衡，避免因为绢价的涨落所导致的以绢计赃与以钱计赃相比处罚过重与过轻，宋代根据市场上绢价的变动不断调整计赃时每匹绢所值钱数的法定价格。随着市场上绢价的上涨不断提高计赃时绢价法定的钱数，大观元年由每匹绢千三百文提高到千五百文。"《通考》一百六十七：大观元年，诏计赃之律以绢论罪。绢价有贵贱，故论罪有轻重。今四方绢价增贵，而计绢之数犹循旧制以定一贯三百为率，计价既低，抵罪太重，非仁民恤狱之意，可以一贯五百定罪。"② "建炎元年每匹绢以二千文计价，三年，每匹绢以三千文计价。《通考》一百六十七：建炎元年，大理正权刑部郎官朱端友言：旧例以绢计赃者千三百为一匹，今所在绢直高，合议增估。乃诏自今以绢定罪，并以二千为准。《宋志》：旧以绢计赃者，千三百为一匹，窃盗至二贯者徒。至是，又加优减，以二千为一匹，盗至三贯者徒一年。三年，复诏以三千为一匹，窃盗及凡以钱定罪，襫增五分。"③ 乾道六年，每匹绢以四千文计价。④ 宋太宗太平兴国八年（983年）十二月二十三日福州言："吏受赇盗用官物，参以铜铁钱计，其赃差重，自今望悉以铜钱定罪。宋太宗从其议。"⑤ 宋代铜钱、铁钱并用，因为铜价贵而铁价贱，北宋大理寺规定计赃时，一个半铁钱等于一个铜钱；南宋时规定两个铁钱等于一个铜钱。《宋志》记载，元丰二年，成都府、利路金辖言："往时川陕绢匹为钱二千六百，以此估赃，两铁钱得比铜钱之一。近绢匹不过千三百，估赃二匹乃得一匹之罪，多不至重法。令法寺定以一钱半当铜钱之一。"⑥ 计赃铁钱二当一。《宋志》记载："嘉定四年，诏以绢计赃定罪者，江北铁钱依四

---

① 沈家本：《历代刑法考》，中华书局1985年版，第1025页。
② 同上书，第1009页。
③ 同上书，第1019页。
④ 同上书，第1025页。
⑤ 徐松：《宋会要辑稿（刑法三之二）》，河南大学出版社2011年版，第6578页。
⑥ 沈家本：《历代刑法考》，中华书局1985年版，第1001页。

川法，二当铜钱一。"① 宋代计赃论罪的原则既因袭唐律又有不同程度的变化，其变化主要表现在对强盗、窃盗惩罚趋于加重，而对官吏贪赃处罚趋于减轻。宋代以赃致罪计赃原则的变化表现在：（1）犯盗自首，不加倍征赃。《宋刑统》规定：盗者自首，不征倍赃。（2）频犯赃和共犯赃者，累赃论罪。累赃，即累并多种犯赃中的现发之赃。罪法相等则累论，频犯赃并累科。如有监临官受财，一日之中三处受绢十八匹，或三人共出十八匹同时送纳，此类犯赃皆以频犯累科而断。（3）累而不倍（折半计算）。在计赃论罪中，凡同事共与、一事频受及监守频盗者，皆累而不倍（《宋刑统》卷六累并倍法）。"近来盗赃多不征倍，倍备之律伏请不行"（《宋刑统》卷四以赃入罪）。② 宋人对重赃并满轻赃法提出了不同意见，认为罪不等者仅按一赃论处容易导致知法者为奸，主张以重并轻后加重。《宋志》记载：诏审刑院、大理寺议重赃并满轻赃法。审刑院言："所犯各异之赃，不待罪等而累并，则于律义难通，宜如故事。"而大理寺言："若以重并轻后加重，则从一重，盖为进则改从于轻法，退也不至于容奸。若罪等者尽数累并，不等者止科一赃，则恐知法者足以为奸，不知者但系临时幸与不幸，非律之本意也。"帝是大理议，行之。③

五、金律关于贪污贿赂罪定罪、量刑及刑罚执行的一般性规定

（一）职官再犯赃除名

十八年七月上谓宰臣曰："职官始犯赃罪，容有错误，至于再犯，是无改过之心。自今再犯，不以赃数多寡，并除名。"④

（二）同职纠察、僚佐并坐、元举官连坐、纠弹之官犯法不举连坐

《世宗纪》记载："二十六年十月，定职官犯赃同职相纠察法。"⑤ 十二年

---

① 沈家本：《历代刑法考》，中华书局1985年版，第1029页。
② 郭东旭：《宋朝以赃致罪法略述》，载《河北大学学报（哲学社会科学版）》2002年第3期，第5—9页。
③ 沈家本：《历代刑法考》，中华书局1985年版，第997、998页。
④ 同上书，第1054页。
⑤ 同上书，第1056页。

二月诏:"自今官长不法,其僚佐不能纠正又不言上者,并坐之。"① 《章帝纪》记载:"明昌六年八月敕宫中承应人出职后三年内犯赃罪者,元举官连坐,不在去官之限,著为令。"② "十九年三月制纠弹之官知有犯法而不举者,减犯人罪一等科之,关亲者许回避。"③

(三) 缩小"八议"范围

时后族有犯罪者,尚书省引"八议"奏,"上曰:法者,公天下持平之器,若亲者犯而从减,是使之恃此而横恣也。昔汉文诛薄昭,有足取者。前二十年时,后族济州节度使乌林达钞兀偿犯大辟,朕未偿宥。今乃宥之,是开后世轻重出入之门也。宰臣曰:古所以议亲,尊天子,别庶人也。上曰:外家自异于宗室,汉外戚权太重,至移国祚,朕所以不令诸王、公主有权也。夫有功于国,议勋可也。至若议贤,既曰贤矣,肯犯法乎。脱或缘坐,则固当请也。二十六年,遂定太子妃大功以上亲、及与皇家无服者、及贤而犯私罪者,皆不入议。兴定元年八月上谓宰臣曰:律有八议,今言者或谓应议之人即当减等,何如?宰臣对曰:凡议者先条所坐及应议之状以请,必议定然后奏裁也。上然之,曰:若不论轻重而辄减之,则贵戚皆将恃此以虐民,民何以堪。"④

(四) 金代以银计赃

贞祐三年十月定赃吏计罪以银。《续通考》第一百三十五条记载:"先是,贞祐三年五月,有司轻重谋罚以钱赎而当罪不平,遂命赎铜计赃皆以银价为准。至是,省臣奏,向以物重钱轻,犯赃者计钱论罪则太重。于是以银为则,每两为钱二贯,有犯通宝之赃者直以通宝论。如因军兴调发受通宝及三十贯者已得死刑,准以金银价缯为钱四百有奇,罪止当杖,轻重悬绝如此,遂命准犯时银价论罪。后参政李复亨言:近制犯通宝赃者并以物价折银定罪,每两为钱二贯,而法当赎铜者止纳通宝见钱,乞亦令输银,既足惩恶,又有

---

① 沈家本:《历代刑法考》,中华书局1985年版,第1052页。
② 同上书,第1061页。
③ 同上书,第1054页。
④ 同上书,第1056页。

补于官。诏省臣议，遂命犯公错过误者止惩通宝见钱，赃污故犯者输银。"①

六、元律关于贪污贿赂罪定罪、量刑及刑罚执行的一般性规定

（一）元律关于官吏受赃自首的规定

《元史·刑法志》（职制上）规定："诸内外百司官吏，受赃悔过自首，无不尽不实者免罪，有不尽不实，止坐不尽之赃。若知人欲告而首及以赃还主，并减罪二等。闻知他处事发首者，计其日程虽不知，亦以知人欲告而首论。诡名代首者勿听。犯人实有病故，许亲属代首。台宪官吏受赃，不在准首之限。""诸职官受赃，闻知事发，回付到主，同知人欲自首论，减二等科罪。"② 元律关于犯赃自首的规定与唐律基本相同，但唐律没有"台宪官吏受赃不准自首"的规定。

（二）官吏见任与未任受赃处罚相同

《元史·刑法志》（职制上）规定："诸职官受除未任，因承差而犯赃者，同见任论。边远迁转官，已任而未受文凭犯赃者，亦如之。"③

（三）赦免与改悔

《元史·刑法志》（职制上）规定："诸官犯赃罪，遇原免，或自首免罪，过钱人即因人致罪，不坐。诸职官所将亲属傔从，受所部财而无入己之赃，会赦还职。诸职官犯赃，已承伏会赦者，免罪征赃，黜降如条；未承伏者勿论。诸职官受赃，即改悔还主，其主犹执告者勿论。"④

（四）再犯加等，终身不叙

《元史·成宗本纪》元贞元年七月乙卯诏：职官坐赃论断再犯者，加二等。二年十月壬子，职官坐赃经断再犯者，加本罪三等。《元典章》四十六《刑部》卷之八取受条引大德三年诏：今后因事受财依例断罪外，枉法者，

---

① 沈家本：《历代刑法考》，中华书局1985年版，第1070页。
② 中国政法大学古籍整理研究所：《中国历代刑法志注译》，吉林人民出版社1994年版，第635、636页。
③ 同上。
④ 同上。

即不叙用；不枉法者，须殿三年，方听告叙；再犯，终身不叙。①

（五）官吏犯赃的行政处罚及赃物收缴

《元史·刑法志》（职制上）规定："吏未出职受赃，既出职事发，罢所受职。诸职官但犯赃私，有罪状明白者，停职听断。诸奴贱为官，但犯赃罪，除名。诸职官犯赃，生前赃状明白，虽死犹责家属纳赃。诸官吏赃罚，台官问者归台，省官问者归省。诸职官犯赃，罪状已明，反诬告临问官者，断后仍徒。诸职官在任犯赃，被问赃状已明而称疾者，停其职归对。诸外任牧守受赃，被问垂成，近臣奏征入朝者，执付元问官。诸职官犯赃在逃者，同狱成。诸职官受赃，丁忧，终制日究问。军官不丁忧者，不在终制之限。诸小吏犯赃，并断罪除名。诸库子等职，已有出身，无添给禄米者，不与小吏犯赃同论。诸掾吏出身应入流，或以职官转补，但犯赃，并同吏员坐除名。府州县首领官非朝命者，同吏员。诸吏员取受非真犯者，不除名。"②

（六）风宪官吏犯赃加等处罚

《元史·刑法志》（职制上）规定："诸风宪官吏但犯赃，加等断罪，虽不枉法亦除名。"③

（七）原罪已决后又新发现罪的处罚办法

（武宗）至大二年（1309年）福建廉访司言："古制，一罪先发，已经论决，余罪后发，其轻若等，则勿论；重者通计前罪以充后数。今所犯赃罪分为十二章，各有差等。设若一罪先发，已经断罢，余罪后发，系在被断日月之前，合无酌古准今，其轻若等，则与拟免，以前罪重者，验赃计其所剩杖数决断。准复追赃免断，依例黜降，似为情法相应。中书省依刑部议。从之。"④

---

① 杨鸿烈：《中国法律发达史》，中国政法大学出版社2009年版，第418、419页。
② 中国政法大学古籍整理研究所：《中国历代刑法志注译》，吉林人民出版社1994年版，第635、636页。
③ 同上书，第648页。
④ 同上书，第817页。

七、明律关于贪污贿赂罪定罪、量刑及刑罚执行的一般性规定

(一) 给没赃物

《大明律》把《唐律疏议》第三十二条彼此俱罪之赃、第三十三条正赃见在及会赦、降之处置与第三十四条平赃及平功、庸合并成一条给没赃物,主要内容大多沿袭唐律,但删除了许多内容,形式上进一步简化,内容上也有一些微小变动,如彼此俱罪之赃仅限于受财枉法、不枉法;会赦赃物之处理被删除;唐律规定平赃据犯处当时物价及上绢估,明律改为据犯处当时中等物价估计定罪。唐律规定平功庸者,计一人一日为绢三尺,明律改为若计雇工钱者,一人一日为铜钱六十文。[①]《问刑条例》(万历十三年舒化等辑)给没赃物条例规定:"在京在外问过囚犯,但有还官赃物,值银一十两以上,监追年久,及入官赃二十两以上、给主赃三十两以上,监追一年之上,不能完纳者,果全无家产,或变卖已尽,及产虽未尽,止系不堪,无人承买者,各勘实,具本犯情罪轻重,监追年月久远,赃数多寡,奏请定夺。若不及前数,勘实无家产者,俱免追,各照原拟发落。凡犯侵欺、枉法,充军追赃人犯,所在官司务严限监并,至一年以上,先将正犯发遣,仍拘的亲家属监追。如无的亲家属,仍将正犯监追。敢有纵令倩人代监及挨至年远,辄称家产尽绝,希图赦免者,各治以罪。"[②] 该条规定的内容也被清代律例继承。

(二) 犯罪自首

《大明律》犯罪自首与《唐律疏议》第三十七条犯罪未发自首相比,有删有增,删除了"其轻罪虽发,因首重罪者,免其重罪。即因问所劾之罪,而别言余罪者,亦如之。其知人欲告及亡、叛而自首者,减罪二等坐之"[③];增加了"受人枉法、不枉法赃,悔过回付还主者,与经官司自首同,皆得免罪。若知人欲告,而于财主处首还者,亦得减罪二等"[④]。增加的内容来自元代法律的规定。可见,《大明律》的制定虽然以《唐律疏议》为主要依据,

---

① 《大明律》,法律出版社1999年版,第12、13页。
② 同上书,第356、357页。
③ 钱大群:《唐律疏议新注》,南京师范大学出版社2007年版,第52页。
④ 《大明律》,法律出版社1999年版,第13、14页。

但也吸收了当时认为元代法律中一些可取的内容。不过，从当代的刑法规定看，《大明律》所删除的唐律中自首的规定被当今中国刑法继承，而所增加的元律中的规定则已经不传，唐律规定的合理性是不容置疑的，明律删除的内容当时是否合理不得而知，从现在的角度看来，却是立法上的败笔、倒退，删繁就简本身无可非议，但是如果一味地追求简单，而把一些有价值的内容一并删除，就有点适得其反了。

（三）二罪俱发以重论

《大明律》二罪俱发以重论与《唐律疏议》第四十五条频犯赃相比保留的内容相同，不同之处在于《大明律》删除了《唐律疏议》关于频犯赃及罪法不等的内容，只规定，罪各等者，从一科断，至于罪法不等及一人频犯赃如何处理该条没有涉及。①

（四）共犯罪分首从

《唐律疏议》第四十二条"共犯罪造意为首"特指常人与监临主守共同犯罪、常人造意的情形，处罚办法是，虽然常人造意但不以其为首，而是以监临主守为首，常人按从犯对待并不与监临主守按同一罪论处而是以与常人相对应的罪论处。《大明律》"共犯罪分首从"并非指上述情形，而是从一般意义上规定的，至于上述情形该怎么办，从该条无法找到答案。②

（五）常赦所不原

唐律官吏监守自盗及枉法赃一般不适用赦免制度，但唐律区别对待受财枉法与不枉法，受财枉法，除名；赃一匹以上者，会赦，免所居官，而受财不枉法，免所居官，会赦，则不免所居官。另外，唐律无说事过钱这一说法。明律受财不论枉不枉法会赦都不原宥，可见，明律对受财不枉法的处罚趋于加重。另外，明律还把说事过钱作为区别于受枉法不枉法赃的一种情况独立出来，并予以重处。③

---

① 《大明律》，法律出版社1999年版，第15页。
② 同上书，第17页。
③ 同上书，第9页。

（六）加减

关于加减唐、明的规定完全相同。①

（七）官吏犯赃准徒以下听赎

洪武三十年命部院议定赎罪事例："凡内外官吏，犯笞杖者记过，徒流迁徙者俸赎之，三犯罪之如律。自是律与例互有异同。及颁行《大明律》御制《序》："杂犯死罪、徒流、迁徙等刑，悉视今赎罪条例科断。"于是例遂辅律而行。仁宗初即位，谕都察院言："输罚工作之令行，有财者悉幸免，宜一论如律。"久之，其法复驰。正统间，侍讲刘球言："输罪非古，自公罪许赎外，宜悉依律。"时不能从。其后循太祖之例，益推广之。凡官吏公私杂犯准徒以下，俱听运碳纳米等项赎罪。②（宣宗）是时，官吏纳米百石若五十石，得赎杂犯死罪，军民减十之二。诸边卫十二石，辽东二十石。于例为太轻，然独严赃吏之罚，命文职犯赃者俱依律科断。由是用法轻，而贪墨之风亦不甚恣。③

（八）官吏受赃不许赎罪

（嘉靖）时新例，"犯奸盗受赃，为行止有亏之人，概不许赎罪"。④ 近者法司所上狱状，有奉敕旨减重为轻，加轻为重，法司即不敢执奏，至于讯囚之际，又多有所观望，以求希合圣意，是以不能无枉。其运砖纳米赎罪等项例，亦有古法，且使贪者得以幸免而廉者蒙辜？宜令法司，今后文武之臣除犯公罪许赎外，其余举依律问拟，则刑赏中而宪典彰矣。"上既用意以屈法，而下且屈法以奉意"⑤（［明］刘球《请刑狱依律问拟疏》）。

（九）风宪官吏犯赃从重处罚

风宪官吏于使所受馈送不减等，唐律已有规定。但风宪官吏受财加重处罚至元代始，明代继承了元代的这一做法。《大明律》规定："凡风宪官吏受

---

① 《大明律》，法律出版社1999年版，第20、21页。
② 中国政法大学古籍整理研究所：《中国历代刑法志注译》，吉林人民出版社1994年版，第878、879页。
③ 同上书，第941页。
④ 同上书，第878、879页。
⑤ 高潮、马建石主编：《中国历代法学文选》，法律出版社1983年版，第628页。

财，各加其余官吏罪二等。"①

（十）官吏受赃认定与处罚的特别规定

"凡在官受赃，去官事发；前任受赃，改除事发，并依现任追断。"② "凡官吏人等取受，以一事而受数家财物者，止以一家赃重者坐罪。"③

（十一）以枉法论、以监守自盗论，同真犯

《真犯杂犯死罪》（弘治十年奏定）记载："杂犯死罪。斩罪。监守自盗仓库钱粮等物，不分首从，并赃论罪，四十贯。余条以监守自盗论者，依此。绞罪。官吏受财枉法，有禄人八十贯，无禄人一百二十贯。余条以枉法论者，依此。"④

（十二）官吏受赃者及通贿者连坐家人

（永乐）十六年严犯赃官吏之禁。初，太祖重惩贪吏，诏犯赃者无贷。复敕刑部："官吏受赃者，并罪通贿之人，徙其家于边。著为令。"日久法弛，故复申饬之。⑤

第四节　清代以前贪污贿赂罪变迁的特点

清代以前贪污贿赂犯罪经历了一个从无到有的过程。从汉朝至隋朝贪污贿赂罪规则经历了一个从少到多、从粗到细、从不完善到完善、从用语不专业到专业、从不独立到相对独立的过程。演化到唐代贪污贿赂法律走向了成熟，变得既全面、完善又详细、明了，用语也更加准确，但在追求全面、完善、准确、具体的过程中也存在划分太细（如贿赂罪）、概括力不强、过于琐细的缺陷。宋以后贪污贿赂法律的律文又走上了一个由繁变简、由具体到更加抽象的过程，集中体现在宋、明时把唐律中内容相关、相近的多个条文

---

① 《大明律》，法律出版社1999年版，第183—190页。
② 同上书，第265页。
③ 同上书，第267页。
④ 同上书，第290、291页。
⑤ 中国政法大学古籍整理研究所：《中国历代刑法志注译》，吉林人民出版社1994年版，第868页。

合并成了一个条文，其中，宋律只是把唐律中内容相关、相近的多个条文原封不动地简单归并在一起，而明律则进行了一定的概括总结、简化处理，删除了一些内容，增加了一些新内容。从一定意义上可以说，与唐律相比，宋律在体例上缺乏创新，基本上以模仿唐律为主，始终没有摆脱唐律的框架，而明律则无论在体例上还是内容上都有一定的创新。宋律由于沿用前朝故律，因此，不得不在律外大量地颁布敕条、条例以适应当时社会的需要，于是也就出现了一个问题，即以敕、例破律，敕、例与律文并存，越往后敕、例越来越多，敕、例与律文之间存在的冲突、矛盾越来越大，由于有敕、例不用律，久而久之律文逐渐变成了具文。与此同时，由于敕、例多为临时发布，内容多变，缺乏稳定性，而且有时前后矛盾，给实际适用带来了一定的困难，特别是无法统一适用，使得法律变得日益凌乱，使得法律越来越成了当朝统治者个人意志的产物，往往随着皇帝本人的看法、情绪的改变而改变，随着皇权的转移而改变，丧失了起码的稳定性，随意性太强，使得法律多变，令人无所适从。从一定意义上说，唐王朝的法律是稳定的，终唐一代基本上得到了适用，唐中前期变化不大，唐后期虽然发布了一些新例，但是唐律在唐代整体上变化很小，以至于到了宋代还大量地适用唐律的规定。另外，由于唐律规定得很全面、很具体，又附有权威的律疏，使得唐律的适用非常方便，无须在律外发布大量的敕令来弥补立法的不足。因此，终唐一代律文相当稳定，律外变律之例很少，律与例的矛盾很少出现，律文并没有被例文取代而变成具文，曾经出现了历史上少有的法治局面。总结历史经验，《唐律疏议》的可取之处较多，无论从法律语言的运用、法典结构的设计，还是从逻辑的严密性、表达的精准性、法理的深邃性方面考察，都是当之无愧的巅峰之作，不愧为中国历史上一部伟大的法典，代表了中国古代立法的最高水平，体现了中华法文化的精髓，是中华法文化的瑰宝，即使从今天看来仍有许多值得学习和借鉴的地方。

　　《唐律疏议》是中国古代反贪污贿赂立法史上的一座丰碑，起着承上启下的重要作用，《职制律》中有关贿赂罪的内容是历史上贿赂罪立法的高度概括和总结，是唐以前贿赂罪立法之集大成者。《唐律疏议》罪名规范、条文简约、律文与律疏密切配合、含义明确、适用方便，对唐以后的贿赂罪立法产生了长期、深远的影响。《宋刑统》几乎照搬了《唐律疏议》的全部条文，很少改动，《大明律》是继承唐律基础上的进一步发展，而《大清律例》的制定继承了包括《大明律》在内的前朝立法，是中国古代贿赂罪立法之集大成。唐以后各朝虽然都根据本朝的实际情况对原有的立法作一些修改和补充，但除元朝外，《唐律疏议》所反映的贿赂罪立法的基本思想以及一些具有跨时代价值的贿赂罪法律概念、法律规范都得到了继承和发展，各朝的变化主要体现在量刑轻重、刑种、执行方法的调整上，体现在针对本朝特殊情况的特别规定上。唐律的严密、简洁程度超过了明、清律，唐律无官吏听许财物、风宪官吏受赃、私受公侯财物等罪名，明、清律无请托、受请托，受托受贿与行贿，监临受供馈等罪名，且明、清律把唐律的多个条文合并到了在官求索借贷人财物一个罪名之下，虽然更加简练，但也有不合理之处，量刑互有轻重。唐律是对唐以前法律的继承和发展，既有继承，更有发展。单纯请托与听请（受请托）的犯罪化有利于防止监临、势要官员以其权力迫使受其领导、控制的下级官员违法行事，有利于防止通过权与权、权与情的交换而枉法行事。汉朝也有请托、受托受贿，汉唐一脉相承。受托受贿与行贿、禁止官吏收受任何礼物（官吏不得收受任何财物、礼物，无论什么财物、礼物，也无论数额多少、大小，只要收受一律构成犯罪）、家人求索本官即使不知情也要接受处罚，刑罚等级的表述更加简洁、科学，唐以后立法少有能超过唐律者，有些合理的规定，明、清律未能承袭，很可惜。唐律规定的贿赂犯罪范围极广，极其严密，几乎不存在任何立法上的漏洞，可以称之为天衣无缝。当今之反贪立法应当与唐律对接，吸收唐律中的一些可以适用于今天的内容，以弥补立法的漏洞与不足。

《唐律疏议》区分监临主守与非监临主守、有禄人与无禄人，在同样情况下，监临主守犯赃处罚比非监临主守更重，体现了权力越大，刑罚越重；有禄人犯赃，处罚比无禄人更重，体现了收入越高，刑罚越重，当今世界仍有一些国家的立法，如新西兰、匈牙利的刑法体现了这种思想。《元律》《大明律》规定风宪官吏犯赃加重两等处罚，当今世界也有一些国家的立法，如新西兰刑法规定执法官员受贿处罚重于非执法官员。

贪污罪规定在贼盗律、惩贪重于治盗是中国古代惩贪立法的一个传统。秦代官吏盗取官物，以盗论，即与普通的窃盗同样处罚，汉以后历朝官吏盗取官物，有了专门的罪名"监临主守自盗"，刑罚重于普通的窃盗，以《唐律疏议》为例，"监临主守自盗"加凡盗两等，三十匹，绞；窃盗无死刑规定，最高刑为五十匹加役流。

受贿罪有枉法不枉法、因公事非因公事之分，同为非因公事又分出乞取与强乞取，同是受财又分事前与事后、实际收受与允诺财物。受贿罪范围极广，无论是否枉法、是否因公事、是否为行贿人谋取利益、受贿数额是否较大、是否财物在所不计。官吏受贿起刑点极低，处罚极重。

行贿罪的构成不以谋求不正当利益为条件，只要违法给与官吏财物、礼物，谋取正当利益或者不谋取任何利益，都构成犯罪。对于官吏利用民事、经济活动变相索取财物与官吏因事受财同样处罚。

每一个朝代都对前朝的律文既有所继承，又有所发展。唐律明显地继承、综合了汉以来各个朝代的律文，并在此基础上有所发展，唐代后期通过颁布新法令改变了原有律文的一些规定，但终其唐代唐律始终发挥着重要作用。《宋刑统》继承了《唐律疏议》的内容，同时宋朝的统治者根据自己的惩贪理念不断地对惩贪法律进行调整，既有改轻为重，但多为改重为轻。宋初太祖、太宗时期惩贪法律处罚较重，宋朝中后期真宗以后惩贪法律处罚由重改轻，终其宋代对贪污贿赂犯罪的处罚较轻。元代作为一个中国北方民族蒙古族建立的王朝在惩治贪污贿赂犯罪立法上受唐宋的影响较少，元朝没有继承唐以来的法统，而是破天荒第一次制定了专门的惩贪法律《赃罪十二章》，《赃罪十二章》具有元代特色，多有创造，但与唐律相比，从总体上看，对贪污贿赂犯罪的处罚要轻得多，很少对贪污贿赂犯罪适用死刑，适用行政处罚较为普遍。元代宽待受赃官吏，惩贪立法减轻了官吏受贿罪的刑罚，取消了官吏受贿罪的死刑，官吏家人犯赃，本官不知情者不坐，较轻的受贿犯罪用行政处罚代替刑罚，仅免官，而且还可以再叙，使得元代成为中国古代政治腐败最为严重的王朝之一，其经验教训值得认真汲取。明律是在继承唐律的基础上制定的，但是，明初朱元璋统治时期专门针对贪赃官吏发布了明《大诰》，《大诰》规定的惩罚严于《大明律》，更严于唐律，但朱元璋统治三十年以后《大诰》多不行，与此同时，对贪赃官吏大量地适用赎刑，惩贪力度明显降低，再加上其他政治原因，贪污贿赂犯罪非常严重。

第三章 清代贪污贿赂罪的变迁

第一节 清代贪污贿赂罪变迁的思想基础与社会背景

一、顺治帝的惩贪思想

顺治帝的惩贪思想主要包括以下几点：（1）治国安民最重要的是严厉惩罚贪官，惩罚贪官审实必须论罪；（2）惩贪法律不能太轻，之所以贪风不息就是因为法度太轻；（3）坚决反对立法过重导致涉及犯赃的官员拒不招供、不利于筹集军饷的思想，认为"与其畏法不招，何若使其畏法不贪，与其餍足贪腹，以赃济饷，何若使其不贪，民得丰裕，国赋亦充"。[①]

二、康熙帝的防贪、惩贪思想与政治实践

顺治皇帝反贪思想的核心是严惩官吏、官役贪污贿赂犯罪，具体做法是立法上加重处罚、执法上加大力度。康熙帝与顺治帝不同，反贪思想的核心是预防官吏贪污贿赂犯罪，康熙帝更加相信预防、教育的功能；因此，他把主要精力放在对官员的感化、教育上，放在任用、奖励、保护清廉官员上，既没有从立法上加重处罚也没有从执法上加大力度，相反对犯贪的官员很少严厉惩处，更多的时候表现出了一种理解、宽容，特别是到了统治后期更是如此。康熙帝已经认识到了官吏贪污贿赂犯罪的必然性、严惩官吏贪污贿赂

---

① 《世祖章皇帝实录》，中华书局1985年版，第一三六卷，第1047页。

犯罪的局限性，但他在走出对严惩官吏贪污贿赂犯罪迷信的同时，又陷入了对教化、清官的迷信。意大利著名刑法学家贝卡里亚认为，"任何雄辩，任何说教，任何不那么卓越的真理，都不足以长久地约束活生生的物质刺激所诱发的欲望"。① 康熙帝的惩贪思想充满了矛盾，一方面，认为致治安民之道首在惩戒贪蠹、严禁科派、贪官之罪断不可宽，甚至发出"朕恨贪污之吏更过于噶尔丹"的感叹；另一方面，崇尚宽大、反对苛求。康熙四十八年九月乙未谕曰："所谓廉吏者，亦非一文不取之谓，如州县官止取一分火耗，此外不取，便称好官，其实系贪黩无忌者自当参处，若一概从苛纠摘则属吏不胜参矣。"② 康熙五十年三月谕大学士等曰："督抚大吏办事当于大者体察不可刻意苛求，夫官之清廉只可论其大者，今张鹏翮居官甚清，在山东兖州为官时，亦曾受人规例，张伯行居官亦清，但其刻书甚多，刻一部书，非千金不得，此皆从何处来者，此等处亦不必究，两淮盐差官员送人礼物，朕非不知，亦不追求。"③ 这一思想也反映在他所领导的反贪实践中。康熙帝主张法律稳定、法在必行、听断明允、拟议持平、情法允协。康熙十八年谕曰："今日之所谓是，明日又转而为非，朝更夕改，茫无成宪，难取信于天下，岂治道至理哉。如有大奸大贪参劾得实，朕法在必行，决不姑贷。"④ 康熙二十年一月辛巳谕三法司："帝王以德化民、以刑弼教，莫不敬慎庶狱，刑期无刑，故谳决之司，所关最重，必听断明允，拟议持平。"⑤ 康熙二十三年谕刑部："一切刑名事务必令情法允协、无枉无纵，恪遵法纪，持廉秉公。"⑥ 康熙二十四年九月庚子谕大学士等："今年所拟秋决贪官甚多，若尽行处决，朕心不忍，若不行处决，贪劣之徒何以知警，且或有赃犯虽多而情有可矜者，或赃犯虽少而情有可恶者，若一律议罪，殊属未便，尔等将贪官所犯之情罪，分别轻重，朕当酌量定罪。"⑦

---

① ［意］贝卡里亚：《论犯罪与刑罚》，黄风译，中国大百科全书出版社1993年版，第9页。
② 《圣祖仁皇帝实录》，中华书局1985年版，卷二三九，第381页。
③ 《圣祖仁皇帝实录》，中华书局1985年版，卷二四五，第428页。
④ 《圣祖仁皇帝实录》，中华书局1985年版，卷八三，第1054页。
⑤ 《圣祖仁皇帝实录》，中华书局1985年版，卷九四，第1184页。
⑥ 《圣祖仁皇帝实录》，中华书局1985年版，卷一一六，第204页。
⑦ 《圣祖仁皇帝实录》，中华书局1985年版，卷一二二，第285页。

三、雍正帝的惩贪思想与政治法律实践

康熙帝整顿吏治，以奖廉、用廉、护廉为主，而不以惩贪为主，但道德的约束只对个别人有效，并不普遍奏效。不过，乾隆帝的惩贪实践也证明了一味严惩未必就能奏效，实际效果取决于被抓住的概率，即刑罚的必定性、执行力。相比较而言，雍正帝时执行力是最强的，而且基本上能够做到公平执法，很少袒护自己身边的人，因此吏治出现了短暂的好转。重视法律的执行、重视公平执法，雍正帝当数清朝第一，因此，他得罪了当时的特权阶层，遭到特权阶层谩骂、嫉恨。顺治、康熙、乾隆均有袒护某些自己喜爱的官员的做法，都对这些官员法外开恩，而雍正帝很少对任何人法外开恩，因此，其执法的实际效果也是最好的。雍正帝的惩贪思想主要体现在以下两点：第一，重法制，主张无论用宽还是用严都必须依法而不能废法。雍正四年十月谕大学士九卿等："帝王为治之道，有应宽者，则用宽而非废法，应严者则用严而非滥刑。"① 第二，重执行，主张对犯贪官吏严格执行法律。雍正三年四月谕直省督抚等："至若亏空侵蚀以及贪婪枉法之辈蠹国殃民，有干法纪，既宽其诛，已属格外，若又不严追完项，一任贪吏优游自得，国法安在耶。"② 雍正四年七月丁未谕内阁："贪赃犯法之官若听其以贪婪横取之赀财肥身家以长子孙则国法何存。"③ 意大利著名刑法学家贝卡里亚认为，"只要刑罚的恶果大于犯罪所带来的好处，刑罚就可以收到它的效果。这种大于好处的恶果中应该包含的，一是刑罚的坚定性，二是犯罪既得利益的丧失"。④ "对于犯罪最强有力的约束力量不是刑罚的严酷性，而是刑罚的必定性，这种必定性要求司法官员谨守职责，法官铁面无私，严肃认真，而这一切只有在宽和法制的条件下才能成为美德。即使刑罚是有节制的，它的确定性也比联系着一线不受处罚希望的可怕的刑罚所造成的恐惧更令人印象深刻。"⑤ "法律应当

---

① 《清世宗实录》，中华书局1985年版，卷四九，第734页。
② 《清世宗实录》，中华书局1985年版，卷三一，第466页。
③ 《清世宗实录》，中华书局1985年版，卷四六，第687页。
④ [意]贝卡里亚：《论犯罪与刑罚》，黄风译，中国大百科全书出版社1993年版，第42页。
⑤ 同上书，第59页。

是铁面无私的,每一具体的案件中的执法者也应当是铁面无私的。"① "我相信,不让真正的罪犯找到任何安身之地,这是防范犯罪的极有效的措施。"② 美国法学家大卫·D. 弗里德曼指出,"我们应将刑法的目标认定为:不仅是足以威慑犯罪的刑罚,而且是一种刑罚和被施以刑罚可能性的结合(因为不是所有的罪犯都能被抓获),从而就可以将所造成的损失加之于制造损失的人身上。"③ "通常每一个犯罪行为的成本会随着被逮捕的可能性和惩罚的严厉程度的增加而增加,所以对于一个犯罪行为的预期惩罚越高,实施这一行为的成本就会更高。"④ "随着预期惩罚的增加每个犯罪的成本增加了,而犯罪的数量减少了,因为更高的预期惩罚威慑了一些犯罪。一种有着更高的刑罚和由此带来的更少的犯罪的制度比一种有着更低的刑罚但是更多的犯罪的制度更经济。"⑤ 美国经济学家加里·S. 贝克尔认为,"法律的遵守不是理所当然的。法律的执行需要借助于一定规模的资源与惩罚"。⑥ "当其他变量保持不变,个人受到定罪或惩罚的可能性的增加将会不同程度地导致违法的减少。"⑦ "一般认为,定罪可能性比罪行惩罚更有威慑力"。⑧ 立法要严,执法更要严,立法严、执法不严,徒有严的虚名而无法产生实效。严于立法并不难,难的是严格执法,执行力最重要。雍正帝最重视执行。雍正朝的刑罚执行力也是清朝最强的,效果也最明显,财政状况最好,贪污腐败现象得到了有效的控制。

雍正帝在位的时间虽然不长,但改革力度很大,采取了一系列政治措施:(1)连发多道谕旨告诫各级官吏勿暗通贿赂、私受请托,以达敲山震虎之功效;(2)清钱粮,补亏空;(3)设立会考府,清查户部亏空,革职勒追;(4)亏空钱粮各官革职留任催追为革职勒限追还;(5)挪移钱粮一万两以上

---

① [意]贝卡里亚:《论犯罪与刑罚》,黄风译,中国大百科全书出版社1993年版,第61页。
② 同上书,第65页。
③ [美]大卫·D. 弗里德曼:《经济学语境下的法律规则》,杨欣欣译,法律出版社2004年版,第268页。
④ 同上书,第271页。
⑤ 同上书,第273页。
⑥ [美]加里·S. 贝克尔:《人类行为的经济分析》,王业宇、陈琪译,上海人民出版社1995年版,第55页。
⑦ 同上书,第56页。
⑧ 同上书,第66页。

者加重惩罚；(6) 亏空仓谷应照亏空钱粮例定罪；(7) 书吏侵蚀漕米照监守自盗律治罪；(8) 重申密折制度，要求科道官每日一人上一密折。这些措施的推行对于预防和控制贪污贿赂犯罪发挥了很好的作用。但是养廉银制度与雍正帝推行的上述制度相比，并没有达到制度设计的初衷。养廉银制度的防贪效果并不理想，养廉银制度实行后上司受属员馈送的问题依然存在。雍正六年七月乙亥谕内阁："自朕即位以来禁止私贿，又恐督抚等官用度不敷，暗中巧取，是以给与养廉之项，以为澄清吏治之本，岂有朝廷既给养廉而仍收受属员陋规之理，今观山东巡抚司道等官之私受陋规如故，则他省或有似此欺隐私受者，亦未可知。"① 雍正八年三月壬辰谕内阁："朕闻陕西兴汉镇有加米部费一项，每年兵丁公凑银三百两同奏销银两一并交送部科，名曰部费。又如庆贺表笺每年给陋规银四十两，赍送册籍每年给陋规银二十四两，兴汉一处如此，则各省与此相类者不少矣。"② 高薪并不能养廉，雍正朝高薪养廉制度是失败的。

雍正八年惩贪取得了阶段性成果，复行宽大措施。雍正十年开始贪污贿赂犯罪又有所抬头。如果权力得不到法律的有效制约，法律就只能成为权力统治的工具，甚至成为权力滥用的工具。皇权凌驾于法权之上、皇帝的权力不受法律的制约是推行法治的最大障碍。皇帝滥施法外之仁必然使人们产生玩法之心，客观上起到了纵容官员犯罪的作用，皇帝滥用法外之刑同样无法做到让人们敬畏法律，只能让人们恐惧权力，让人们变得无所适从。皇帝滥施法外之仁、滥用法外之刑是破坏法律的稳定性与权威性的最重要的原因。

雍正帝惩贪实践的成功经验是惩贪、防贪的关键在于制度建设，在于公平执法，在于加强官员彼此之间的监督，在于加大执法力度，加大贪污受贿的个人成本，在于加大侵贪被抓住的可能性，在于让官员不敢贪，而不在于教育，不在于任用清官，不在于单纯的严惩。雍正帝采取的监督措施是非常有效的，雍正朝的官员受到来自皇帝及其他官员的监督力度是最大的。在让官员不敢贪方面，雍正帝做得是最好的，由于官员不敢贪，贪污贿赂犯罪案

---

① 《清世宗实录》，中华书局1985年版，卷七一，第1057页。
② 《清世宗实录》，中华书局1985年版，卷九二，第229页。

件反而很少了,以致雍正六、七、八、九年没有影响较大的贪污贿赂犯罪案件发生,出现了清朝历史上少有的吏治清廉局面。贪污贿赂犯罪案件越多,一方面说明惩贪力度很大,另一方面说明预防效果、惩贪效果很差。在当今北欧一些国家监督机制非常健全、政治清廉,贪污贿赂犯罪案件很少,大案几乎没有。乾隆朝就是一个典型的例子,一方面惩贪力度很大,另一方面惩贪效果很差。雍正帝惩贪实践告诉我们严刑峻法并不是惩贪的最佳手段,加大监督力度,使监督无处不在,使贪污贿赂犯罪很容易被发现,一旦被发现则无法逃脱惩罚,才是惩贪的最佳手段,即通过制度建设提高贪污贿赂犯罪被发现的概率、被实际处罚的概率才是上策,如果制度漏洞很多、贪污受贿的机会很多、贪污受贿几乎不受任何监督、贪污受贿被抓住的概率很低、绝大多数贪污贿赂犯罪是无法发现的、被抓住纯属偶然、抓住以后仍有很多机会逃避法律制裁,那么无论如何严惩都无法达到预防、减少贪污贿赂犯罪的效果。中国古代贪污贿赂非常严重,并非人性的缘故,而在于专制制度本身使政治权力受到的实际监督很少,因此政治权力严重滥用并非偶然,而是具有必然性。很多情况下,贪污贿赂非常严重并不是因为惩贪不严,而在于制度本身没有任何防贪功能,一旦拥有政治权力,如入无人之地,无人能监督,无人能制裁,几乎可以为所欲为,因此之故,权力被用于谋取个人私利,被用于作恶是无法避免的。君主专制政治制度既可以产生很高的政治效率,也使严重的政治腐败成为不治之症,只有民主政治才是医治严重政治腐败的一剂良药,舍此别无他途。

四、乾隆帝的惩贪思想与政治法律实践

乾隆帝在位六十年中惩贪政治法律实践与他的惩贪思想的发展变化是完全吻合的,了解乾隆帝的惩贪思想及其在位期间的惩贪立法改革有助于更好地理解他所领导的惩贪活动。乾隆帝的惩贪思想体现在以下几个方面。

(一) 效法雍正、从严惩贪是乾隆帝一贯的思想

乾隆元年九月二十九日谕河南巡抚富德:"独此惩贪一节朕实时时欲效法皇考者也。"[①] 乾隆帝在位六十年在惩贪方面与其皇考雍正帝最为相似,但

---

① 《高宗纯皇帝实录》,中华书局1985年版,卷二十七,第583页。

是其惩贪思想也有一个发展变化的过程。

(二)乾隆帝继位之初,实行宽政

乾隆帝继位之初,意识到乃父雍正帝用猛,改而用宽,不久就注意到了宽政的弊端已经开始崭露头角,于是对宽政的内涵进行了限制性解释,并要求臣僚们用严以辅助其宽,以求得宽严相济之功效。这样的想法显然是缺乏政治经验的表现,是非常幼稚的,治理的宽与严完全取决于皇帝,皇帝用宽,大臣反而用严,从未有过,相反,大臣只会更宽,后来的政治实践证明乾隆皇帝的上述想法是不切合实际的。乾隆为了实行宽政修改了过去比较严厉的惩贪法律条文,使其更加轻缓。乾隆元年把侵盗钱粮斩监候由数满三百两提高到数满千两以上,从此以后,侵盗钱粮数满千两以上者照例拟斩监候,沿用不缀。宽政推行了几年以后,其弊端日益明显。乾隆四年二月五日谕户部:"朕看今日内外臣工见朕以宽大为治,未免渐有放纵之心。"[①]

(三)乾隆六年以后,惩贪立法和执法趋于严厉

乾隆六年九月庚寅谕:"乾隆元年以来侵贪各案人员实系贪婪入己情罪较重者秉公查明,分别奏闻,陆续发往军台效力,以为黩货营私者之戒。嗣后官员有犯侵贪等案者。亦照此办理。"[②] 此后该条例基本得到了较好执行,越来越多的官员被发往军台效力赎罪。乾隆十二年以后在法定期限内不能完赃且贪污未完赃在一千两以上及索贿受贿未完赃在八十两以上者,秋审时入情实,请旨勾到,不允许概入缓决。乾隆十二年九月庚戌谕:"凡侵贪案犯若以身试法,赃私累累,至监追二限已满,侵蚀未完尚在一千两以上及贪婪未完尚在八十两以上者,秋审时即入情实,请旨勾到。"[③] 这样逾期不能完赃达到法定数额就不能逃避死刑的执行,进一步加大了对贪赃官犯的实际执行力度。

(四)乾隆十二年以后,乾隆帝的惩贪思想日益成熟

就侵贪案件多发的原因、惩贪的艰巨性、严厉惩贪的必要性、侵与贪及

---

① 《高宗纯皇帝实录》,中华书局1985年版,卷八六,第340页。
② 《高宗纯皇帝实录》,中华书局1985年版,卷一五〇,第1150页。
③ 《高宗纯皇帝实录》,中华书局1985年版,卷二九九,第906页。

严侵盗与惩贪婪的关系、完赃减等例存在的弊端等进行了较为深入系统的论述，深化了对侵与贪关系的认识，丰富了中国古代的惩贪思想，极具创造性。

乾隆帝认为有受贿而不贪污者但没有贪污而不受贿者，严惩贪污正是为了惩治索贿受贿，与其有聚敛之臣宁有盗臣的古训是错误的，贪污的社会危害并不比受贿轻。乾隆十二年十月癸亥谕："天下庸有贪而不侵者，必无侵而不贪者，严侵盗，正以惩贪婪。"[①] 乾隆十四年九月壬申谕："夫谓与其有聚敛之臣，宁有盗臣者，乃重为聚敛者戒而非为盗臣者宽，盗臣与聚敛，厥罪惟均，不独聚敛之臣不可有，即盗臣亦岂当有哉。"[②] 乾隆十四年十月甲辰上御懋勤殿勾到侵贪官犯时谕："贪人财犹谓之盗而况其贪国家之财乎，此其情尚有可恕乎，乃向来锢习，以为宁盗毋贪，此在为上者爱民之深，权其轻重，谓与其厉民，毋宁损上，以是重言人臣之不可贪耳而岂忍以盗待臣子哉，为臣子者又岂甘以盗自处哉，人徒知渔利于民者贪也，蠹蚀于官者侵也，援律傅罪，轻重判然，不知贪者固有害于下，而侵者实无所畏于上，以无畏之心而济之以无穷之欲则派累以肥橐者有之，因事而勒索者有之，甚至枉法而受赃者有之，朝廷之府库且所不顾，更何民瘼之可矜，何民膏之足惜，此侵则必贪，势使然也。"同日，乾隆帝在论述侵贪案件多发的原因时指出："盖立法而法不行则人心无由知警，向来侵贪之犯人人皆知其必不正法，不过虚拟罪名，是以侵渔之案日积而多。"[③]

乾隆皇帝深刻反思了完赃减等例的弊端，认为完赃减等重追赃而轻国法、重帑项而轻弼教，使得惩贪立法无法发挥防贪的功能，而变成了一种朝廷增加国库收入的手段，使人们滋生了玩法之心。这一观点与顺治皇帝关于完赃充饷与惩贪关系的观点有着惊人的相似之处。乾隆十四年九月壬申谕："自朕观之但犯侵亏即应按律治罪，其亏空帑项除该员家属完缴外，著落该上司分赔则上司畏累己而不敢徇隐。若徒辗转勒限，似反以催追帑项为重，而以明示国法为轻。"[④] 乾隆二十三年八月戊戌谕："思侵亏仓库钱粮入已限内完

[①]《高宗纯皇帝实录》，中华书局1985年版，卷三〇一，第931页。
[②]《高宗纯皇帝实录》，中华书局1985年版，卷三四八，第799页。
[③]《高宗纯皇帝实录》，中华书局1985年版，卷三五一，第858页。
[④]《高宗纯皇帝实录》，中华书局1985年版，卷三四八，第799页。

赃准予减等之例实属未协，苟其因公那移尚可曲谅，若监守自盗，肆行无忌，则寡廉鲜耻，败乱官方已甚，岂可以其赃完限内，遂从末减耶。且律令之设原以防奸，匪以计帑，或谓不予减等则孰肯完赃，是视帑项为重，而弼教为轻也。"[1] 乾隆二十三年八月谕令永远停止完赃减等之例，之后长达四十年的时间里完赃减等之例没有被恢复执行，直到嘉庆四年才又重新实施了更加宽松的完赃减等例，之所以恢复与财政困难有很大关系。另外，由于种种原因乾隆二十三年以后虽然停止了完赃减等之例，而且惩贪力度很大，但是防贪之功效并不明显。清代只有顺治朝、乾隆二十三年至嘉庆三年将近四十八年的时间里完赃不准减等，这并不是偶然的，而是与顺治帝、乾隆帝对完整减等与惩贪关系的深刻认识有必然联系的。

乾隆中期除了加重刑事立法、加大刑事法律的执行力度外，还采取了一些有利于防止贪污贿赂犯罪的政治措施：（1）停止进献方物。雍正十三年九月谕令各省照例进朕之物概行停止。乾隆三年四月二日停止督抚贡献。乾隆四十一年十月辛丑饬禁各省贡献。尽管三令五申地谕令停止进献方物，但因没有相应的处罚措施，更兼执行不严，越到统治后期问题越发严重。乾隆四十三年四月二十九日谕："昨岁曾谕督抚等不许进呈贡品，今年尚在二十七月之内，本不以端节为事，而各处颇有纷纷进贡者。"[2] 这说明禁令徒有虚名，根本得不到有效执行，皇帝也很难摆脱收受礼物的官场习气。皇帝接受大臣的馈赠事关重大，大臣给皇帝送的礼物皆取自民间，一方面必然加大官员向民间的汲取力度，另一方面使各级官员彼此之间的馈送正当化，必然腐化官场风气，最终必然加剧腐败。乾隆朝有些督抚的贪污贿赂犯罪，如总督恒文、阿尔泰，与给皇帝送礼有密切关系。顺治、康熙、雍正皇帝接受大臣的馈赠并未产生严重的问题，而乾隆皇帝接受大臣的馈赠无疑加剧了吏治腐败，削弱了惩贪的效果。（2）完善廉俸制度。乾隆元年二月甲戌定江南佐杂养廉。乾隆元年六月二十日癸未给京员养廉。乾隆元年八月十六日丁丑加在京文员俸。（3）严禁需索。雍正十三年十一月二十八日禁溢收耗羡。乾隆元

---

[1] 《高宗纯皇帝实录》，中华书局1985年版，卷五六九，第1042页。
[2] 《高宗纯皇帝实录》，中华书局1985年版，卷一〇五五，第2579页。

年十二月癸亥禁督抚受土宜。乾隆三年四月乙酉吏部议准严禁馈送上司土仪，违者与受同罪。乾隆三年四月乙酉禁州县暗加火耗。乾隆四年三月甲子饬直省督抚杜部书需索。乾隆六年四月辛丑禁督抚任用堂官及家人生事。乾隆六年五月辛酉禁州县征粮浮收零尾。乾隆四十六年五月三日禁直省大吏设立管门家人收受门包。

乾隆朝后期腐败严重，乾隆帝认为是惩贪不严，实际上并未找准问题的症结所在，导致乾隆朝后期腐败严重的主要原因在于乾隆帝本人。(1) 用人不当，授权不合理。乾隆帝一生都没有明白权力的滥用是必然的，大臣的权力不应该过大，也没有明白所有的官吏仅凭信任是靠不住的，每一个官员都有自己的利益，因此都会不同程度上为了自己的利益而背叛皇帝的信任、朝廷的利益。康熙帝认识到了权力滥用的必然性，但是采取一种容忍的态度，一种抓大放小的做法。雍正帝认识到了所有的官员都是不可信任的，必须加强彼此的监督。乾隆帝在用人问题上失误颇多，比康熙帝、雍正帝明显要差一些。乾隆帝非常自负，远没有其祖康熙帝谦和。乾隆帝与其父一样比较重视惩贪，但是其用人的颇多失误、执法的自相矛盾、刚愎自用等无疑使其反贪大打折扣。乾隆帝授权不当，导致和珅权力过分集中。例如，乾隆五十一年闰七月乙未谕曰："和珅著补授大学士管理户部事务，福康安著补授吏部尚书，协办大学士，仍留陕甘总督之任，其吏部尚书事务仍著和珅兼管。"[①] 和珅一人拥有如此巨大而不受制约的权力想要不腐败也是很难的。李侍尧在总督任上因贪获罪本当处死，乾隆不但予以庇护而且没过多久又将其任命为陕甘总督，以后屡犯屡用，并得以善终。许多官员因贪获罪以后又被重新任命担任重要职务，如浙江巡抚卢焯、理藩院尚书富德。乾隆帝惩贪比较有执行力，但是其自相矛盾的执行，有时聪明反被聪明误。频繁起用贪吏，法律适用随意性太大，对少数贪吏始终予以庇护，产生了很坏的后果，客观上起到了纵容贪污贿赂犯罪的作用。乾隆帝用人重能力而不重清廉，卢焯、李侍尧案最能说明问题。乾隆帝一方面反贪，另一方面又重用贪官，重新起用曾经犯贪的官员。(2) 实行议罪银制度既惩贪，又逼贪、纵贪。议罪银制度无疑是乾隆朝后期的

---

① 《高宗纯皇帝实录》，中华书局1985年版，卷一二六一，第2153页。

一大弊政，该制度即使督抚大员不能不贪，又使他们的轻微贪污贿赂犯罪可以免予处罚。乾隆帝晚年已听不进不同意见。尹壮图批评议罪银制度严罚示惩而反令宽纵，乾隆帝既认为尹壮图的奏请有一定道理，又予以有保留的反驳。

（3）喜奢华，不能躬行节俭，导致进献方物愈演愈烈，危害越来越大。

五、嘉庆帝的惩贪思想与政治法律实践

嘉庆皇帝是一位守成型的皇帝，少有创新，很多方面效法乃父乾隆帝的做法，这一点在惩贪问题上特别明显，如直隶州县勾串司书侵吞库项一案就是效法乾隆四十六年甘肃捐监冒赈一案处理的。嘉庆帝惩贪的力度虽然比后世诸君大，但与其父乾隆帝相比力度明显减小了，特别是后期力度更小。嘉庆帝虽然看到了当时吏治的一些弊端，也采取了一些措施。但是，一方面措施不当、不严、缺乏创新，另一方面执行不力，实际效果并不明显。嘉庆四年正月甲戌禁呈贡物，嘉庆五年闰四月乙亥永禁红案陋规，嘉庆六年四月辛酉饬禁捐廉办公。嘉庆四年三月戊辰把密折奏事官员的范围扩大到道员。嘉庆十一年十一月谕令各省该管上司官将各衙门所有白役立即裁汰务尽。

嘉庆四年恢复了侵贪官犯完赃减等例，而且减等的力度更大，惩贪法律进一步趋宽，对于已经高度腐败的吏治而言，无疑是雪上加霜。嘉庆十二年直隶州县勾串司书侵吞库项一案直隶司书王丽南等敢于私雕藩司及库官印信与银匠等串通舞弊，将各州县批解银粮任意侵盗数至二十八万余两之多。该案充分反映了嘉庆朝地方吏治之坏，这样的事情前朝并未发生过，虽然无法找到该案的发生与侵贪官犯完赃减等例必然联系证据，但是侵贪官犯完赃减等例无疑使侵贪官员犯罪的法律成本降低，无疑使侵贪官员犯罪的后顾之忧更少，胆子更大。

嘉庆皇帝是一位缺乏思想的皇帝，不像其前面几位皇帝有雄才大略，就惩贪而言并无自己独到的看法，但是，他强调按法律办事。嘉庆四年正月甲戌谕："刑名事务，罪名大小，律有明条，自应勘核案情，援引确当，务使法足蔽辜，不致畸轻畸重，方为用法之平。"[①] 嘉庆朝法律基本是稳定的，立

[①] 《仁宗睿皇帝实录》，中华书局1986年版，卷三八，第413页。

法活动明显减少。嘉庆朝执法基本上能做到守律办理，惩贪活动中法律适用的随意性比乾隆朝减小，侵贪官犯实际执行的随意性也比乾隆朝小，嘉庆朝没有出现过类似于乾隆朝李侍尧案把法律当儿戏、空有判决而不实际执行的情况，这也是嘉庆皇帝惩贪值得肯定的一个重要方面。

第二节 清代贪污罪、公务侵占罪、公务使用侵占罪、挪用公款罪的变迁

一、贪污罪

(一) 清代贪污罪变迁的历史考察

顺治朝多尔衮摄政时期（1644—1649年）官吏犯赃准依明律，但实际执行重于明律，1644年顺治帝颁发谕旨："凡官吏犯赃审实者，立行处斩。"[①] 顺治十三年六月定《仓场运官盗卖侵蚀漕米例》，该条例体现了重在完赃、完赃减等的立法精神，根据该条例规定，仓场运官将漕米盗卖侵蚀，限期完赃，不能完赃者，根据不能完赃数额的多少，分别处罚轻重，该条例的宗旨在于鼓励完赃，完赃数额越多，处罚越轻，欠一分者，仅革职而已。[②]

康熙朝官吏贪污、挪移钱粮的问题非常严重，康熙帝始终没有找到成功的应对之策，着力点放在了对本犯的完赃减等、妻子承担连带责任及对承追、监追官员的行政奖励和处分上，而没有在源头上予以防止。康熙十六年令，侵盗钱粮人犯于册报之后发解之前全完者，免罪。[③] 康熙三十二年例，"白粮船只回运之日旗丁如有挂欠，除革职、追赔外，仍照监守自盗律治罪"。[④] 康熙五十三年定完赃减等，承追官及督催知府、直隶州、司、道、督、抚等监追有功记录、监追不力处罚例，"追赔赃银及分赔等项文到之日，限一年通

[①] 《大清会典事例》第九册下，卷八百二十一，中华书局影印，第106页。
[②] 《世祖章皇帝实录》，中华书局1985年版，第一〇二卷，第786页。
[③] 《圣祖仁皇帝实录》，中华书局1985年版，卷六六，第843页。
[④] 《圣祖仁皇帝实录》，中华书局1985年版，卷一五九，第745页。

完，死犯减二等，军流等犯俱免罪。如不完，再限一年追完，如完减等，若再不完，军流充发，死罪监追。再限一年著落妻子追赔，如果家产尽绝，保题豁免，倘题后另有房产钱财人口，俱入官"。① 康熙五十五年定捏造钱粮亏空题请展限照溺职例革职。② 康熙朝亏空钱粮各官革职留任催追，导致有些官员为了能展期捏造钱粮亏空。

雍正元年定革职勒限追还亏空钱粮例，使得这一制度设计上的缺陷得到了纠正。③ 雍正三年定监守盗漕粮新例，"六十石，发边远充军；满六百石者，拟斩监候"。④

乾隆朝贪污罪变迁可以分为宽政与严政两个时期：（1）乾隆宽政时期（雍正十三年九月至乾隆五年十二月）侵盗钱粮改重为轻。雍正十三年九月定例侵盗钱粮逾一万两者不准豁免。⑤ 乾隆元年定例侵盗钱粮改重为轻，数满三百两拟斩改为数满千两以上者，照例拟斩监候，大幅度提高了适用斩刑的数额，使得死刑的适用更加宽缓；侵盗钱粮，遇赦，一千两以上不准援赦改为数逾万两者，不准援宥，万两以下，俱准赦免，大幅度提高了准予赦免的法定数额，使得侵盗钱粮官吏赦免的几率更大了。⑥ 该例的发布体现了乾隆初期宽待赃官的刑事立法思想，标志着雍正朝严惩贪官的刑事政策结束、乾隆宽政的开始。乾隆三年同意户部疏请：不准州县办赈各员中扣克侵渔者援赃完减等之例宽免。⑦ 这标志着乾隆朝出现了实现严政的端倪。（2）乾隆严政时期（乾隆六年以后）贪污罪处罚改轻为重。乾隆六年（1741年）发动了第一次反贪风暴，乾隆十五年（1750年）发动第二次反贪风暴，乾隆二十一年（1756年）发动第三次反贪风暴。乾隆中期进一步加大了对于官吏贪污贿赂犯罪的处罚。乾隆六年发布上谕侵贪官员限内完赃减等，改发往军台

---

① 《圣祖仁皇帝实录》，中华书局1985年版，卷二五八，第546页。
② 《圣祖仁皇帝实录》，中华书局1985年版，卷二六八，第627页。
③ 《清世宗实录》，中华书局1985年版，卷四，第94页。
④ 《清世宗实录》，中华书局1985年版，卷三五，第526页。
⑤ 《高宗纯皇帝实录》，中华书局1985年版，卷二，第157页。
⑥ 《高宗纯皇帝实录》，中华书局1985年版，卷一五，第409页。
⑦ 《高宗纯皇帝实录》，中华书局1985年版，卷七一，第135页。

效力，提高了对侵贪官员实际执行力度。① 该上谕的发布体现了乾隆朝由宽待赃官的刑事政策改为严惩赃官，标志着乾隆朝宽政结束、严政开始，也说明了乾隆帝宽待赃官政策的失败。乾隆十二年定议，"监追二限已满，侵蚀未完尚在一千两以上及贪婪未完尚在八十两以上者，秋审时即入情实，请旨勾到"。② 进一步提高了对侵贪官员的实际执行力度，此后侵贪官员被实际执行死刑逐渐增多。乾隆十二年定侵贪之案父死子还例，"侵贪之案如该员身故，审明实系侵盗库帑者，即将伊子监追"。③ 凡侵盗应追之赃著落犯人妻及未分家之子名下追赔，家产全无不能赔补，取具甘结，申报都统、督抚保题豁免结案。乾隆十二年定，"书役自首侵蚀之银，勒限追清，限内全数通完，照律免罪，如逾限不完或虽有完数，不及五分者，按未完银数拟罪监追"。④ 乾隆二十三年定停止缓决重犯捐赎例，"著将斩绞缓决各犯纳赎之例永行停止，俟遇有恩赦减等，其惮于远行者，再准收赎，而赎锾则仍照原拟罪名，不得照减等之罪，如此则犯死罪者，贫富一律，不得幸逃法纪"。⑤ 乾隆二十三年（1758年）八月戊戌停侵亏限内完赃减等例，"嗣后除因公挪移、及仓谷霉涴情有可原等案仍照旧例外，所有实系侵亏入己者，限内完赃减等之例著永行停止。"⑥ 乾隆二十五年枉法赃完赃减等例也谕令停止。⑦ 从此以后，直至嘉庆四年以前完赃减等再没有被恢复过。

嘉庆朝对监守盗仓库钱粮又重新改重为轻，适用流刑的数额作了重大修改，自一百两以上至三百三十两，杖一百，流二千里，至六百六十两，杖一百，流二千五百里，至一千两，杖一百，流三千里，并高度突出了完赃减等，规定了三年的完赃期限，限内全完，死罪减二等发落，流徒以下免罪，三年限外不完，死罪人犯永远监禁，实际上等于取消了监守盗仓库钱粮罪的死刑。嘉庆二十年谕旨，各省州县如有侵蚀钱粮数逾巨万者，逾限不完，即行正法，

---

① 《高宗纯皇帝实录》，中华书局1985年版，卷一五五，第1207页。
② 《高宗纯皇帝实录》，中华书局1985年版，卷三〇一，第931页。
③ 《高宗纯皇帝实录》，中华书局1985年版，卷二四七，第184页。
④ 《高宗纯皇帝实录》，中华书局1985年版，卷二六七，第461页。
⑤ 《高宗纯皇帝实录》，中华书局1985年版，卷五六二，第1268页。
⑥ 同上。
⑦ 《高宗纯皇帝实录》，中华书局1985年版，卷六一三，第1952页。

但这只是圣训而已,并未废止上述规定。

同治九年规定了经纪、花户并车户、船户、驾掌、代役人等窃盗漕仓粮米例,该例处罚有所加重,每次勒追期限缩短为四个月,但仍然突出了完赃减等,虽有死刑规定,三次限外不完,永远监禁,事实上等于取消了死刑,与嘉庆朝并无太大差别。

光绪四年奏准,嗣后如有官员藉灾冒赈侵吞入已数在一千两以上者,仍照侵盗钱粮例拟斩监候,其数逾巨万,实在情罪重大者仍照定例斩监候问拟,由该督抚临时酌量具奏,请旨定夺,其入已之数虽未至千两以上而巧立名目、任意克扣及有吏胥串弊、绅董分肥情事,即照侵盗钱粮例计赃,应得徒流等罪上酌加一等分别办理,虽逢恩赐不准援免。

(二)清代贪污罪完赃免死、减等及免罪刑事政策评述

清代除了雍正中后期、乾隆三十年以前外,朝廷的财政一直很困难,因此不得不把惩治侵欺、挪移和受赃作为增加财政收入的一个重要来源,为了激励侵贪官员完赃,不得不实行完赃免死、减等及免罪的刑事政策,除了乾隆二十三年至嘉庆四年约四十年的时间完赃减等曾被停止外,其余时间完赃免死、减等及免罪的刑事政策一直存在,完赃免死、减等及免罪有利于激励侵贪官员积极完赃,有利于朝廷增加财政收入,但是,这无异于饮鸩止渴、抱薪救火,因为完赃可以免死、减等乃至免罪,这就必然会降低官员贪污的犯罪成本,并进一步刺激官吏去贪污,因而就会大大地削弱贪污罪所能发挥的预防功能,导致越惩越贪,惩治侵贪的目的发生异化,主要功能不再是预防和减少官吏侵贪犯罪,而是增加朝廷的财政收入。不过,即使停止实行完赃免死、减等及免罪的政策,并不意味着就能有效预防和减少官吏侵贪犯罪,如果停止实行完赃免死、减等及免罪的政策既不能达到有效地预防和减少官吏侵贪犯罪的功能,同时也无法使得侵贪官吏积极退赃并增加朝廷的财政收入,那么停止实行完赃免死、减等及免罪的政策就不是最好的刑事政策。显然,实行完赃免死、减等及免罪的刑事政策具有一定的合理性,虽然不能有效地预防和减少官吏侵贪犯罪,但是却最大限度地挽回了朝廷的损失、增加了朝廷的收入。如果能同时兼顾有效地预防和减少官吏侵贪犯罪的功能与最

大限度地挽回朝廷的损失、增加朝廷收入的功能就是最佳的选择。实际上，在清代，过分地偏向追求有效地预防和减少官吏侵贪犯罪的功能，不但有效地预防和减少官吏侵贪犯罪的功能实现不了，而且最大限度地挽回朝廷的损失、增加朝廷收入的功能更无法实现；过分地偏向追求最大限度地挽回朝廷的损失、增加朝廷收入的功能，则有效地预防和减少官吏侵贪犯罪的功能就无法发挥了。清代的问题在于过分地偏向追求最大限度地挽回朝廷损失、增加朝廷收入的功能，当然，如果从清朝财政困难的实际情况考虑，这样做具有必要性，是无可指责的。清代大部分时间实行这一做法，但有些时代，如顺治朝、雍正朝，相对于其他时代，对于这两个目标平衡得更好些，康熙朝、嘉庆朝明显地过分偏向了最大限度地挽回朝廷的损失、增加朝廷收入的功能，乾隆朝虽然在二十三年以后停止实行完赃免死、减等及免罪的政策，但乾隆后期官员侵贪问题非常严重，并没有达到有效地预防和减少官吏侵贪犯罪的目的，以至于乾隆去世后，嘉庆四年不但恢复了完赃免死、减等及免罪的刑事政策，而且走得更远，嘉庆朝以后这一做法一直延续到清朝灭亡。即使从今天看来，完赃减等也具有一定的合理性，按照刑法学关于社会危害性的理论，社会危害性的大小是考虑刑罚轻重的一个最重要的因素，贪污罪具有侵犯财产犯罪的属性，对于侵犯财产犯罪而言，全部退赃无疑使得客观上的社会危害性大大地减小了，因此，相应地，也应当从轻或者减轻处罚。与此同时，积极退赃，可以从轻或者减轻处罚，也有利于罪犯积极退赃，从而最大限度地减少国家财产不应有的损失，总之，只要完赃减等不至于减到使得犯罪收益大于犯罪成本，只要完赃减等保留在合理的限度内就是可取的。

二、《大清律例》关于贪污罪、公务侵占罪、公务使用侵占罪、挪用公款罪的规定

（一）贪污罪

1.《大清律例》关于贪污罪的规定

清代法"监守自盗仓库钱粮""以监守自盗论""准监守自盗论"，即现行中国刑法意义上的贪污罪。《大清律例》（乾隆五年十一月癸未新修大清律例）卷二十三刑律贼盗上："凡监临主守，自盗仓库钱粮等物，不分首从，

并赃论罪。一两以下，杖八十；一两以上，至二两五钱，杖九十；五两，杖一百；七两五钱，杖六十，徒一年；一十两，杖七十，徒一年半；一十二两五钱，杖八十，徒二年；一十五两，杖九十，徒二年半；一十七两五钱，杖一百，徒三年；二十两，杖一百，流二千里；二十五两，杖一百，流二千五百里；三十两，杖一百，流三千里；杂犯三流，总徒四年；四十两斩，杂犯，准徒五年。"除此之外，《大清律例》还在多处规定以监守自盗论、准监守自盗论，相当于现行刑法的以贪污论。《大清律例》十三个条文规定了以监守自盗论、一个条文规定了准监守自盗论。《大清律例》卷九户律"擅食田园瓜果"，主守私自将官田园瓜果拿去，以监守自盗论。《大清律例》卷十一户律"虚出通关朱砂"，凡仓库收受系官钱粮等物，原数本不足，而监临主守通同有司提调官吏，虚出通关给发者，计所虚出之数，并赃，不分摊各犯，皆以监守自盗论。监守不收本色，诈言奉文折收财物，虚出朱砂者，亦以监守自盗论。委官盘点钱粮，数本不足，扶同监临提调官，申报足备者，亦计不足之数，以监守自盗论，并赃。《大清律例》卷十一户律"附余钱粮私下补数"，若监临主守将增出钱粮私下销补别项事故亏折之数，瞒官作案者，不分首从，并计赃以监守自盗论。《大清律例》卷十一户律"私借钱粮"，凡监临主守将官钱粮等物，私自借用或转借与人者，并计所借之赃，以监守自盗论。《大清律例》卷十二户律"库秤雇役侵欺"，凡仓库务场，局院库秤、斗级，若雇役之人，受雇之人即是主守，或侵欺，或借贷，或移易，系官钱粮，并以监守自盗论。《大清律例》卷十二户律"损坏仓库财物"，监临主守官吏，若将侵欺、借贷、挪移之数，乘水火盗贼，虚捏文案，及扣换交单籍册，申报瞒官希图幸免本罪者，并计赃以监守自盗论。《大清律例》卷十二户律"转解官物"，转解官物若有侵欺者，不论有无损失事故，计赃，以监守自盗论。若起运官物，不运原本色，而擅自拿财货于所纳去处收买纳官者，亦计所买余利为赃，以监守自盗论。《大清律例》卷十二户律"守掌在官财物"，凡官物应当给付与人，已出仓库而未给付；若私物当供官用，已送在官而未入仓库，均为官物。但有人守掌在官，官司委令守掌之人，若有侵欺借贷者，并计入己赃，以监守自盗论。（律后所附条例规定：凡八旗参领、佐领、骁骑校、领催等，将一切收贮公所干系钱粮，并交库银两侵蚀者，照监守自盗律，一千两以上，斩监候；一千两以下，杂犯准徒。一万两以内，遇赦准其援免，有逾此数，不准宽免。）《大清律例》卷十三"人户亏兑课程"，若人户已纳（茶盐商税诸色课程），而官吏人役有隐瞒不附簿，因而侵欺借用者，并计赃，以监守自盗论。《大清律例》卷十四"私造斛斗秤尺"，若仓库官吏，私自增减官降斛斗秤尺，收支官物而不平，纳以所增，出以所减，因而得所增减之物入己者，以监守自盗论。《大清律例》卷二十一兵律"验畜产不以实"，若因验畜不实而价有增减者，计所增（亏官）减（损民）价，坐赃论；入己者，以监守自盗论，各从重科断。《大清律例》卷二十一兵律"隐匿孳生官畜产"，凡牧养系官马、骡、驴等，所得孳生，限十日内报官。若限外隐匿不报，计所隐匿之价为赃，准窃盗论。因而盗卖，或将孳生抵换者，并以监守自盗论罪。《大清律例》卷三十八工律"冒破物料"，凡造作局院头目工匠，有于合用数外，虚冒多破物料而侵欺入己者，计入己赃，以监守自盗论。《大清律例》卷十二"挪移出纳"，监临主守不正收、正支，挪移出纳，还充官用者，并计所挪移之赃，准监守自盗论，此处的挪移出纳是因公挪移，与现行刑法规定的因私挪用公款不同，属于公罪。① 另外，"克留盗赃"《大清律例》虽载于卷三十一刑律受赃，但克留盗赃入己，以不枉法并论盗罪，克留盗赃入己明显与受财不同，之所以并论盗罪就是因为其性质与盗罪接近，但又无法适用监守自盗仓库钱粮，或者准、以监守自盗仓库钱粮论，这一点明、大清律已经注意到了，按照现代刑法的规定"克留盗赃"属于贪污罪。②

2.《大清律例》贪污罪规范的特点

（1）法网严密。清朝对监临主守官吏自盗仓库钱粮等实行零容忍，只要有赃，无论数额多少，都构成犯罪。一两以下，杖八十，《大清律例》没有规定不满多少钱、分，不构成犯罪，只予以行政处分，不及一两，也构成犯罪。按《大清律例》纳赎之规定，"做工一月折银三钱"③，银一两相当三个

---

① 《大清律例》，法律出版社1999年版，第373、202、223、226、227、235、241、242、243、246、247、260、261、272、345、349、607、230页。
② 同上书，第506页。
③ 同上书，第47页。

月又十天的工钱，按现在普通工人的平均月工资2000元计算，银一两相当于现在的人民币6000—7000元。清代著名律学家沈之奇指出，"一两以下，谓不及一两也，即少至分数，亦杖八十。一两以上，谓出一两之外也，即多仅分数，亦杖九十。下不言者，省文也。自一两以后，计二两五钱加一等，而一两之上，虽云至二两五钱，实则至四两九钱九分，亦同杖九十。盖以一两分两等，而又以二两五钱为一等之率，故曰至二两五钱也"。① 这也就避免了由于物价的波动所造成的构成犯罪的数额起点的尴尬局面，无须不断地调高或调低构成犯罪的数额起点。法律规定构成贪污罪的数额起点有明显缺陷，首先，立法思想是错误的，违背了勿以恶小而为之的古训，它表明了刑法的制定者认为数额较小的贪污社会危害性不大、可以容忍，放纵小额的贪污，小贪就容易发展成大贪，不利于预防贪污；其次，贪污不满一定数额不按犯罪论处，在司法实践中为一部分人逃避刑事制裁提供了合法的借口；最后，立法上设置一个构成贪污罪的数额起点，在司法实践中，由于货币的贬值、物价的上下波动造成了同等数额的货币在不同时间、地点的购买力差别很大，社会危害性差别也很大，为了体现罪责刑相适应原则，不得不频繁地调整构成犯罪的数额起点，使得法律所追求的公正性与稳定性很难实现。

（2）法律规定明确、具体、操作性很强。完全按照赃数确定刑罚幅度，没有采用抽象模糊语言，如情节严重、情节较轻；刑罚幅度划分细密、合理，各个刑罚幅度彼此之间严格按照刑罚由轻到重排列，彼此之间不存在交叉、重叠。以监守自盗仓库钱粮为例，总共划分了12个刑罚等级，以银为计赃单位，第1至8级之间的幅度是银2两5钱，第8至10级之间的幅度是银5两，第10至11级之间的幅度是银10两，第12级以上不再细分；第1至3级只适用杖刑，杖刑是清代适用于贪污罪最轻的刑种，依次为杖八十、九十、一百。在清代法中杖刑是一种相对较轻的刑种，当代刑法虽然不能适用杖刑，但贪污数额较小的可以适用剥夺资格、罚金。

（3）监守自盗仓库钱粮处罚重于常人盗仓库钱粮，也重于窃盗，体现了惩贪重于治盗的立法思想。清代著名律学家沈之奇指出，"监守律最重，比

---

① 沈之奇：《大清律辑注（上）》，法律出版社2000年版，第567页。

常人律加一等，比窃盗律加二等"。① 而现行中国刑法贪污罪与盗窃罪相比，涉案数额在10万元以下时，盗窃罪的处罚明显重于贪污罪。首先，从绝对负刑事责任的数额起点看，盗窃罪为500元至2000元，贪污罪为1万元，盗窃罪比贪污罪的犯罪圈更大，数额在2000元至1万元之间，盗窃构成犯罪，且可以处三年以上有期徒刑，贪污只有情节较重、犯罪后没有悔改表现、不积极退赃时才构成犯罪或予以刑事处罚，否则不构成犯罪或免予刑事处罚。其次，盗窃5000元至2万元以上的，就属于数额巨大，处三年以上十年以下有期徒刑，并处罚金，而作为侵犯财产权性质的职务犯罪，"贪污5000元以上不满5万元的，处一年以上七年以下有期徒刑，情节严重时才处七年以上十年以下有期徒刑"②，并且没有规定财产刑，贪污罪的处罚明显轻于盗窃罪。最后，"5万元以上不满10万元的，盗窃罪处十年以上有期徒刑或者无期徒刑，并处罚金或者没收财产，贪污罪处五年以上有期徒刑，可以并处没收财产，情节特别严重时才处无期徒刑，并处没收财产。"③ 贪污罪的处罚也明显轻于盗窃罪；涉案数额在10万以上时，盗窃罪最高刑为无期徒刑，贪污罪最高刑为死刑，贪污罪的处罚明显重于盗窃罪。因此，从总体上看，中国现行刑法对盗窃罪的处罚重于贪污罪，体现了治盗重于惩贪的立法思想。贪污罪属于复杂客体犯罪，既侵犯财产权，具有财产犯罪的属性，又侵犯了国家工作人员的职务廉洁性，具有职务犯罪的属性，社会危害性明显重于单纯侵犯财产权的盗窃罪，依据罪责刑相适应的原则，贪污罪处罚应当重于盗窃罪。清代法的规定与现行刑法关于罪责刑相适应的原则是完全符合的，相反，现行刑法关于贪污罪的规定，从与盗窃罪相比较的角度看，明显偏离了罪责刑相适应原则。与其他国家的刑法相比，我国刑法关于贪污罪的规定没有很好地体现财产犯罪的属性，但总体上看，刑罚并不轻。今后可以考虑适当降低盗窃罪的刑罚，即使无法做到轻于贪污罪，最起码不应比贪污罪更重。

(4) 共同贪污犯罪中个人贪污数额不按个人实际分得的赃款数来认定，而是按照其所参与的共同贪污的数额认定，中国现行刑法也采用这种做法，

---

① 沈之奇：《大清律辑注（上）》，法律出版社2000年版，第567页。
② 《中华人民共和国刑法注释本》，法律出版社2011年版，第223页。
③ 同上。

但清代法不分首犯、从犯，中国现行刑法分主犯、从犯。

（5）集中规定与分散规定相结合，律文与例文并存，以例破律较为常见。中国现行刑法贪污罪采用集中规定的方式，司法解释不得突破律文的规定，与律文相矛盾。清代法关于贪污罪的规定并不是固定不变的，条例的规定与律文之间存在着很大差异。如律文规定监守盗仓库钱粮适用耻辱刑"刺字"，而条例则规定"文武官员盗仓库钱粮俱免刺字"，否定了律文的规定，使其成为具文。① 《大清律例》规定监守盗仓库钱粮，银二十两，杖一百，流二千里；二十五两，杖一百，流二千五百里；三十两，杖一百，流三千里；杂犯三流，总徒四年；四十两斩，杂犯，准徒五年。条例则规定："凡仓库钱粮，若宣府、大同、甘肃、宁夏、榆林、辽东、四川、建昌、松潘、广西、贵州，并各沿边、沿海去处，有监守盗粮四十石、草八百束、银二十两、钱帛等物值银二十两以上，俱问发边卫，永远充军。在京各衙门及漕运，并京、通、临、淮、徐、德六仓，有监守盗粮六十石、草一千二百束、银三十两、钱帛等物值银三十两以上，亦照前拟，充军。其余腹里，但系抚按等官查盘去处，有监守盗粮一百石、草二千束、银五十两、钱帛等物值银五十两以上，亦照前拟充军。以上人犯，俱依律并赃论罪，仍各计入己之赃，数满方照前拟断；不及数者，照常发落。若正犯逃故者，于同居家属名下追赔，不许滥及各居亲属。其各处征收在官应该起解钱粮，有侵盗者，俱照腹里例拟断。凡沿边、沿海钱粮，有侵盗银二百两、粮四百石、草八千束、钱帛等物值银二百两以上，漕运钱粮，有侵盗银三百两、粮六百石以上，俱照本律，仍作真犯死罪。系监守盗者，斩。奏请定夺。"② 根据条例的规定，监守盗仓库钱粮处罚因地而异，沿海、沿边及部分边远地方处罚最重，在京各衙门及漕运，并京、通、临、淮、徐、德六仓处罚较重，腹里处罚较轻。银二十两以上，改轻为重，杖刑、流刑改为发边卫，永远充军，即军流。银四十两斩，改重为轻，四十两斩改为沿边、沿海侵盗银二百两、侵盗漕运钱粮银三百两斩。后来又改为，除侵盗漕粮仍照律遵行外，凡侵盗钱粮，不分腹里、沿边、沿

---

① 《大清律例》，法律出版社1999年版，第373页。
② 沈之奇：《大清律辑注（上）》，法律出版社2000年版，第568—570页。

海，入己数满三百两者，拟斩监候，秋后处决。不至三百两者，照监守自盗正律并赃拟罪。监守自盗二十两以上并常人盗四十五两以上者，拟流总徒四年。监守自盗仓库钱粮四十两并常人盗八十两者，照律斩、绞拟罪准徒五年。杂犯流刑、斩刑可以折成徒刑，客观上减少了流刑、斩刑的适用，使得对于监守盗仓库钱粮的处罚趋向进一步轻缓化。①

（二）公务侵占罪

《大清律例》关于公务侵占罪的规定主要表现为官吏变相侵吞官物、官钱粮、违法无偿使用官人力等：（1）非法消费官物，《大清律例》卷二十二兵律规定，出使人员多支廪给、超标准领取官钱粮，计赃，以不枉法论，官吏与者，减一等，强取者，以枉法论，官吏不坐。②《大清律例》卷九规定，擅食官田园瓜果、官造酒食等，坐赃论，计所食之物价，一两以下，笞一十；二两，笞二十；计两加等，罪止杖六十、徒一年。③（2）超过规定标准使用官有交通工具，《大清律例》卷二十一规定："出使人员在应乘驿船、驿马数外，多乘一船一马者，杖八十，每一船一马加一等。若应乘驴而乘马，及应乘中等、下等马者而勒要上等马者，杖七十。条例：勘合之外，如敢多给一夫一马，许前途州、县据实揭报都察院纠参。倘容情不揭，别经揭报，一并治罪。"④根据《大清律例》的规定官吏超过规定标准使用官有交通工具构成犯罪，多乘一船一马最低处罚杖八十，而按照现行规定，国家工作人员超标准用车则不受处罚。（3）违法使用官人力，《大清律例》卷十九兵律规定，"公侯非奉特旨，私役官军，初犯、再犯，免罪；三犯，奏请区处"。⑤《大清律例》卷二十兵律规定，"凡私事役使弓兵者，一人，笞四十，每三人加一等，罪止杖八十。每名计役过一日，追雇工银八分五厘五毫入官"。⑥《大清律例》卷二十二兵律规定，"凡各衙门一应公差人员，于经过所在。不许差

---

① 沈厚铎主编：《中国珍稀法律典籍集成（丙编第三册）》，科学出版社1994年版，第535页。
② 《大清律例》，法律出版社1999年版，第357页。
③ 同上书，第202页。
④ 同上书，第356页。
⑤ 同上书，第323页。
⑥ 同上书，第342页。

使铺兵挑送官物，及私己行李。违者，笞四十。每名计一日，追雇工银八分五厘五毫入官。"①《大清律例》卷八户律规定，"凡有司私役使部民，及监工官私役使夫匠，出百里之外，及久占在家使唤者，有司官使一名，笞四十，每五名加一等，罪止杖八十。每名计一日，追给雇工银八分五厘五毫。若有吉凶及在家借使杂役者，勿论。其所使人数不得过五十名，每名不得使过三日，违者以私役论"。②（4）违法使用官有交通工具驼载私物，《大清律例》卷二十二兵律规定，"凡出使人员，应乘驿马，除随身衣服器杖外，携带私物者，十斤，杖六十，每十斤加一等，所带私物入官"。③《大清律例》卷二十二兵律规定，"凡因公差应乘官马、牛、驼、骡、驴者，各衙门自拨官马，不得驰驿而行者。除随身衣杖外，私驼物不得过十斤，违者，五斤，笞一十，每十斤加一等，罪止杖六十。不在乘驿马之条。其乘船、车者，私载物不得过三十斤，违者，十斤，笞一十，每二十斤加一等，罪止杖七十。家人、随从者，不坐。若受寄私载他人物者，寄物之人同罪，其物并入官。当该官司知而容纵者，与同罪；不知者，不坐，若合褫运家小者，不在此限。"④（5）违法使用官有缎造工具带造缎匹，《大清律例》卷三十八工律规定，"凡监临主守官吏，将自己物料辄于官局带造缎匹者，杖六十，缎匹入官，工匠笞五十"。⑤

（三）公务使用侵占罪

《大清律例》关于公务使用侵占罪的规定主要表现为监临主守私自借用及转借他人官有交通工具、官有物品及那移出纳：（1）监临主守私自借用及转借他人官有交通工具。《大清律例》卷九规定，"凡监临主守将系官车船、店舍、碾磨之类，私自借用，或者转借与人，及借之者，各笞五十。验日，追雇赁钱入官。不得过本价。若计雇赁钱重于笞五十者，各坐赃论，加一

---

① 《大清律例》，法律出版社1999年版，第354页。
② 同上书，第186页。
③ 同上书，第360页。
④ 同上书，第363页。
⑤ 同上书，第610页。

等"。①《大清律例》卷二十一规定,"凡驿官将驿马私自借用,或转借与人,及借之者,各杖八十,驿驴减一等,验计日追雇赁钱入官。若计雇赁钱重于私借之罪者,各坐赃论,加一等。"②《大清律例》卷二十一规定,"凡监临官吏、主守之人,将系官马、牛、驼、骡、驴,私自借用,或转借与人,及借之者,不论久近多寡。各笞五十。验计借过日期追雇赁钱入官。若计雇赁钱重于笞五十者,各坐赃论,加一等。雇钱不得过其本价"。③《大清律例》卷二十一规定,"凡公使人等承差经过去处,除应付脚力外。索借有司官马匹骑坐者,杖六十;驴、骡,笞五十。官司应付者,各减一等,罪坐所由"。④
(2) 监临主守私自借用及转借他人官有物品,《大清律例》卷十一规定,"凡监临主守,将系官什物、衣服、毯褥、器玩之类,私自借用或转借与人,及借之者,各笞五十。过十日,各计借物坐赃论,减二等。罪止杖八十、徒二年,各追所借还官"。⑤ (3) 挪移出纳。挪移出纳相当于现在的违规使用公款,但不同于现在的挪用公款罪,现在的挪用公款罪以将公款私自借用或转借与人为条件,挪移出纳是因公违规收、支官有钱粮,不同于私借官钱粮,但也有个人利益上的考虑,且侵犯了官钱粮的合法使用权,仍属公务使用侵占行为。因此,挪移出纳与现代外国刑法意义上的公务使用侵占罪较为接近,而不同于我国现行刑法的挪用公款罪。康熙三十九年议行挪移银粮加重处罚,嗣后地方官如有挪移银至五千两以上或粮米至六千石以上者,无论已、未革职,仍拟满流,不准折赎,即遇恩典,亦不准减免。雍正朝加大了对挪移钱粮的惩罚力度,雍正二年定挪移钱粮例,"嗣后挪移一万两以上至二万两者发边卫充军,二万两以上者,虽属那移,亦照侵盗钱粮例拟斩,俱限一年全完免罪,二年完者减二等,三年完者减一等,三年限满不能全完者,查未完之数照例治罪"。⑥雍正四年定例:"嗣后州县亏空仓谷,应照亏空钱粮例,

---

① 《大清律例》,法律出版社1999年版,第202页。
② 同上书,第364页。
③ 同上书,第350页。
④ 同上书,第350页。
⑤ 同上书,第229页。
⑥ 《清世宗实录》,中华书局1985年版,卷一四,第244页。

分别侵蚀、挪移二项定罪。"①《大清律例》卷十二户律规定，"若监临主守不正收，正支，如不依文案勘合，挪移出纳，还充官用者，并计所挪移之赃，准监守自盗论，罪止杖一百、流三千里，系公罪，免刺。条例：一、凡挪移库银五千两以下者，仍照律拟杂犯流，总徒四年；其挪移五千两以上至一万两者，拟实犯杖一百、流三千里，不准折赎；挪移一万两以上至二万两者，发边卫充军；二万两以上者，虽属挪移，亦照侵盗钱粮例，拟斩监候。统限一年，果能尽数全完，俱免罪。其未至二万两者，仍照例准其开复。若不完，再限一年追完，减二等发落；二年限满不完，再限一年追完，减一等发落；若三年限满不能全完者，除完过若干之外，照见在未完之数治罪。二、凡州、县亏空仓谷，以谷一石银五钱定罪。麦、豆、膏粱、青稞等杂粮并同。系侵蚀入己者，照侵盗钱粮例拟断，系挪移者，照挪移库银例拟断"。②

（四）挪用公款罪

《大清律例》关于私借钱粮的规定与我国现行刑法的挪用公款罪最为接近。《大清律例》卷十一规定，"凡监临主守，将系官钱粮等物，乃金帛之类，私自借用或转借与人者，虽有文字，并计所借之赃，以监守自盗论。若将自己物件抵换官物者，罪亦如之。自己物件入官。条例：凡管民地方官借用官银，初次逾限不能完者，即令离任，限一年，还完开复。若限内不完，革职，著落家产还完。旗员交与该旗催追，汉官交与该督抚催追。"③

第三节 清代受贿罪、行贿罪的变迁

清代贿赂罪主要包括受贿罪、介绍贿赂罪和行贿罪，鉴于介绍贿赂罪清代法规定在"官吏受财"中且内容很少，将在受贿罪中一并考察，不再独立作为一类，下面将对受贿罪和行贿罪分别予以考察。根据《大清律例》的规

---

① 《清世宗实录》，中华书局1985年版，卷一八，第296页。
② 《大清律例》，法律出版社1999年版，第230、231、232页。
③ 《大清律例》，法律出版社1999年版，第227页。

定，清代的受贿罪可以分为五大类：（1）官吏因公事收受财物罪，包括官吏受财、事后受财、官吏听许财物、私受公侯财物；（2）官吏因公事变相收受财物罪，包括《大清律例》关于以枉法不枉法论、准枉法不枉法论的各种特别规定；（3）官吏非因公事收受财物、礼物罪，包括坐赃致罪、在官求索借贷人财物的相关规定；（4）官吏及家人索取及变相索取财物罪，包括在官求索借贷人财物、家人求索、因公科敛的相关规定；（5）官吏介绍贿赂罪，即官吏受财中所指的"说事过钱"。《大清律例》受赃中所规定的"风宪官吏犯赃"只是一种从重处罚的法定情节，并非一个独立的罪名；"克留盗赃"，按照现行刑法的理念属于贪污罪的一种形式，不属于受贿罪。为了行文方便将先从历史的角度考察受贿罪变化的脉络，然后再对《大清律例》的规定进行文本分析。

一、清代受贿罪变迁的历史考察

清朝入关以前贿赂罪立法处于草创阶段，没有受到《大明律》的影响，如天命八年（1623年）二月，努尔哈赤命令："诸申、尼堪、蒙古的官员们，不论谁只准收汗给的赏赐，不准接受尼堪送的东西。要给尼堪发告示，不能送任何东西来。如果送来，送的人治罪。如果接受，接受的人治罪。"[1] 不久，努尔哈赤又对上述法令作了补充说明："各个被分配给诸申、尼堪官员们的尼堪，如果送什么东西，鱼、野鸡、果实可以收受；牛、羊、山羊、猪、财物、银、草、粮食不能收受。如果收了，将要治罪。"[2] 通过上述两个法令可以看出，只有特定物品才构成行贿罪、受贿罪的犯罪对象。清朝入关以后受贿罪的变迁不是以入关前有关贿赂罪的规定为起点，而是以《大明律》为起点，因此，本书将以清朝入关以后准依明律的顺治朝为考察的起点，研究清朝贿赂罪的变迁。

（一）顺治朝受贿罪的变迁

顺治皇帝在位期间（1644—1661年）高度重视受贿犯罪立法和司法，不

---

[1] 《满文老档·太祖》卷四十五，天命八年二月二十九日，第125页。
[2] 《满文老档·太祖》卷四十八，天命八年三月二十八日，第153页。

仅制定了重惩受贿犯罪的法律条例，而且严格执行。顺治朝受贿罪的变迁体现在以下几个方面。

1. 受贿犯罪处罚加重，特别是对衙役、中官、巡方御史的处罚更重

清代惩贪条例重于《大明律》的规定，顺治朝惩贪条例重于其他朝代。《清史稿·刑法志》记载："枉法赃有禄人八十两，无禄人及不枉法赃有禄人一百二十两，俱实绞，严贪墨之诛也，衙蠹索诈，验赃加等治罪，惩胥役所以保良懦也。"① 另外，还扩大了官吏贪赃定罪的范围。顺治元年定例，"违禁多收钱粮火耗者，即以犯赃论"。② 顺治亲政后，在严惩贪官的思想指导下制定了许多处罚更重的惩贪新例。顺治十二年议准，"衙役犯赃一百二十两以上分别绞斩，一两以上，俱流徙，一两以下，责四十板，革役。又谕贪官虽经革职，犹得享用赃资，故贪风不息，今后内外大小贪官受贿至十两以上者，除依律定罪外，不分枉法、不枉法，俱籍没家产入官"。③ 顺治十三年六月定例：中官有窃权纳贿者，即行凌迟处死。顺治十三年七月圣谕：巡方御史恣意行私贪赃坏法致下民怨咨，断不仍照前律止于按赃治罪，虽铢两之微，必诛无赦。④ 顺治十六年定例："今后贪官赃至十两者，免其籍没，责四十板，流徙席北地方，具犯赃罪，应杖责者，不准折赎。"⑤ 顺治朝受贿罪立法变迁的轨迹表明皇帝是法律变迁的主导者，法律是皇帝意见的反映，如果把法律视为一个阀门，皇帝就是这个阀门的操控者，皇帝可以把阀门拧紧一点，也可以拧松一点，实际有效的法律随着皇帝个人的意见和看法的改变而改变，法律的主观随意性很大，稳定性很难保障。顺治朝受贿罪立法趋于严厉，既是当时的一种统治需要，也与顺治帝个人的惩贪思想有关。在君主专制政治体制下成文的法律与皇帝的圣谕一旦发生冲突，成文的法律就会成为具文，如按照《大清律集解附例》的规定官吏受财四十五两以上才适用流刑，而按照顺治十六年定例，官员犯赃十两以上就适用流刑，而顺治十二年定例衙役

---

① 中国政法大学法律古籍整理研究所：《中国历代刑法志注译》，吉林人民出版社1994年版，第1008页。
② 《世祖章皇帝实录》，中华书局1985年版，第五卷，第57页。
③ 《世祖章皇帝实录》，中华书局1985年版，第九〇卷，第705页。
④ 《世祖章皇帝实录》，中华书局1985年版，第一〇二卷，第786页。
⑤ 《世祖章皇帝实录》，中华书局1985年版，第一二五卷，第964页。

犯赃更是一两以上就适用流刑，使得律文的规定被搁置不用，律文的权威性也就无法得到保障。

2. 严禁属吏以节礼贿赂，严禁官员私交私宴，犯者从重治罪

顺治十三年谕旨："据奏属吏借节礼生辰名色，馈送上司，公行贿赂，深可痛恨，著严行禁革，犯者重治。"① 顺治十四年谕旨："馈送宴会已经屡旨严禁，如有不遵，著科道官，指名参奏，从重究处。倘别经发觉，科道官亦著一并处治。"② 顺治十七年谕旨："私交私宴，著依议严行禁革，如仍前违禁私相交结、庆贺升迁、馈送杯币及无端设宴献酬，假馆陈乐，长夜酣歌者，科道官即行指实纠察，从重治罪，如科道官徇情容隐，不行纠参，一并治罪。"③ 借节礼公开行贿、受贿是中国古代官场上的顽疾，顺治朝借节礼公开行贿、受贿已经相当严重，尽管顺治帝屡下谕旨，严禁属吏以节礼贿赂，严禁官员私交私宴，犯者从重治罪，但实际上收效甚微。官场上的属吏给上司送礼的习惯为何难以禁革？为什么不送不行？因为节礼在封建官场上起着一种政治润滑剂、凝聚剂的重要作用，是官员之间沟通、巩固、增进私人感情的一种重要工具，是官员之间建立、维护和增进实现个人利益的政治共同体的重要工具，是下级官吏分享上级官吏所掌握的政治资源、寻求上级官吏政治上的庇护、提携的重要途径，在封建官场上属吏的升迁、考核、惩处等全部掌握在上司手里，属吏迫切需要上司所掌握的政治资源，而又由于没有制度的保证与监督；因此，上司很难公平、公正地运用自己所掌握的政治资源，属吏获取上司支持的方法不外乎工作上积极配合，并通过馈送上司礼物来沟通感情，润滑彼此之间的关系，建立利益共同体，寻求上司的政治庇护。与此同时，上司也需要来自属吏的馈赠，一方面作为其收入的重要来源，另一方面可以满足自己的自尊心。可以说，送礼是封建官僚政治的一种产物，只要封建官僚政治存在一天，送礼这种权钱、权物的政治交换形式就无法避免。严格地说，在皇权政治制度之下，下级官员的权力来自皇帝、朝廷与上

---

① 《世祖章皇帝实录》，中华书局1985年版，第一〇一卷，第779页。
② 《世祖章皇帝实录》，中华书局1985年版，第一〇九卷，第852页。
③ 《世祖章皇帝实录》，中华书局1985年版，第一三六卷，第1047页。

司，而不直接来自社会公众，无论是皇帝还是官员都不直接向社会公众承担政治和法律责任，充其量只承担道义责任而已。就皇帝本身而言，也有时把权力作为自己的私有物，存在利用权力谋求个人私利的问题。以权谋私是绝大多数官吏做官的主要目的，权力的私有化、商品化有时是公开的，相当多的富商通过公开或隐蔽的形式购买官吏身份或职位，对官吏而言收受贿赂既是一种主观追求，也有客观上的迫切需要，如果要从根本上革除送礼这种习惯，必需从根本上改变政治制度，改变获取政治权力的方法，改变官员的从政观念，缩小上级官员的自由裁量权，减小政治权力的主观随意性，增加政治权力的公开性、公正性、客观性，使政治权力受到法律的严格控制，而这一点是君主专制政治所无法做到的。在一定意义上，行贿、受贿是君主专制政治制度下官场生存的一种客观需要，是君主专制政治的一种必然产物。因此，官场上的送礼习惯是无法通过皇帝的一纸禁令革除的，只能通过政治文化创新、政治制度变迁逐步改变，无法做到毕其功于一役，革除官场上送礼之习惯，即使在今天仍然任重道远。在君主专制政治制度下，行贿、受贿的存在客观上无法避免，但行贿、受贿必须控制在一定的限度内，否则，就会使政治权力完全丧失社会公共性，演化成实现官僚私人利益的一种政治工具，导致政治权力彻底的私有化、市场化，甚至无法履行最起码的维持社会公共秩序的功能，久而久之社会就会走向解体，政府也就无法继续实现自己的政治统治。

3. 受贿犯罪执行立法更加严厉

顺治八年闰二月圣谕："朝廷治国安民，首先在严惩贪官，欲严惩贪官，必在审实论罪。刑部以后复参劾疏，有罪坐徇役，赃无入己，或援赦免议，皆不得预拟还职，必听吏部另行复核，果实应开复，吏部方与疏请。凡贪婪官员，一挂弹章，必非完璧，或降调闲散，或勒令休致，皆不得仍还原职。从前参问贪官，姑照恩赦日月，免罪追赃。自今颁谕之后，大贪官员，问罪至应死者，遇赦不宥。"① 顺治十三年十二月谕刑部："朝审候决人犯定例谋叛及强盗不赦外，其贪婪官役，蠹国害民，深为可恨，不宜宽宥，见监犯赃

---

① 《世祖章皇帝实录》，中华书局1985年版，第五三卷，第415页。

者，亦不准赦。"① 顺治十三年九月定例："以后凡系贪污，应秋决者，不许再请停决，著永著为例。"② 顺治十二年谕刑部曰，"朕览参劾贪官本章赃私盈千累万，及问结拟罪，往往脱卸于衙役，官既以赃轻免死，而该役又止坐无禄轻条，案墨未干，伊等即钻营别衙门充役，纵横盘踞，播恶无穷，不加严处，何以除民害而肃纪纲，嗣后内外问刑衙门审究蠹役计赃定议不许援引无禄轻条，凡情罪重大者，分别绞斩，其余俱流徙。"③ 顺治十三年覆准衙役犯赃流徙尚阳堡，又覆准凡衙役犯赃本官查出揭报者，免议，若不行揭报，别轻告发、访闻者，该督抚按一并纠参治罪。④ 法律的生命在于实施，如果得不到实施，法律事实上就名存实亡了。顺治帝不仅严于立法，而且执法更严。历史上有许多帝王也能制定严厉的惩贪法律，但是，多数不能严格执行，重立法而轻执法是许多帝王的通病，最终无论如何严厉的法律，终因不执行，也就没有什么权威可言了。顺治帝是严厉执法的楷模，即使在今天，也有很强的现实意义。

（二）康熙朝受贿罪的变迁

清朝康熙皇帝在位时间较长，情况较为复杂，大体上可以分为三个阶段，康熙亲政以前，由鳌拜等四大臣辅政（1661年1月—1669年5月），四大臣辅政期间对受贿犯罪立法和司法都不重视，政治腐败非常严重；康熙后期（康熙四十八年以后）进取心明显减退，对于官吏侵贪比较宽容，政治腐败也非常严重；康熙中期对惩治官吏腐败较为重视，与惩治受贿犯罪相关的立法也明显增多，但康熙与乃父顺治皇帝的治国方略存在较大差别，康熙帝更加重视以德治国，重视教化的功能，康熙九年十月谕礼部，"朕维至治之世不以法令为亟而以教化为先。其时人心淳良、风俗朴厚、刑措不用、比屋可封、长治久安、茂登上理。盖法令禁于一时，而教化维于可久，若徒恃法令而教化不先，是舍本而务末也。"⑤ 康熙帝重视选用廉吏、奖掖廉吏、保护廉

---

① 《世祖章皇帝实录》，中华书局1985年版，第九八卷，第759页。
② 《世祖章皇帝实录》，中华书局1985年版，第一〇三卷，第797页。
③ 《世祖章皇帝实录》，中华书局1985年版，第八九卷，第700页。
④ 《世祖章皇帝实录》，中华书局1985年版，第一〇一卷，第779页。
⑤ 《圣祖仁皇帝实录》，中华书局1985年版，卷三四，第456页。

吏，他认为"大法小廉"，把选好人作为预防贿赂犯罪的根本手段，重视治官吏之心而不是惩罚其身，注重与大臣们联络感情，他并没有把治国的重点真正放在严惩官吏侵贪上，尽管康熙帝也严惩过不少侵贪官吏，但康熙朝惩贪的力度整体上并不大，康熙朝惩贪立法的重点也不是进一步加大对侵贪官吏的刑事惩罚力度，而是完善惩贪的行政法律制度、追赃制度，特别是广泛地采用连带责任制度，如官吏职务连带责任、家属连带责任。康熙朝腐败问题始终较为严重，这与他重防而不重惩的惩贪思路有一定的关系，用廉吏，以情化吏，奖掖廉吏，实际效果是相当有限的，毕竟多数官吏有自己强烈的物质利益追求，自我的道德约束难以抵御本能的强烈欲望，也无法摆脱社会风气的影响。康熙帝的政治实践证明，不能过分迷信德治，德治的实际效果是有限的。德治以个人自律为主，从古到今，只有极少数官员能做到完全自律，而对于大多数官员而言，寄希望于个人的廉洁自律是靠不住的，外在的强制是完全必要的。总之，德治虽好，但它是以性善论为前提的，是以人皆可以为尧舜为理念基础的，有点脱离实际，过于理想化，可以说，德治时代，清官会更多一些，但大多数官员在个人利益与从政道德发生冲突时，很难自觉坚守从政道德。历史上，完全意义上的德治从来没有实现过，相反，依法治官、严惩贪官的实际效果更好。法治虽然强硬了点，但法治是从现实出发的，法治是以大多数官员完全自律是靠不住的理念为前提的，而这样的认识是更接近客观真理的，因此，对于大多数官员而言，法治更靠得住些。

在顺治朝官场上的送礼风已经非常严重，到了康熙朝前期送礼风更加严重，康熙四年十二月谕吏部等衙门，"总督巡抚皆系倚任重臣，必秉公清正，为下官表率，使民生得所，方副倚任之意，乃督抚反以馈送礼物为常例，称某州县上等、某州县下等，按定数目，公然收受"。[①] 康熙九年九月谕吏部、兵部，"朕惟致治雍熙在于大小臣工悉尚廉洁。近闻在外文武官、尚有因循陋习、借名令节生辰、剥削兵民、馈送督抚提镇司道等官。督抚提镇司道等官、复苛索属员、馈送在京部院大臣科道等官。在京官员亦交相馈遗。前屡经严禁，未见悛改，殊违洁己奉公之义。兵民日渐困乏，职此之由，以后著

---

① 《圣祖仁皇帝实录》，中华书局1985年版，卷一七，第248页。

痛加省改，断绝馈受，以尽厥职。如仍蹈前辙，事发之日授受之人一并从重治罪，必不姑贷"。①顺治帝虽然多次下谕旨严禁属吏馈送上司、私交私宴，但是并没有就此制定更加具体的规定，康熙朝在应对官场上的送礼风方面制定了更加具体的规定。

康熙帝虽然不迷信严刑，但与顺治帝相比，康熙帝更能持法，很少以一言立法或者废法，无论立法还是司法，他对大臣们的意见都比较重视，因此，康熙帝统治时期很少因个人的意见和看法的改变而随意改变成文法，成文的法律比较稳定，发布的新例也较少，法律的适用也就更加公平、公正，很少走极端，当然这与康熙帝本人的性格、见识也有很大的关系。但是，康熙朝官吏大多不能守法，侵欺、挪移钱粮非常普遍，而且康熙帝本人的执法力度也很小，因此，虽然康熙帝颇能持法，但是法治却无法实现。康熙朝受贿罪的变迁体现在以下几个方面。

1. 建立了受贿犯罪的连带责任制度，加大了本管官对衙役犯赃、部院司官对本司书办犯赃、司道府等官对州县等官审案勒诈人财物、督抚对有司官变相索取的监管责任

康熙九年题准凡衙役犯赃本管官失于觉察十两以上者，革职，一两以上者，降二级调用，不及一两者，降一级调用。②康熙十一年覆准在京部院衙门书办指依本司事犯赃，刑部审实赃至十两以上者，将该管司官各降一级留任，不及十两者，罚俸一年，无司分衙门书办犯赃，将该管官，亦照此例议处。③康熙十二年题准凡外官有失察衙役犯赃，吏部已经革职者，俱免其拟杖折赎。④康熙十八年定例：会推官员贪污者，将原举官，从重治罪。⑤康熙十八年议定，凡州县等官因听理案件，勒诈人财物者，革职拏问，司道府等官知而不行揭报，听督抚题参，革职，若已经揭报，督抚不行参奏，降五级调用。⑥康熙十八年议准，凡有司官供应黍粟物料不发现银采买，借取于民，

---

① 《圣祖仁皇帝实录》，中华书局1985年版，卷三四，第456页。
② 同上。
③ 《圣祖仁皇帝实录》，中华书局1985年版，卷三八，第503页。
④ 《圣祖仁皇帝实录》，中华书局1985年版，卷四四，第579页。
⑤ 《圣祖仁皇帝实录》，中华书局1985年版，卷八一，第1032页。
⑥ 《圣祖仁皇帝实录》，中华书局1985年版，卷八四，第1067页。

或亏短价值者，督抚题参拏问，若督抚徇隐不参，别经发觉，将该管上司各官俱革职拏问，该督抚革职。① 康熙三十七年覆准州县等官，上司多借访事为名索取馈遗，嗣后如有此等情弊，许州县官揭报，督抚指名题参，如督抚抑勒、徇庇，不行题参，许其开具实跡，实封径达通政司衙门奏。闻事实将该督抚从重议处。②

2. 完善了官役犯赃惩罚制度，规定衙役诈赃连坐妻子

康熙十一年覆准犯赃官役分别枉法、不枉法，照数多寡轻重拟罪之条，俱仍照律行，这也就等于废除了顺治朝对官役犯赃律外严惩的制度。③ 康熙十二年题准，凡贪赃官役流徒杖罪俱不准折赎。④ 康熙十八年定例：衙役诈赃十两以上者，并妻子安插奉天，一百二十两者，照枉法拟绞。⑤

3. 立法严禁官场上的送礼风，但是刑事惩罚的重点却放在官吏家人身上，而对于官吏本人则以行政制裁为主

康熙十七年议准，凡府州县等官借名拜寿行贺，私谒上司，夤缘通贿，事发将与受之官俱革职提问，其上司虽未接受，不行举发者，罚俸一年。⑥ 康熙十八年定例：禁止督抚司道官员及其在京家人、提塘人与在京大臣各官私相往来馈送。禁止督抚司道官员私自谒见或自任所差人问候在京大臣各官，禁止督抚司道官员在京家人、提塘人等来往大臣各官之家，禁止在京大臣各官与督抚司道等彼此馈送及差人远赴任所，违者，本人革职，若不知者，降二级，两家家人俱正法，提塘有职者，革职，无职者，亦照家人正法。督抚司道官员有因事营求、苛派馈送大臣官员者，将馈送收受之人俱革职拏问。⑦

4. 上司官于所属借贷财物

康熙十七年议准上司官于所属借贷财物事发，照贪官例处分。⑧

---

① 《圣祖仁皇帝实录》，中华书局1985年版，卷八五，第1076页。
② 《圣祖仁皇帝实录》，中华书局1985年版，卷一九〇，第1013页。
③ 《圣祖仁皇帝实录》，中华书局1985年版，卷三九，第517页。
④ 《圣祖仁皇帝实录》，中华书局1985年版，卷四三，第569页。
⑤ 《圣祖仁皇帝实录》，中华书局1985年版，卷八五，第1076页。
⑥ 《圣祖仁皇帝实录》，中华书局1985年版，卷七四，第947页。
⑦ 《圣祖仁皇帝实录》，中华书局1985年版，卷八六，第1088页。
⑧ 《圣祖仁皇帝实录》，中华书局1985年版，卷七七，第979页。

5. 官员过赃未受

康熙四年四月安徽巡抚张朝珍曾条奏，"说事过钱与受财人同罪，新例未当"。① 康熙二十七年覆准官员过赃未受，照听许财物律杖一百，徒三年。②

6. 奖励举报

康熙四十一年题准，凡贿嘱财物已经过付，方准出首，即将所首财物赏给出首之人。③

7. 完善了官吏赃银追还原主及入官的制度

康熙元年春正月，刑部题准凡官吏审实赃银内有短少民间价值之类，追给原主。其诈骗逼勒者，被害之人自行首告，给还原主；非自行首告，经督抚科道参发者，概追入官。④

（三）雍正朝受贿罪的变迁

康熙帝是一个政治上的理想主义者，崇尚德治，宽待贪吏，导致其晚年吏治日益松弛。相比较而言，雍正皇帝在政治上是一个清醒的现实主义者，重视依法治理，严惩贪吏。雍正皇帝在位时间不长，但是在制度建设上颇有建树，他在位期间所定律例往往能从实际出发，使得严厉性与合理性得到了有机统一，严而不厉。雍正帝惩治贿赂犯罪的基本策略是，惩防结合，以防为主。雍正帝推行养廉银制度的重要目的就是防止官吏通贿赂、受馈遗、苛派民间。雍正帝是一个成熟的、技能高超的封建政治家，是清帝中最善于把握政治上宽与严之间分寸的帝王，他无论是用严还是用宽都能做到合理、适度，使得严中有宽、宽中有严，宽与严均不失法度，雍正帝真正做到了宽严相济。雍正四年冬十月丁亥谕大学士九卿等，"帝王为治之道，有应宽者，则用宽而非废法，应严者，则用严而非滥刑，古人云宽以济猛，猛以济宽，惟宽严得当，乃为相济，朕经理万几，用宽用严，皆因其人之自取，物来顺应，初无成见，惟斟酌情理之至当而行之，天下惟有一理，道无二致，同归

---

① 《圣祖仁皇帝实录》，中华书局1985年版，卷一五，第223页。
② 《圣祖仁皇帝实录》，中华书局1985年版，卷一三六，第472页。
③ 《圣祖仁皇帝实录》，中华书局1985年版，卷二〇九，第121页。
④ 《圣祖仁皇帝实录》，中华书局1985年版，卷六，第102页。

一中，因时制宜，使得其平，此圣人所以言平天下也。朕临下御众悉本至诚，尔内外诸臣亦当体朕之心，务实存诚，秉公持正，去私心揣度之陋习，佐宽严得中之雅化，行之恒久，将刑措之风可以复见，而太和翔洽，民物长春，永登郅隆之盛治，实朕之所期望也"。①

雍正帝不仅重视制度建设，善于建章立制，而且更加善于实际执行，雍正帝无疑是清代帝王中最具有执行力的帝王，在执行问题上，雍正帝身体力行，做得最彻底、力度最大，执行方法极具创意，实际效果也最明显。雍正帝是清代诸帝中深得中国古代法家治国理念的一位帝王，崇尚法家的思想，法律意识很强，善于持法，厉行法治。清代雍正朝是最重视法治的一个朝代，也是治理最好的一个朝代，这并不是偶然的，经过十年"文革"的中国改革开放的总设计师邓小平曾经意味深长地说，"还是法制靠得住些"。雍正六年春正月谕内阁，"夫刑法之设，所以奉天罚罪，乃天下之至公至平，无容意为轻重者也，若于亲故功贤等人之有罪者，故为屈法以示优容，则是可意为低而律非一定者矣，尚可谓之公平乎，且亲故功贤等人，或以效力宣劳为朝廷所倚眷，或以勋门戚畹为国家所优崇，其人既异于常人，则尤当制节谨度，秉礼守义，以为士民之倡率，乃不知自爱而致罹于法，是其违理道而蹈愆尤，非蚩蚩之氓、无知误犯者可比也，倘执法者又曲为之宥，何以惩恶而劝善乎，如所犯之罪果出于无心而情有可原，则为之临时酌量，特与加恩，亦未为不可，若预著为律，是于亲故功贤等人未有过之先，即以不肖之人待之，名为从厚，其实乃出于至薄也，且使恃有八议之条或任意为非，漫无顾忌，必有自干大法而不止者，是又以宽容之虚文而转陷之于罪戾，姑息之爱，尤不可以为优恤矣，今修辑律例，各条务俱详加斟酌，以期至当，惟此八议之条若概为删去，恐人不知其非理而害法，故仍令载入，特为颁示谕旨，俾天下晓然于此律之不可为训，而亲故人等亦各知儆惕而重犯法，是则朕钦恤之至意也"。② 该谕充分反映了雍正帝的法治思想。

雍正朝与康熙朝相比，受贿罪的立法更加完善，处罚更重，主要体现在

---

① 《清世宗实录》，中华书局1985年版，卷四九，第734页。
② 《清世宗实录》，中华书局1985年版，卷六五，第993页。

以下几个方面：(1) 官吏受贿犯罪的行政处罚制度更加严厉，官吏因贪污不端获罪附加剥夺世职、军职。(2) 衙役犯赃官吏的连带责任制度更加合理，督察程序更加完善，雍正七年例，"嗣后直省衙役犯赃，本管官除知情故纵，照例革职外，其止于失察者，请照在京部院司官之例，十两以上，将该管官降一级留任，不及十两者，罚俸一年"。① 该规定与康熙九年题准的衙役犯赃本管官失察例相比，责任更轻，但也更加合理，更加人性化。雍正五年定例："司道府州县等官不时察访衙蠹，申报该督抚究拟。若该管官员不行察报，经督抚上司访拏，或别经发觉者，照徇庇例，交该部议处，如督抚不行访察者，亦交该部议处，其访拏衙蠹并赃私数目，仍应年底造册题报。"② 该规定有利于督促地方官员加强对官役的监管。(3) 确立了原举荐上司对卓异官员犯贪的连带责任，卓异官员犯贪，对原举荐上司予以革职、降调处分。(4) 进一步完善了衙役犯赃治罪条例，雍正五年定例："凡正身衙役违禁私带白役者，并杖一百，革役。如白役犯赃，照衙役犯赃例治罪，正身衙役知情同行者，与同罪，不知情、不同行者，不坐。"③ (5) 因公科敛处罚加重，依法提解火耗之外，加添重耗，经徵之员处死，失察之该管各上司，从重治罪。(6) 立法严禁上司向属员勒索下程及属员呈送下程、供应夫马车辆，禁止上司随役家人私自向属员索取财物。雍正七年定例，"凡上司经过，属员呈送下程，及供应夫马车辆，一切陋规，俱行革除。如属员仍有供应，上司仍有勒索者，俱革职提问。若督抚不行题参，照例议处。其上司随役家人私自索取，本官不知情者，照例议处，如知情故纵，罪坐本官，照求索所部财物律治罪，其随役家人照在官求索无禄人减一等律治罪，并许被索之属员据实详揭。若属员因需索滥行供应，及上司因不迎送供应，别寻他事中伤属员者，将属员及各上司，照例分别议处"。④ 上司随役家人私自索取，本官不知情者，也照例议处，这一点与《大清律例》（家人求索，本官不知情者，不坐）的规定不同，而与《唐律》（监临家人乞借，官人不知情者，各减家人

---

① 《清世宗实录》，中华书局1985年版，卷八二，第80页。
② 《清世宗实录》，中华书局1985年版，卷六二，第945页。
③ 《清世宗实录》，中华书局1985年版，卷五九，第896页。
④ 《清世宗实录》，中华书局1985年版，卷八一，第61页。

罪五等)的规定相近,有利于防止家人求索,也有利于防止上司利用随役家人向下属索取贿赂。(7)加重了对官吏说事过钱的处罚,雍正十二年刑部议覆:"嗣后说事过钱,照例与受财人同科,有禄人概不减等,无禄人各减一等。"① 该规定重于《大清律例》关于"说事过钱"有禄人减受钱人一等、无禄人减二等的规定。(8)官吏听许财物的规定更加合理、具体、完善,雍正十二年发布条例,进一步完善了官吏听许财物的规定。雍正十二年定例:"听许财物,若甫经口许,赃无确据,不得概行议追。如所许财物封贮他处,或写立议单文券,或交与说事之人,官吏虽未收受,亦应向许财之人追取入官,并将听许之人议处。若本犯有应得之罪,仍照律科断。如所犯本轻,或本无罪,但许财营求者,止问不应重律。其许过若干,实交若干者,应分别已受、未受数目计赃,并所犯情罪,从重科断。已交之赃,在受财人名下著追;未交之财,仍向许财人名下著追。"②

(四) 乾隆朝受贿罪的变迁

1. 乾隆朝对官吏人等索取及变相索取他人财物的受贿犯罪作了更加详细、具体的规定,加大了对索取及变相索取贿赂的处罚力度

具体表现在以下几点:(1)流官擅自科敛土官财物,加重处罚。乾隆五年定例:"云贵、两广、四川、湖广等处流官擅自科敛土官财物,敛取兵夫征价入已,强将货物发卖多取价利赃至该徒三年以上者,俱发近边充军。"③ (2)文武职官索取土官、外国、猺獞财物,加重处罚。(3)家人求索的犯罪主体扩大到兄弟、子侄、奴仆,并规定家人因事受财应按照官吏受财律定罪,不准减等。乾隆五年增定,"凡监临官吏家人,兄弟、子侄、奴仆皆是。于所部内取受所求索借贷财物,依不枉法。及役使部民,若买卖多取价利之类,各减本官吏罪二等;分有禄、无禄,须确系求索借贷之项,方可依律减等;若因事受财仍照官吏受财律定罪,不准减等。若本官吏知情与同罪;不知者,不坐"。④ (4)执事大臣疏于约束家人致令私向所管人等往来交结借贷者,负

---

① 《清世宗实录》,中华书局1985年版,卷一四七,第824页。
② 《清世宗实录》,中华书局1985年版,卷一四一,第776页。
③ 《清世宗实录》,中华书局1985年版,卷一二六,第650页。
④ 《清世宗实录》,中华书局1985年版,卷一二八,第670页。

连带责任。乾隆二十二年定例,"执事大臣不行约束家人致令私向所管人等往来交结借贷者,一经发觉,将伊主一并治罪"。①(5)部院衙门书办索诈部费,加重处罚。(6)书吏索取贿赂、缺主索取租银,照枉法受财律计赃定拟。乾隆五年定例:"直省书役年满缺出遵例召募,有暗行顶买索取租银者,缺主照枉法受财律计赃定拟,至八十两者绞,顶缺之人照以财行求律至五百两者,杖一百,徒三年,出结人等依不应重律杖八十,该管官员交部议处。各衙门一切案件若假手书吏以致定稿时高下其手,驳诘不已,有赃者,照枉法受财律科罪,无赃者,依不应重律杖八十,革役。"②(7)长随索诈,照蠹役诈赃例治罪。乾隆二十四年定例,"长随求索嚇诈得财舞弊者,照蠹役诈赃例治罪,并照窃盗例,初犯以赃犯二字刺臂,再犯,刺面,其有索诈婪赃托故先期豫遁及本官被参后闻风远扬者,拏获之日,照到官后脱逃例各加二等治罪,仍追原赃"。③

2. 扩大了受贿罪的犯罪主体及承担连带责任的范围,加重了对幕友、书役、长随的处罚

具体表现在以下几点:(1)官吏受财的犯罪主体扩大到出差巡察人员、在官人役。乾隆五年定例,"凡出差巡察之员所到州县地方如有收受门包,与者照钻营请托例治罪,受者照婪赃纳贿例治罪"。"凡在官人役取受有事人财,律无正条者,果于法有枉纵,俱以枉法计赃科罪。"④(2)书吏犯赃,罪坐知情不首之经承、贴写。乾隆五年定例,"书吏舞文作弊,其知情不首之经承、贴写,俱照本犯罪减一等发落"⑤。(3)重处因藉势妄为累及平民致本官降革之幕友、书役、长随。乾隆五十七年事例:"嗣后地方官有参降革之案,该督抚先饬该管上司严究幕友、书役、长随等,如有恣意愚弄情事,即拘拏看守,除舞弊诈赃及捕役借端诬拏平民并奉差缉贼混拏充数等款,俱照例办理处,其审无前项情弊,但有倚官滋事,恣令妄为,累及本官者,各按

---

① 《高宗纯皇帝实录》,中华书局1985年版,卷五四四,第905页。
② 《高宗纯皇帝实录》,中华书局1985年版,卷一一五,第679页。
③ 《高宗纯皇帝实录》,中华书局1985年版,卷五八九,第1043页。
④ 《高宗纯皇帝实录》,中华书局1985年版,卷一一七,第706页。
⑤ 《高宗纯皇帝实录》,中华书局1985年版,卷一二四,第818页。

本官降革处分上加一等，本官降一级者，将该犯杖七十，降二级者，杖八十，降三级者，杖九十，降四级者，杖一百，革职者，杖六十，徒一年，如本官罪上拟徒，亦各于本官罪上加一等治罪，籍隶本地者，即交本地方官，外籍者褫回原籍，仍严加管束，不许复充，倘仍潜身该地，欺瞒后任，改易姓名复充书役及幕友、长随者，应令该督抚详加查察，一经得实，即严参治罪，其本官罪至军流外遣者，仍与本官同罪。"①

3. 乾隆朝注重从完善程序立法的角度，预防贿赂犯罪，加大对贿赂犯罪的查处力度

乾隆朝完善受贿罪的查处、预防程序主要体现在以下几方面：敦促督抚检举部书索贿，准许外任旗员控告旗内官勒索贿赂、州县查拏及被害人呈告害民之上司差役，禁用官员收用、容留犯赃之长随；完善连带责任制度，防止举荐贪人。具体表现在以下几点：（1）上司差役索诈，准州县查拏，被害人呈告。乾隆二年定例，"督抚司道各上司差役扰害乡民，许州县查拏，并许被害人呈告，将该役照例治罪"。②（2）严令督抚检举部书索贿。乾隆四年谕，"部之书吏索之督抚，必至督抚之书吏索之司道，司道之书吏索之府、县，层累而降受其害者，仍在吾民也，嗣后，著严行禁止，藩臬以下经手之案著督抚严查禁约，倘书吏有仍前需索者，督抚即时奏闻，如有不遵朕旨私相授受者，必将与受之人照枉法赃治罪，督抚容隐不奏，亦必严加议处"。③（3）准许外任旗员控告旗内官等勒索。乾隆五年定例，"凡外任旗员该旗都统、参领等官有于出结时勒索重贿及得缺后要挟求助或该旗本管王贝勒及门上人等有勒取求索等弊，许本官据实密详督抚转奏，倘督抚瞻顾容隐，许本官直揭都察院转为密奏，倘不为奏，闻许各御史据揭密奏"。④（4）贪酷二款特疏题参，不再列入大计，从此以后，大计八法变成了六法。乾隆二十四年谕，"外省大计八法官员，内如贪酷二款，既有实迹，例应特疏题参，另行

---

① 《高宗纯皇帝实录》，中华书局1985年版，卷一四一，第1921页。
② 《高宗纯皇帝实录》，中华书局1985年版，卷四〇，第709页。
③ 《高宗纯皇帝实录》，中华书局1985年版，卷九八，第481页。
④ 《高宗纯皇帝实录》，中华书局1985年版，卷一一五，第679页。

审结,以昭慎重,著为令"。①(5)官员违法收用、容留犯赃刺字之长随,给予罚俸、降级处分。乾隆二十四年吏部议覆,"嗣后各衙门官员如将犯案刺字之长随,滥行收用,系刺面者,降一级调用,系刺臂者,罚俸一年,如明系刺臂之犯,仍行容留者,亦降一级调用"。②(6)禁止各省府州县等衙门在本地购买、赊买布匹绸缎一切货物。(7)繁缺道府犯贪获罪,议处原保堂官。乾隆二十七年定例,"堂官保道府一项,向未议及,第思司员中,分别简缺保送者,其等差非特荐可比,该堂官尚可从宽免议,若既定为繁缺,则必素信其堪胜艰钜而保之,与荐举更何差别,而该员犯贪获罪,竟不惩举主以肃官方,非情理之平也,此案马淇珣,俟贪赃审实,即查取原保繁缺之该堂官交部议处,自后并将此通著为例"。③(8)进一步完善卓异官犯赃议处原保荐上司的规定。乾隆四十八年定例,"嗣后卓异官于原上司离任后犯赃者。仍照旧例议处。若犯赃年月,在该上司未离任之前,虽败露于已离任之后,不得幸邀末减,仍照同省不行揭参例议处,再保荐系藩司专政,未便同道、府一律处分,请照督、抚一体议处"。④

4. 禁止督抚收受土宜,禁止州县馈送上司土仪,禁止上司之子侄亲戚在所部境内接受地方官馈送宴会

乾隆元年谕,"朕闻近日督抚中于属员馈送土宜物件间有收受一二者,此风断不可长,如有暗中收受者,或经朕访闻,或被风闻参劾,必严加议处"。⑤乾隆三年,"请严禁馈送上司土仪。违者与受同罪。从之。"⑥乾隆二十六年吏部等部议覆,"上司之子侄亲戚,有官职者,经过属员境内,拜候往来,属员趋承供应,均照不应重私罪律,降三级调用;其无官职者,照不应重律,杖八十,上司未能查察,别经发觉,照约束不严例,降一级调用,知而不举,照徇庇例,降三级调用,倘有贪缘贿嘱等事,分别革职治罪。

---

① 《高宗纯皇帝实录》,中华书局1985年版,卷五九〇,第1126页。
② 《高宗纯皇帝实录》,中华书局1985年版,卷五八八,第1012页。
③ 《高宗纯皇帝实录》,中华书局1985年版,卷六七〇,第1921页。
④ 《高宗纯皇帝实录》,中华书局1985年版,卷一一九一,第2235页。
⑤ 《高宗纯皇帝实录》,中华书局1985年版,卷一一,第345页。
⑥ 《高宗纯皇帝实录》,中华书局1985年版,卷七六,第200页。

从之。"①

5. 乾隆朝对官吏贿赂犯罪实际执行方面的立法，前期宽，中后期严

具体表现在以下几点：（1）乾隆朝前期，受贿罪限内完赃，官吏死罪减一等、军流徒等免罪；官役死罪减一等流、军流以下各减一等。（2）乾隆朝中期停止限内完赃减等之例，停止缓决重犯捐赎例，加大对于官吏贿赂犯罪的实际执行力度。乾隆二十三年定例，"著将斩绞缓决各犯纳赎之例，永行停止，俟遇有恩赦减等，其惮于远行者，再准收赎，而赎锾，则仍照原拟罪名，不得照减等之罪"。②

（五）嘉庆朝受贿罪的变迁

嘉庆朝受贿罪变迁的一个最显明的特点是对官吏受财的实际处罚更轻了，而对衙门蠹役、白役诈赃，长随、幕宾在各衙门招摇撞骗财物、舞弊诈财的处罚，则更重了，标志着清王朝惩治贿赂罪的重心从此发生了根本性转移，即由重点惩治中上层官吏受财下移到重点惩治最底层的衙役犯赃，这就从根本上颠覆了前朝大法小廉的治国理念，这一转移无疑犯了一个方向性的政治错误，其反贪实践也注定要以失败而告终。嘉庆朝受贿罪变迁体现在以下几个方面。

1. 嘉庆朝恢复了乾隆二十三年停止的限内完赃减等，官吏除受财枉法外，完赃都可以减等，流徒以下免罪，死罪减二等发落，即使不能完赃，也只是永远监禁

从此以后，官吏贪污面临的实际惩罚就大大地减轻了，官吏腐败的个人成本就更低了。嘉庆十一年修定，官吏婪赃审系枉法入己者，虽于限内全完，不准减等，如审无入己各赃，并坐赃致罪者，果能于限内全完，仍照挪移、亏空钱粮之犯准其减免外，其因事受财入己，审明不枉法及律载准枉法、不枉法论等，果于一年限内全完，死罪减二等发落，流徒以下免罪，若不完再限一年勒追，全完者，死罪及流徒以下各减一等发落，如不完，流徒以下即行发配，死罪人犯监禁，均再限一年著追，三年限外不完，死罪人犯永远监

---

① 《高宗纯皇帝实录》，中华书局1985年版，卷六四四，第1573页。
② 《高宗纯皇帝实录》，中华书局1985年版，卷五七二，第1428页。

禁，全完者奏明请旨，均照二年全完减罪一等之例办理，该条规定等于宣布废除了官吏受财之不枉法赃及律载准枉法、不枉法论等的死刑，因而大大地减少了官吏受财死刑的适用。由于限内完赃，流徒以下免罪，官吏受财即使被查处，只要能在限内完赃，就可以不受处罚，因此，就大大地降低了官吏受财所面临的实际法律成本，从此以后，因受财而被处罚的官员就越来越少了，方面大员的处罚销声匿迹了，官吏受财处死刑的情况也就很难再见到了。该条例无疑等于告诉各级官员，受财是可以的，按时完赃就行了。该条例与其说是为了预防和减少官吏腐败，不如说是纵容官吏去腐败。从此以后，官吏的腐败就更加严重了，与此同时，衙役、长随、幕宾的危害也就更大了，清朝统治的根基就被彻底动摇了。宽待贪官，必然亡国。从此以后，清王朝就走上了一蹶不振的道路，再也没能振作起来。这实在是清朝立法史上的一大败笔，无疑等于自毁家门。

2. 严惩衙门蠹役、白役恐吓、索诈贫民及因恐吓、索诈而致毙人命

嘉庆朝衙门蠹役、白役诈赃致毙人命的问题非常严重，针对这一突出的社会问题，制定了更加严厉的处罚规定，体现了从重惩处衙门蠹役、白役诈赃的立法精神。

嘉庆六年定例，"内外大小衙门蠹役恐吓、索诈贫民者，计赃一两以下，杖一百。一两到五两，杖一百，加枷号一月。六两至十两，杖一百，徒三年。十两以上发近边充军，其因索诈致令责男鬻女者，十两以下亦照例充发。至一百二十两者，照枉法赃拟绞，为从分赃并减一等计赃，重于从罪，仍从重论，如吓诈致毙人命，不论赃数多寡，已未入手，拟绞立决，拷打致死，拟斩立决，若死系作奸犯科有干，例议之人系吓逼致自尽者，拟绞监候，拷打致死者，拟斩监候，为从并减一等"。

官吏受财，一两以下，杖七十；衙门蠹役恐吓、索诈贫民，一两以下，杖一百。

官吏受财，一两至五两，杖八十；衙门蠹役恐吓、索诈贫民，杖一百，加枷号一月。

官吏受财，一十两，杖九十；衙门蠹役恐吓、索诈贫民，六两至十两，杖一百，徒三年。

官吏受财，一十五两，杖一百；衙门蠹役恐吓、索诈贫民，十两以上发近边充军，其因索诈致令鬻男鬻女者，十两以下亦照例充发。

官吏受财，无禄人枉法一百二十两，绞；衙门蠹役恐吓、索诈贫民，一百二十两者，照枉法赃拟绞，如吓诈致毙人命，不论赃数多寡，已未入手，拟绞立决，拷打致死，拟斩立决。

通过从本条例规定与《大清律例》官吏受财规定的对比，可以发现其处罚明显加重。

本条例规定关于刑罚幅度的确定同时考虑了犯罪对象的特点、赃数多寡及诈赃所造成的其他社会危害后果，如致令鬻男鬻女、致毙人命、逼致自尽等，如果造成的其他社会危害后果更加严重的，赃数多寡在所不计，一律重处。该规定符合现行刑法意义上的罪责刑相适应原则，具有一定的合理性。

嘉庆十九年修定，白役诈赃毙命之案，除将白役照例拟抵外，如正役知情同行、在场帮索，及正役虽未同行而主使诈赃者，俱发极边足四千里充军，若正役仅止知情同行，并无吓逼情事者，仍照例杖一百，流三千里，其并未主使诈赃，亦未知情同行，但于事后分赃，即于白役死罪上减二等，杖一百，徒三年，赃多者计赃从重论，若并未分赃，及白役诈赃，并未致毙人命者，仍照私带白役例责革，加枷号两月。白役诈赃致毙人命，正身衙役，分别不同情况，予以轻重不同的处罚，虽然很严厉，但也充分考虑了正身衙役的主观心态、过错程度以及在犯罪过程中所起的作用、是否分赃，基本做到了处罚轻重与行为的主观恶性程度及客观的社会危害后果相适应。

3. 严惩长随、幕宾在各衙门招摇撞骗财物、舞弊诈财

嘉庆朝衙役、长随、幕宾的危害更加严重，已经成为社会的一大公害，针对长随、幕宾的严重危害，对长随、幕宾照衙门蠹役恐吓索诈十两以上例计赃治罪，体现了严惩劣幕、劣随的立法精神。嘉庆六年改定，如长随钻营上司引荐在各衙门招摇撞骗财物者，照衙门蠹役恐吓索诈十两以上例计赃治罪，幕宾钻营引荐，事后收受为事人礼物，尚非舞弊诈财者，计赃以不枉法论，照衙门书吏加等例治罪，如倚仗声势欺压本官、舞弊诈财者，亦照蠹役诈赃例计赃治罪。

4. 县总里书犯赃，照衙役犯赃拟罪

嘉庆十五年修改，"县总里书如犯赃入己者，照衙役犯赃拟罪，保人歇家串通衙门行贿者，照不系在官人役取受有事人财科断"。该规定进一步扩大了受贿罪的主体范围。

5. 书役赃酿命之案，该管官分别故意、过失进行处罚，过失，从轻处罚

嘉庆二十五年谕，嗣后督抚于失察书役赃酿命之案，如该管官有授意故纵，捏供规避者，仍据实严参，若止系失于觉察自行查拏究办者，定案时准其于折内声明，量予宽减。该规定体现了宽待官员的立法思想，虽然本着实事求是的精神，但实际操作起来，必然会为该管官员留下一条逃避自己责任的通道。嘉庆朝与贪官共天下，为贪官之考虑，真是无微不至。

（六）道光朝受贿罪的变迁

道光朝受贿罪的变迁继续循着嘉庆朝的思路，立法的重点仍然是惩治各衙门书吏、差役为害百姓的问题。道光朝吏治更加腐败，如出现了书役给新上任的州县官送卯规的现象；基层政府的管理秩序更加混乱，衙役更加胆大妄为，如出现了差役子侄亲属私代办公、差役因索诈不遂将传唤人犯私行羁押拷打陵虐的现象。针对这些新出现的问题，道光朝出台了一些新规定。道光帝有心整顿吏治，重申禁革陋规，但因遭到多数大臣反对，更兼本人懦弱、无能，并无新的更加严厉、具体的惩罚规定出台。道光朝受贿罪的变迁体现在以下几个方面。

1. 有关衙门差役诈赃的惩罚规定更加完善

具体表现在：（1）增加了衙门差役及其私代办公之子侄亲属非因诈赃倚势凌虐逼毙人命的惩罚规定。道光十三年议准，衙门差役非因诈赃，倚势凌虐，逼毙人命，照蠹役诈赃毙命例减一等，杖一百，流三千里。差役子侄亲属私代办公非因诈赃，逼毙人命，实发云贵、两广极边烟瘴充军。（2）道光十五年增加了差役因索诈不遂将传唤人犯私行羁押及私行羁押拷打陵虐的惩罚规定，差役有因索诈不遂，将奉官传唤人犯私行羁押拷打陵虐者，为首枷号两月，实发云贵、两广极边烟瘴充军，其仅止私行羁押并无拷打陵虐情事，为首杖一百，徒三年，为从各减一等。

2. 进一步完善了衙门书吏、差役舞文作弊、藉案生事扰民的惩罚规定，处罚力度有所增加

道光十八年议准，嗣后各衙门书吏、差役如有藉案生事、扰害平民者，依书役作弊之例，照平人加一等治罪。道光二十年修改，凡各衙门书吏、差役，如有舞文作弊，藉案生事扰民者，系知法犯法，俱照平人加一等治罪，受财者计赃从重论。

3. 完善程序立法，责令、奖励地方官员加大对衙蠹的查处力度，追究查处不力、拒不究办吏役舞弊、扰害、诈赃等案的官员的行政责任

具体表现在：（1）重申司道府州县查访衙蠹的责任，并奖励查处衙蠹有功的官员。道光十七年谕，嗣后除本管失察，衙蠹别经发觉，从重议处外，如前任有著名衙蠹，后任查出或有能查办邻境衙蠹，如罪应杖徒，每名著准其纪录一次，罪因军流，每名准其纪录二次，罪应斩绞，每名准其加一级。（2）追究拒不究办吏役舞弊、扰害、诈赃等案官员的行政责任。道光十八年议准，嗣后吏役中有犯舞弊、扰害、诈赃等案，控经本管官不肯究办，经上司审出者，本管官即照徇庇衙蠹例议处，控经上司或仍发原审或仍照原断别经发觉者，该上司即照扶同徇庇例议处。

4. 有心整顿吏治，重申禁革陋规，但因遭到多数大臣反对，并无新的更加严厉、具体的惩罚规定出台

（七）咸丰朝受贿罪的变迁

咸丰朝受贿罪的变迁继续循着嘉庆、道光朝的思路，立法的重点仍然是惩治各衙门书吏、差役为害百姓的问题。咸丰朝受贿罪的变迁体现在以下两个方面：（1）书差诈赃不论赃数多寡但致毙人命，绞决；拷打致死，斩决。咸丰五年奏准，嗣后书差索诈得赃之案，但经致毙人命，不论赃数多寡，于绞候例上从重加拟绞决，若拷打致死于斩候例上从重加拟斩决。（2）责令州县及其上司衙门严揭、严办藉端勒索规费的上司衙门书差。咸丰五年议准，嗣后解犯进省，如有上司衙门书差藉端勒索规费，诈该州县直揭上司衙门，立即严拿惩办，倘该州县瞻顾容隐，别经发觉，即将与者、受者一体严办，该上司徇隐不参，照徇庇例议处。咸丰朝受贿罪的变迁已经接近尾声，同治、

光绪朝受贿罪的变迁彻底停止了。

二、清代行贿罪变迁的历史考察

清代的行贿罪可以分为两类、三种,根据《大清律例》的规定可以分为两类:一是因事以财行求官员,即"事以财请求";二是非因事与官吏财物、礼物;另外还包括按照现行刑法的规定已不属于行贿罪的"正凶贿买顶凶之人"。

顺治朝对行贿罪的处罚发生了重大变化,加重对行贿罪的处罚是顺治朝行贿罪变迁的一个重要特点。顺治朝初期的立法就体现了对行贿与受贿的同等对待,如顺治元年定例,凡人犯事,用贿求免者,枷号、鞭责,受贿之人亦枷号,依盗罪鞭责,财物入官。若本管部内人役馈送礼物,与者、受者,俱问罪。顺治十五年明确规定了行财与受财同罚,以后历朝均延续了这一做法。顺治十五年定例:行财说事,计赃与受同罪。如系抑勒诈索者,与财人不坐。唐以来,有事以财请求,均以坐赃论,处罚轻于官吏受财,且区分枉法与不枉法,不枉法处罚又轻于枉法。行财与受财同罚不仅是行贿罪处罚的重大变化,是清代贿赂罪立法与以前各代的一个重大区别之一,也是我国惩贪法制史上的一个重大变化。迄今为止,世界上仍然有许多国家的刑法典规定行贿罪与受贿罪的处罚相同。

顺治十四年定,凡保人歇家串通衙役行贿害民事犯,照衙役一体治罪。康熙朝对顺治十四年的定例作了修改,保人歇家串通衙役行贿害民不再与衙役同样处罚。康熙十二年题准,保人歇家与衙役不同,其犯事治罪照不系在官人役受有事人财律条科断。

雍正朝重新确认了行财与受同科,并就有禄人与无禄人作了区分,无禄人行财减一等处罚。雍正十二年刑部议准:嗣后以财行求,照例与受财人同科,有禄人概不减等,无禄人各减一等。

乾隆朝五年对顺治、雍正朝关于行贿罪的规定进行了修并,但内容并无多大变化。乾隆五年增定,凡有以财行求及说事过钱者,审实皆计所与之赃,与受财人同科,仍分有禄无禄,有禄人概不减等,无禄人各减一等,如抑勒诈索取财者,与财人及说事过钱人俱不坐,至于别项馈送,不系行求,仍照例拟罪。乾隆三十一年定例扩大了贿赂罪的范围,将按照现行刑法的规定已不属于贿赂的顶凶之人接受正凶的财物以枉法论,使得并非因职务行为收受财物,也按官吏受财论处。这一规定明显混淆了职务犯罪与非职务犯罪,与其说是进步,不如说是立法上的退步、一大败笔。这一规定也为嘉庆朝明确规定正凶贿买顶凶之人属于行贿作了铺垫。乾隆三十一年议准,嗣后亲属相杀,尊长卑幼代为顶凶之案,凡属有关于避重就轻者,除将本犯照例拟议外,将顶凶之尊长卑幼,即照所顶之罪全科,至死减一等问拟,若无关于避重就轻,而有犯尊长卑幼代为顶凶者,均减本犯之罪二等问拟,以上再如有受贿情弊,仍均计赃,以枉法从重科断。

嘉庆六年续纂条例时明确了正凶贿买顶凶之人属于行贿,与接受正凶的财物的受贿顶凶之人,同科。这样行贿罪的犯罪类型又增加了一种,正凶行贿顶凶之人,该规定在当前已没有实际意义。

三、清代贪污贿赂犯罪变迁的路径与特点

(一)清代贪污贿赂犯罪变迁的路径及惩贪立法的经验

清朝入关之初,顺治帝发布了准用明律的谕令,顺治四年颁行的《大清律集解附例》关于惩贪的律文大多沿袭明律。顺治帝非常欣赏明太祖朱元璋严惩贪吏的做法,亲政后在严惩贪吏的思想指导下,颁行了数个比明律的惩贪规定更加严厉的新例。康雍乾时期惩贪规定总体上较严,嘉庆以后,由于把追赃放在比惩贪更加重要的位置上,只要按条例规定完赃,就可以减等,甚至可以免罪,即使不能按条例规定完赃,也只是永远监禁而已,贪污受贿面临的实际处罚明显降低了。从唐以来各个王朝的惩贪立法看,前期惩贪立法严,处罚重,死刑适用多,而中后期伴随着一个王朝由盛转衰,惩贪立法逐渐变宽,处罚变轻,死刑适用明显减少。总结历史,可以发现,严惩贪污贿赂,一个王朝就走向兴盛,宽容、放纵贪污贿赂,一个王朝就走向衰落。惩贪立法不能时宽时严,宽严相济,一个王朝的初期固然需要严惩贪污贿赂,从根本上改变前朝晚期严重腐败的局面,创造盛世,而一旦出现了盛世局面,并不意味着可以宽待贪官污吏,可以放松对贪官污吏的惩罚。遗憾的是,在

历史上各个王朝在中期以后都无法做到像前期一样严惩贪污贿赂，有相当一部分皇帝试图用宽，结果好不容易创造的政治清廉局面，很快就毁于一旦。乾隆朝初期实行宽政，结果不到五六年时间，雍正朝创造的政治清廉局面就一去不复返了，乾隆帝对大臣们说朕想实行宽政，但是你们逼得朕不得不用严，于是乾隆六年以后，陆续颁行惩贪新例，加大了惩贪力度，乾隆中期以后又复用宽，惩贪力度明显减小，贪风又猛烈起来，乾隆晚年后悔自己没有严惩贪污贿赂，发出"金斧一日不加、贪风一日不止"的感叹。历史的经验告诉我们，惩治贪污贿赂必须始终用严。

（二）清代贪污贿赂犯罪变迁的特点

清代贪污贿赂犯罪变迁具有以下特点。

（1）犯罪主体扩大，罪名增多，内容进一步明确、具体和完善。

（2）刑事实体规范惩罚加重或减轻不断调整。①顺治朝加重了对官员、蠹役贪赃、中官受贿、行贿的惩罚。②康熙朝加重了对衙役诈赃的惩罚。康熙朝中期以后亏空钱粮处罚加重。③雍正朝加大了对挪移钱粮、以财行求、说事过钱的惩罚力度。④乾隆朝初期侵盗钱粮改重为轻，中期以后又改轻为重。

（3）送礼犯罪化。①康熙朝官员私相馈送给予行政处罚。②乾隆朝送礼犯罪化。

（4）刑罚执行规范时而加重，时而趋缓。①顺治朝加大了对贪官的执行力度。②康熙朝进一步完善了执行制度。③乾隆朝初期执行规范力度趋缓，中期执行规范力度加大。

（5）程序规范更加严密、更加严厉。①顺治朝严格反贪程序，追究道府厅开报不实，承问官受私出脱，督抚、巡按不先指名纠参的责任。②康熙朝进一步严格反贪程序。康熙十二年定清理钱粮应严新旧官交代以防侵欺透冒、那移垫解等弊例。③雍正元年二月己卯定革职勒限追还亏空钱粮例。④乾隆朝外省大计八法官员，内如贪酷二款，既有实迹，例应特疏题参，另行审结。

（6）对失察衙役犯赃官员的行政处罚日趋完善。

（7）官役、白役等品外人役犯赃立法日趋完善、严厉。

清朝官役犯赃非常严重，从顺治朝开始严惩贪赃官役就是立法的重要内容之一。每一个朝代的立法均涉及贪赃官役的问题，重惩贪赃官役是清代受贿罪立法的一个重要特点，而且有越来越重的趋势。清朝除了贪赃官役以外，白役的危害也很大，而且有危害越来越大的趋势，雍正朝已经出现了白役危害问题，就有惩治官役私带白役及白役犯赃的规定；嘉庆朝时白役危害更加严重，立法有关于白役诈赃致毙人命的规定，而道光朝时出现了差役子侄亲属私代办公的现象，立法有关于差役子侄亲属私代办公逼毙人命的规定。清朝除了官役、白役的危害以外，官员家人，官员私聘幕宾、私雇长随的危害也是不容忽视的。雍正朝的立法就有关于官员随役家人私自索取的规定，到了乾隆朝官员家人、私聘幕宾、私雇长随的危害已经非常严重了，乾隆朝的立法扩大了"家人索取"之家人的范围，并对长随索诈、幕宾借势妄为予以严惩。到了嘉庆朝长随、幕宾在各衙门招摇撞骗财物、舞弊诈财的问题更加突出，惩罚更重。遗憾的是，清朝对这些没有官员身份但却具有一定实际权力的数量极为庞大的编外人员，除了严惩之外，并无别的管束办法。这些人没有正式俸禄，社会地位也比较低，清朝政府无疑对他们的生存状况没有给予更多的关注，宋代对这些人处罚虽然很重，但也给予了重禄，清朝给予他们的是越来越重的处罚，尽管处罚很重，但是，并没能有效地预防和减少这些无官员身份但实际上分享了一部分官员权力、拥有一定事权、可以利用官员权力影响的人员利用职务之便索取、勒索财物。这些人员的受贿不但得不到预防和减少，而且乾隆朝以后危害反而越来越大，从根本上动摇了清朝的统治地位。乾隆朝以前的立法既重视惩治官役，也重视惩治官吏受财，而且本着大法小廉的治国理念，对官吏受财惩罚更重，在惩治官役的问题上，重点也放在了对失察衙役犯赃的官员责任的追究上。乾隆朝惩治官役、官员家人、官员私聘幕宾及私雇长随的立法明显增多，但乾隆朝惩治官吏受财仍然是重点。嘉庆朝是清朝惩治贿赂犯罪的重要转折点，嘉庆朝除了和珅案以外，惩治高官的大案很少，相反，惩罚的重心下移到了官役、白役等最底层的执法人员。从此，再也没有出台严惩官吏受财的规定，对于中高层官吏而言，更多地运用行政处罚手段。清朝统治后期，"只打蚊子不打老虎"，惩贪立法的重点转移到了官役、白役等最底层的执法人员，而且立法越来越重，但是，吏治不但没有好转，而且越来越坏，最终无可救药，其历史经验很值得我们深思、借鉴。

四、《大清律例》等清代法律文献关于贿赂罪的规定

上文已对清代贿赂罪的变迁作了纵向考察，《大清律例》与上文相同的内容将只提及，不再展开论述，本部分将把《大清律例》与《大明律》关于贿赂罪的规定进行横向对比，通过比较以求加深对《大清律例》关于贿赂罪规定的认识，并探求其特点。从法律形式上看，《大清律例》采用律例合编、律后附例的格式，而《大明律》律后不附例。下面将对清代贿赂罪的几种形式分别予以考察。

（一）《大清律例》关于官吏因事受财罪的规定

官吏因事受财罪，从犯罪主体的角度看，《大清律例》的律文部分沿用了《大明律》关于区分有禄人、无禄人，对有禄人的处罚重于无禄人，无禄人减有禄人一等的做法。针对本朝书吏、衙役人等犯赃非常严峻的现实，清朝制定了大量的条例附在律文之后，这些条例大多是关于特殊主体因事受财的特别处罚规定及一些传统上不按官吏对待的人因事受财按官吏受财处罚的规定，这实际上等于扩大了官吏受财的主体范围，形成了事实上的一般主体受贿罪与特殊主体受贿罪的分野。一般主体受贿罪适用律文及针对所有官吏的共同条例，特殊主体受贿罪适用针对该特殊主体而制定的条例。从犯罪客观方面的规定看，《大清律例》与《大明律》基本相同，从收受贿赂以后是否枉法裁判的角度分为枉法与不枉法，枉法处罚重于不枉法，不枉法按照收受贿赂全部金额的一半定罪量刑；从收受贿赂的时间角度分为官吏受财与事后受财，事后受财处罚轻于官吏受财；从承诺给予还是实际给予的角度分为官吏听许财物与官吏受财，官吏听许财物实际处罚轻于官吏受财，也轻于事后受财。另外，《大清律例》袭用了《大明律》的做法，介绍贿赂者，有禄人减受钱人一等；无禄人，减二等，罪止杖一百、徒二年，有赃者，计赃从重论；军人收受公侯财物者，不按官吏受财论处，而是单独构成军人受贿罪，单独处罚；风宪官吏因其职司法律监督，收受财物、接受馈送，比其余官吏，

加重二等处罚。

1. 官吏收受财物

《大清律例》关于官吏收受财物的一般规定，即一般主体受贿罪分以下五种情况。

(1) 官吏受财

《大清律例》规定："凡官吏因枉法、不枉法事受财者，计赃科断，无禄人，各减一等；官追夺除名，吏罢役，赃止一两。俱不叙用。说事过钱者，有禄人减受钱人一等，无禄人减二等，如求索、科敛、吓诈等赃。及事后受财过付者，不用此律。罪止杖一百，徒二年；照迁徙比流减半科罪。有赃者，过钱而又受钱。计赃从重论。若赃重，从本律。"清代律学家沈之奇作了 [律上注]："官吏犯赃有新例，不分有禄、无禄。衙役犯赃十两以上，照新例流徒。十两以下，仍照律科断。说事过钱有新例，与受钱人同科。此条专论赃罪，若不受财而有枉法之事，则有失出入、故出入之律。必是受财在先，判断枉法、不枉法在后，乃合此律。若许而未受，则有听许财物之条。若先判断而后受财，则有事后受财之条。"① [律上注]："凡官吏因事受财者，当与故出入人罪参论。如受财罪轻，而出入罪重者，则当从重论。说事过钱当串讲，所说之事，即过钱之事也。若为关说事情，而不及财贿，则是嘱托矣。若止说事，而有事人自过钱，亦当别论。官吏受赃，必因其事，又必受在事前，而过钱人始问此律。过钱不论多少，即徒二年。"②

《大清律例》官吏受财的规定比《大明律》更加详细、明确、精准。《大清律例》官吏受财在《大明律》的基础上添加一些更加具体的规定，实际操作性更强了。官追夺除名、吏罢役之后，增加了赃止一两的规定。关于说事过钱的规定也更加丰富了，"如求索、科敛、吓诈等赃及事后受财过付者，不用此律。罪止杖一百，徒二年；照迁徙比流减半科罪。有赃者，过钱，而又受钱，计赃从重论。若赃重，从本律"。对于有禄人作了限定，即月俸一石以上者。枉法赃各主者，通算全科。谓受有事人财，而曲法处断者，受一

---

① 沈之奇：《大清律辑注（上）》，法律出版社2000年版，第849页。
② 同上书，第856页。

人，固全科；如受十人财，一时事发，通算作一处，亦全科其罪。若犯二事以上，一主先发，已经论决，其他后发，虽轻若等，亦并论之。对于无禄人也作了限定，即月俸者不及一石者，枉法之后增加了扶同听行及故纵之类，一百二十两，绞，增加了"监候"二字。

枉法不枉法计赃单位改"贯"为"两"，而且"枉法不枉法赃皆绞"，并在"绞"字前面添加了一个"实"字，"绞"字后面添加了"监候"两个字。清代律学家沈之奇指出，"受赃之事，魏有请赇律，晋有受赇律，周、隋皆曰请求。余代多附见于他律。至明类为受赃一篇。国朝改枉法、不枉法赃皆死，所以惩贪也。复厘正其前后次序"。① "六赃内，惟枉法赃最罪重，以执法之人而贪利曲断，则法不行乎上矣，故计赃之法独严。不枉法注内不言先发论决、后发并论，则先发已论决、后发重者，应再论；轻若等者，止追赃，不并论矣。旧律枉法、不枉法满数之绞，皆是杂犯，准徒五年，今为真绞，所以惩官吏之贪也。别律以枉法、不枉法论者，至死皆同。"② 我国近代著名法学家杨鸿烈先生指出，"《大清律例》卷三十一《刑律·受赃》大致同《大明律》，惟计赃的数目名称改'贯'为'两'而已。又'枉法不枉法赃皆绞'与《大明律》稍有不同"。③

有禄人枉法赃《大明律》以贯（1贯等于1两银圆）为单位，把枉法赃分了13个等级；《大清律例》以银圆为单位，把枉法赃也分了13个等级。如表3-1所示。

表3-1　《大清律例》与《大明律》枉法赃科断量刑幅度之比较

《大明律》	《大清律例》
一贯以下，杖七十	一两以下，杖七十
一贯以上至五贯，杖八十	一两至五两，杖八十
一十贯，杖九十	一十两，杖九十

---

① 沈之奇：《大清律辑注（上）》，法律出版社2000年版，第849页。
② 同上书，第857、858页。
③ 杨鸿烈：《中国法律发达史》，中国政法大学出版社2009年版，第530页。

(续表)

《大明律》	《大清律例》
一十五贯，杖一百	一十五两，杖一百
二十贯，杖六十，徒一年	二十两，杖六十，徒一年
二十五贯，杖七十，徒一年半	二十五两，杖七十，徒一年半
三十贯，杖八十，徒二年	三十两，杖八十，徒二年
三十五贯，杖九十，徒二年半	三十五两，杖九十，徒二年半
四十贯，杖一百，徒三年	四十两，杖一百，徒三年
四十五贯，杖一百，流二千里	四十五两，杖一百，流二千里
五十贯，杖一百，流二千五百里	五十两，杖一百，流二千五百里
五十五贯，杖一百，流三千里	五十五两，杖一百，流三千里
八十贯，绞	八十两，实，绞

有禄人不枉法，赃各主者，通算折半科罪。增加了虽受有事人财，判断不为曲法者，如受十人财，一时事发，通算作一处，折半科罪。一主者，亦折半科罪。准半折者，皆依此。《大明律》把不枉法赃分了13个等级，《大清律例》把不枉法赃分了14个等级。如表3-2所示。

表3-2 《大清律例》与《大明律》不枉法赃科断量刑幅度之比较

《大明律》	《大清律例》
一贯以下，杖六十	一两以下，杖六十
一贯之上至一十贯，杖七十	一两之上至一十两，杖七十
二十贯，杖八十	二十两，杖八十
三十贯，杖九十	三十两，杖九十
四十贯，杖一百	四十两，杖一百
五十贯，杖六十，徒一年	五十两，杖六十，徒一年
六十贯，杖八十，徒一年半	六十两，杖七十，徒一年半
七十贯，杖八十。徒二年	七十两，杖八十，徒二年
八十贯，杖九十，徒二年半	八十两，杖九十，徒二年半
九十贯，杖一百，徒三年	九十两，杖一百，徒三年

(续表)

《大明律》	《大清律例》
一百贯，杖一百，流二千里	一百两，杖一百，流二千里
一百一十贯，杖一百，流二千五百里	一百一十两，杖一百，流二千五百里
一百二十贯，罪止杖一百，流三千里	一百二十两，杖一百，流三千里
	一百二十两以上，实，绞，监候
无禄人，枉法	无禄人，枉法
一百二十贯，绞	一百二十两以上，实，绞，监候
无禄人，不枉法	无禄人，不枉法
一百二十贯之上，罪止杖一百，流三千里	一百二十两以上，罪止杖一百，流三千里

区分枉法赃与不枉法赃，无论受赃枉法还是不枉法都构成犯罪，但不枉法受赃的社会危害性明显小于枉法赃，因此不枉法赃处罚轻于枉法赃。这种制度设计至少从南朝陈开始（按沈家本的观点在《吕刑》中就有了），南朝以后历朝沿用不断且日益完善，只是在清朝灭亡以后才不传，即使从南朝算起也有1500多年的历史，这种设计具有永恒的价值，具有一定的合理性，是中华传统法文化的精华。当今世界许多国家的刑法中也区分枉法受贿与不枉法受贿，对枉法受贿的处罚重于不枉法受贿。中国台湾地区的所谓"刑法"中仍然体现了传统法中区分枉法受贿与不枉法受贿的做法。这显然是我国现行刑事立法应当继承并发扬光大的法统，遗憾的是，这种法律思想在当代中国本土刑法中已经不传了，这不能不说是一种失误，今后刑事立法中应当体现古代法的这种思想，创造性地运用到当代刑法中。

《大清律例》除了对官吏受财的专门规定外，户律有六个罪名规定了以枉法从重论，捕亡律有四个罪名规定了以枉法从重论，律断狱有八个罪名规定了以枉法从重论。《大清律例》卷八户律，赋役不均规定，"凡有司科征税粮及杂泛差役，受财者，计赃，以枉法从重论"[1]。隐蔽差役规定，"凡豪民有力之家，不资工食，令子孙弟侄跟随官员，隐蔽差役，官员受财者，计赃，

---

[1] 《大清律例》，法律出版社1999年版，第181页。

以枉法从重论"①。《大清律例》卷九户律,检踏灾伤田粮,"官吏里甲受财检踏开报不实,以致枉有征免者,并计赃。以枉法从重论"②。《大清律例》卷十一户律收粮违限,"官吏里长受财而容拖欠者,计所受赃,以枉法从重论"③。《大清律例》卷十二户律,隐瞒入官家产,"凡抄没人口、财产,受财者,计赃,以枉法各从重论;以枉法之重罪论,分有禄、无禄"④。《大清律例》卷十五户律市司评物价,"受赃犯之财估价轻,受事主之财估价重者,计赃,以枉法从重论"⑤。《大清律例》卷三十五刑律捕亡,应捕人追捕罪人,"承官差有受财故纵者,各与囚之罪重者同罪,所受之赃重于囚罪者,计赃全科。以无禄人枉法从重论"⑥。徒流人逃,"配所主守及途中押解人,受财者,计所受赃,以枉法从重论。赃罪重,以枉法科之,纵罪重,仍以故纵科之"⑦。稽留囚徒,"押解人,受徒、流、迁徙、充军囚徒财,稽留囚徒,计赃,以枉法从重论"⑧。主守不觉失囚,"提牢官、狱卒、官典,受财故纵者,计赃,以枉法从重论"⑨。《大清律例》卷三十六刑律断狱,应囚禁而不囚禁,"若鞫狱、司狱、提牢官典、狱卒受财而故为操纵轻重者,并计赃,以枉法从重论。有禄人,八十两律绞"⑩。凌虐罪囚,"狱官、禁卒,重罪私用轻锁,受贿者,照枉法从重论"⑪。与囚金刃解脱,"若狱卒、提牢、司狱官、典,受财者,计赃,以枉法从重论。赃重论赃,赃轻论本罪"⑫。主守教囚反异,"若狱官、典、卒受财者,并计入己赃,以枉法从重论"⑬。《大清律例》卷三十七刑律断狱下,检验尸伤不以实,"若官吏仵作受财,故检验不以实致罪

---

① 《大清律例》,法律出版社1999年版,第183页。
② 同上书,第192页。
③ 同上书,第217、218页。
④ 同上书,第247、248页。
⑤ 同上书,第269页。
⑥ 同上书,第541页。
⑦ 同上书,第547页。
⑧ 同上书,第550页。
⑨ 同上书,第551页。
⑩ 同上书,第559、560页。
⑪ 同上书,第565页。
⑫ 同上书,第568页。
⑬ 同上书,第569页。

有增减者，以故出入人罪论。赃重于故出、故入之罪者，计赃，以枉法各从重论。止坐受财检验不实之人"①。决罚不如法，"若受财而决不如法，决不及肯者，计赃，以枉法从重论"②。徒囚不应役，"若徒囚年限未满，监守之人故纵逃回及容令雇人代替者，纵容之人受财者，计赃，以枉法从重论"③。吏典代写招草，"经承书吏，受财，更改、增删供词，计赃，以枉法从重论"④。《大清律例》卷三十一刑律受赃，在官求索借贷人财物，"监临官吏接受所部内馈送土宜礼物，若因事在官而受者，计赃，以不枉法论"⑤。

（2）事后受财

事后受财，与官吏受财之真犯枉法、不枉法赃不同，准枉法、不枉法论，实际处罚轻于官吏受财，不在除名之例，罪止杖一百、流三千里。

《大明律》规定："凡有事，先不许财，事过之后而受财，事若枉断者，准枉法论；事不枉断者，准不枉法论。"《大清律例》规定："凡官吏有承行之事先不许财，事过之后而受财，事若枉断者，准枉法论；事不枉断者，准不枉法论。无禄人各减有禄人一等。风宪官吏仍加二等。若所枉重者，仍从重论。官吏俱照例为民，但不追夺诰敕。律不言出钱过钱人之罪，问不应从重可也。"⑥

《大清律例》关于事后受财的规定比《大明律》更加完善，明确了事后受财的主体是官吏，属于因事受财的一种，增加了关于无禄人、风宪官吏、出钱过钱人事后受财的规定，并对官吏事后受财枉法较重的情况及行政处分做了规定。

清代律学家沈之奇对事后受财做了精辟解释。［律后注］："前枉法、不枉法赃，是受在事之前者，然充官吏贪赃之类，必有受于事之后者。凡人有事在官，先未许送官吏财物，及归结事过之后，有事人以财物馈送，因而受之，此比受于有事之先者有间，亦与受于无事之时者不同。与非无故，受亦

---

① 《大清律例》，法律出版社1999年版，第591页。
② 同上书，第594页。
③ 同上书，第599页。
④ 同上书，第602页。
⑤ 同上书，第502页。
⑥ 同上书，第499页。

有因，贪贿则不廉，市恩则不公，故必察其以前所断之事，计其过后所受之赃，若于法有所枉者，准枉法论；若于法无所枉者，准不枉法论。若有枉断，出入之罪重于赃罪，仍从重论。官吏照行止有亏例，罢职役为民，但不追夺诰敕，以受在事后而原之也。出钱、过钱人，止问不应从重者，在于事过之后，则出钱非以行求，过钱未当说事，得以末减也。"① ［律上注］：事后受财有新例。"'先不许财'四字须重看。若先许财而后未受，是听许财物矣。先许财而后受之，即应照官吏受财科断，盖先未许，则枉不枉原无成心，先已许定，则先有受财之心，后有受财之实，先受后受无异也。若说事人许财于先，过钱于后，亦应照说事过钱论。事后受财律轻于官吏受财者，止至死减一等耳。其严如此，所以惩贪墨也。凡问枉法赃，必较所枉之罪从重论。先受财枉法，应照故出入人罪；事后受财，应照失出入人罪。彼受于事前，断事时必有偏徇与财人之意，是有心曲断；此受于事后，断事时尚不知有馈财之人，是无心过误也。"②

（3）官吏听许财物

明代以前的律例没有关于官吏听许财物的明确规定，《唐律》虽规定"有所请求"，但有所请求并未明言许诺财物，不过"有所请求"潜在地具有发展成官吏听许财物的可能性，《大明律》第一次明确规定了官吏听许财物，但并未继承《唐律》"有所请求"的规定，官吏听许财物从何而来，很难考证，但很有可能与《唐律》"有所请求"有关，有所请求，许诺或者允诺给官吏财物，但先不与财，事成之后，与财，官吏接受了将来与财的许诺或者允诺，即官吏听许财物，用现代刑法的语言讲，即承诺受贿。承诺受贿，因未实际收受，因此，明、清律均规定，不按官吏受财之真犯枉法、不枉法论处，而是准枉法、不枉法论，处罚轻于官吏受财，事后受财，受财虽在事后，但毕竟实际收受了财物，承诺受贿则没有实际收受了财物，因此，处罚也轻于事后受财，减官吏受财一等处罚，不在除名之例，罪止杖一百、徒三年。

《大明律》规定："凡官吏听许财物，虽未接受，事若枉者，准枉法论；

---

① 沈之奇：《大清律辑注（上）》，法律出版社2000年版，第863、864页。
② 同上书，第864页。

事不枉者，准不枉法论，各减一等。所枉重者，各从重论。"《大清律例》全盘继承了《大明律》规定，并在此基础上有所发展，添加了一些新内容，例如，听许财物必须有显迹、有数目，使其更加丰富、具体、明确，更具有可操作性。《大清律例》规定，"凡官吏听许财物，虽未接受，事若枉者，准枉法论；事不枉者，准不枉法论；各减受财一等。所枉重者，各从重论。必自其有显迹，有数目者，方坐。凡律称准者，至死减一等，虽数满，亦罪止杖一百，流三千里。此条既称枉法论，又称减一等，假如听许准枉法赃满数，至死减一等，杖一百、流三千里，又减一等，杖一百，徒三年，方合律。此正所谓犯罪得累减也。此明言官吏，则其余虽在官之人，不用此律。条例：听许财物，若甫经口许，赃无确据，不得概行议追。如所许财物封贮他处，或写立议军文券，或交与说事之人，应向许财之人追取入官。若本犯有应得之罪，仍照律科断。如所犯本轻或本无罪，但许财营求者，止问不应重律。其许过若干、实交若干者，应分别已受、未受数目计赃，并所犯情罪，从重科断。已交之赃，在受财人名下着追；未交之财，仍向许财人名下著追。"①

清代律学家沈之奇为此做了注释。[律后注]："前枉法、不枉法赃，是因事而已受者，然充官吏贪赃之类，必有听许而未受者。凡官吏有推问之事，犯事人许送财物，因而听从，徇其所请，为之施行，虽未接收入手，亦已薰染于心。律贵诛心，其心贪污，即是罪案，计其所许之数，论其应得之罪。事有所枉者，准枉法论；事无所枉者，准不枉法论，各减一等，原其未得也。无禄人又减有禄人一等。若满数至死者，有禄人通减二等，无禄人通减三等。其枉法者，既有所枉之法，即有枉法应得之罪，将所枉与听许二罪，权其轻重，各从重者论。此条止是听许，未有财物而悬坐以赃，故注曰：'必有显迹、数目者，方坐'。若无显迹，则无凭据；若无数目，何以计赃？不得概拟此律也。满数至死减等者，注内甚明，盖准罪至死减一等，乃一定之通例。本条准罪有减等者，即于减一等上累减，亦一定之通例。但未至死罪，则止

---

① 《大清律例》，法律出版社1999年版，第500页。

照本律论减耳。"①［律上注］："前条受财在于事后，而事前则未许也，其枉法、不枉法，均非有心。此条听许在于事前，而事后则未受也，其枉法、不枉法，已有成见。乃前重此轻者，以无实赃也。前是因赃而追论其事以定罪，此是因事而虚坐其赃以定罪，故继之曰：'所枉重者，各从重论'也。若先听许，后接受；先说事，后过钱，自照官吏受财本律。"②官吏听许财物，依律拟罪，不问为民。以其未接受也。［例上注］："或曰：罪至杖一百，仍照名例革职役。非也。例定于律后，从例则不从律，犹本律所无，不得引他例也。不问为民，则罪得折赎可知。"③

当代中国刑法不处罚承诺受贿，但是，世界上大部分国家的刑法处罚承诺受贿，《联合国反腐败公约》也要求处罚承诺受贿。为了更好地预防贿赂犯罪，我国现行刑法应当在继承清代法的基础上，完善承诺受贿立法。

（4）风宪官吏受财

风宪官吏，按现在的理解，即专门从事法律监督、执法执纪的国家工作人员，风宪官吏受财加重处罚的规定最早见于元代，《元史·刑法志》（职制上）规定："诸风宪官吏但犯赃，加等断罪，虽不枉法亦除名。"④《大明律》继承了元律的规定，在刑律受赃中专列一条风宪官吏犯赃规定，凡风宪官吏受财，各加其余官吏罪二等。《大清律例》沿用了《大明律》的做法，也在刑律受赃中专列一条，并在明律规定的基础上添加了加重处罚的最高限度及风宪官吏无禄者按无禄人受财处罚的规定。《大清律例》："凡风宪官吏受财，各加其余官吏受财以下各款罪二等。加罪不得加至于死。如枉法赃须至八十两方坐绞，不枉法赃须至一百二十两之上方坐绞。风宪官吏无禄者，亦就无禄枉法、不枉法本律断。"⑤清代律学家沈之奇为其做了注解。［律上注］："风宪官职任纠察，既犯赃罪，何以肃人？宜有加等之法。此条乃风宪官吏

---

① 沈之奇：《大清律辑注（上）》，法律出版社2000年版，第865、866页。
② 同上书，第866页。
③ 同上书，第867页。
④ 中国政法大学古籍整理研究所：《中国历代刑法志注译》，吉林人民出版社1994年版，第648页。
⑤ 《大清律例》，法律出版社1999年版，第504页。

犯赃之通例。"①［律后注］："宪者，法也，执法不扰，则群僚承风摄服，故曰风宪。受财，兼因事、不因事两项。因事，则官吏受财枉法、不枉法是也。凡风宪官吏受财，各照本律，加其余官吏罪二等科断。以其职司风宪，身犯贪污，其行重者，其罚亦重，故罪应加等也。"②

风宪官吏犯赃，即专门从事法律监督、执法执纪国家工作人员受贿加重处罚的做法，没有被我国现行刑法所继承，但是，当今世界仍有不少国家加重对高级官员、司法官员受贿的处罚，如德国刑法规定了法官受贿加重处罚。

（5）内外武官私受公侯财物

内外武官私受公侯财物作为受贿罪的一种，即军人受贿罪，明以前未见有相关规定，最早见于《大明律》，《大清律例》继受了《大明律》的规定，并做了一些修改，如犯罪主体没有向《大明律》那样一一列举，而是用来一个概括性的词语，内外武官，因清朝不使用宝钞，把《大明律》犯罪对象中的"宝钞"删除，另外，公侯与者《大明律》规定，初犯、再犯，免罪附过，而《大清律例》取消了附过的规定，并对"再犯，处死"进一步解释为"再犯加之监候绞，以其干系公侯伯，应请自上裁"。③ 内外武官私受公侯财物作为一种特殊的受贿罪，现在已经失去了生命力，当代中国社会已经没有公、侯、伯这些在政治上享有特权的人物。现行各国刑法也很少专门规定军官受贿罪，中国刑法也无类似规定。

2.《大清律例》关于官吏收受财物的特别规定

（1）出差巡察人员收受门包；（2）在官人役受贿罪；（3）县总里书犯入己赃。"县总里书如犯赃入己者，照衙役犯赃拟罪，不准折赎"④；（4）白役犯赃。"白役犯罪，照衙役犯赃例治罪。正身衙役知情、同行者，与同罪。不知情、不同行者，不坐"⑤；（5）贪赃官役流刑的执行方法。"贪赃官役罪至死，而免死减等发落，及罪不至死、拟流者，并发川陕边省，令该督抚按

---

① 沈之奇：《大清律辑注（下）》，法律出版社2000年版，第879页。
② 同上书，第878页。
③ 《大清律例》，法律出版社1999年版，第506页。
④ 同上书，第496页。
⑤ 同上。

其原罪定地远近，安插为民"①；（6）贿卖书役；（7）官吏因事受财，完赃减等。"官吏因事受财、贪婪入己，审明枉法不枉法，及律载准枉法、不枉法论等，赃果于一年限内全完，死罪照原拟减一等，改流；军、流以下各减一等发落。倘限内不完，死罪仍照原拟监追，流罪以下即行发遣。其应追赃物照例勒追完结。"②后来又做了修改，"官员贪赃，审系枉法，入己者，虽于限内全完，不准减等。其不枉法赃，及准枉法论、并坐赃致罪等项，仍照定例办理。"

（二）《大清律例》关于官吏非因事收受财物、礼物罪的规定

按照《大清律例》的规定，官吏非因事收受财物、礼物罪主要指三种情况：第一种，坐赃致罪，非因枉法、不枉法之事而受人之财；第二种，在官求索借贷人财物，监临官吏接受所部内馈送土宜礼物，出使人受馈送，风宪官吏受馈送；第三种，去官收受旧部内财物。

现存我国古代法律文献中最早规定"坐赃致罪"的是《唐律》，但《唐律》坐赃致罪规定在杂律，不属于职务犯罪，是指非监临主司而因事受财者，即庶民百姓因事受财。《大明律》坐赃致罪虽仍然沿用《唐律》坐赃致罪之名，但内涵上有重大变化，《大明律》由于取消了《唐律》中的受所监临财物罪名，把《唐律》中的受所监临财物所指的情况归并到了坐赃致罪之名下，于是《大明律》之坐赃致罪就有了两层含义：第一层是，官吏非因公事受财；第二层是，非官吏，即庶民百姓因事（非公事）受财。坐赃致罪的犯罪主体，既包括官吏，也包括庶民百姓。另外，官吏非因公事受财又分为两种情况：有入己赃，即实受；无入己赃，即虚受。其中无入己赃的情况，不属于现代刑法意义上的受贿。

《大明律》坐赃致罪，凡官吏人等，非因事受财，坐赃致罪。各主者通算，折半科罪。与者，减五等。谓如被人盗财，或殴伤，若赔偿及医药之外，因而受财之类，各主者并通算，折半科罪。为两相合同取与，故出钱人减受钱人罪五等。又如擅科敛财物，或多收少征，钱粮虽不入己，或造作虚费人

---

① 《大清律例》，法律出版社1999年版，第496页。
② 同上书，第498页。

工物料之类，凡罪由此赃者，并名为坐赃致罪。从上述条文可知，被人盗财，或殴伤，若赔偿及医药之外，因而受财之类，属于庶民百姓因事（非公事）受财。按现行中国刑法不属于职务犯罪，而有点类似于现行中国民法上的不当得利；擅科敛财物，或多收少征，钱粮虽不入己，或造作虚费人工物料之类，无入己赃，即虚赃，按现行中国刑法的规定不属于受贿，而有点类似于滥用职权、玩忽职守罪；只有官吏非因事受财，坐赃入己致罪，属于现代刑法意义上的受贿行为。

《大清律例》全盘继承了《大明律》关于坐赃致罪的规定，并做了一些补充规定，关于虚赃的规定列举的内容增加一些，例如，收钱粮税粮斛面，及检踏灾伤钱粮，与私造斛斗秤尺各律所载虽不入己；添加了关于无入己赃的情况下官吏的行政处分及出钱人的处罚规定，官吏坐赃，若不入己者，拟还职役，出钱人有规避事重者，从重论。

《大清律例》卷三十一刑律受赃坐赃致罪，"凡官吏人等，非因枉法、不枉法之事而受人之财，坐赃治罪；各主者，通算折半科罪；与者，减五等。谓如被人盗财或殴伤，若赔偿及医药之外因而受财之类。各主者，并通算折半科罪。为两相和同取与故出钱人减受钱人罪五等。又如擅科敛财物，或多收少征，如收钱粮税粮斛面，及检踏灾伤钱粮，与私造斛斗秤尺各律所载虽不入己，或造作虚费人工物料之类，凡罪由此赃者，皆名为坐赃致罪。官吏坐赃，若不入己者，拟还职役，出钱人有规避事重者，从重论"。[1] 清代律学家沈之奇对坐赃致罪做了非常精辟的解释。[律上注]："'非因事'三字当重看。若一因事，便是枉法、不枉法矣。然非赃而分不应受，无赃而罪不能免，非赃而得是赃之罪，无赃而得有赃之罪，故不曰计赃而曰坐赃，不曰论罪科断而曰致罪。本非赃、实无赃而坐之以赃，乃致于罪。坐赃是论罪之法，非犯赃之名，故照此问拟者，直曰坐赃，不言以、准，但查照此条以科断耳。坐赃与不枉法赃，俱无碍于法，而罪之轻重悬殊者，彼因事而受，此非因事而受也。因事则出钱者另有行求之罪，非因事则出钱者止得减五等之罪，亦轻重不同。注内所引科敛财物，是不入己者，若入己即枉法矣。注云'不入

---

[1] 《大清律例》，法律出版社1999年版，第498、499页。

己者，拟还职役'，亦自杖九十以下言之。若杖一百以上，则例应罢职役矣。有入己赃，则不问多寡，照行止有亏例，俱罢职役，然不追夺诰敕。不枉法赃，注明'一主者，不半科'，此条不注，则一主者亦应半科。六赃中惟此最轻，轻则无不轻，律之例也。如官吏新任、新役、生辰时节，受人庆贺及馈送之类，所谓非因事受财也。凡人交际之常，官吏即坐赃致罪，所以杜贪污之渐也。若馈送土宜食物，不在此限。此条彼此俱罪之赃，应入官。"①[律后注]："上条枉法、不枉法两项，皆是因事受财，然充官吏人等贪赃之类，必有非因事而受财者。凡官吏人等，非因事而受人财贿，则坐赃致罪。既非因事，自无枉法、不枉法之处，而与者、受者，两相和同。本文只统言非因事而受财，而注内引证者，各有所指，分两项看：前引被人盗财、殴伤，于赔偿、医药之外，因而受财之类，是专指凡人言，不及官吏，以官吏非因事受财，如馈送、庆贺等类，明白易见，不必言也；后引科敛财物以下不入己诸项，与虚费工料之类，则专指官吏而言，然皆虚赃也。出钱人有规避事重者，从重论，但与者有规避之事，则受者是因事矣；与者坐规避之罪，则受者非坐赃矣。"②

《大明律》以贯钞为计赃单位，把坐赃致罪分了14个等级；《大清律例》除了把贯改为银圆以外，其他规定与《大明律》完全相同。如表3-3所示。

表3-3 《大清律例》与《大明律》关于坐赃致罪科断量刑幅度之比较

《大明律》	《大清律例》
一贯以下笞二十	一两以下，笞二十
一贯以上至一十贯，笞三十	一两之上至十两，笞三十
二十贯，笞四十	二十两，笞四十
三十贯，笞五十	三十两，笞五十
四十贯，杖六十	四十两，杖六十
五十贯，杖七十	五十两，杖七十
六十贯，杖八十	六十两，杖八十

① 沈之奇：《大清律辑注（上）》，法律出版社2000年版，第861、862页。
② 同上。

(续表)

《大明律》	《大清律例》
七十贯，杖九十	七十两，杖九十
八十贯，杖一百	八十两，杖一百
一百贯，杖六十，徒一年	一百两，杖六十，徒一年
二百贯，杖七十，徒一年半	二百两，杖七十，徒一年半
三百贯，杖八十，徒二年	三百两，杖八十，徒二年
四百贯，杖九十，徒二年半	四百两，杖九十，徒二年半
五百贯之上，罪止杖一百，徒三年	五百两罪止杖一百，徒三年

官吏非因事收受礼物《唐律》有两个独立的罪名，因使受馈送和监临受供馈。因使受馈送与受所监临财物罪处罚相同，经过去处，减一等，纠弹之官不减等；监临受供馈，坐赃论。《大明律》把《唐律》因使受馈送和监临受供馈这两个罪名全部取消了，其相关内容归并到了"在官求索借贷人财物"这个新罪名之下，处罚相同，而且更轻了，监临官吏，若接受所部内馈送土宜礼物，受者，笞四十，出使人于所差去处接受馈送者，并监临官吏罪同。其经过去处，供馈饮食及亲故馈送者，不在此限。另外，《大明律》风宪官吏犯赃规定，凡风宪官吏于所按治去处受馈送各加其馀官吏罪二等。《大清律例》全盘继承了《大明律》的规定。《大明律》规定，若去官而受旧部内财物，减在官时三等。《大清律例》的规定与《大明律》基本相同，但接受所部内馈送土宜礼物，除了笞四十以外，还附过。

《大清律例》规定，"若接受所部内馈送土宜礼物，受者，笞四十，附过还职。与者，减一等。若因事在官而受者，计赃，以不枉法论。与者，依不应事重科罪。其经过去处，供馈饮食及亲故馈送者，不在此限。其出使人，于所差去处，受馈送者，并与监临官吏罪同。若去官而受旧部内财物，减在官时三等"。[①] 清代律学家沈之奇对接受所部内人馈送土宜礼物做了非常深

---

① 《大清律例》，法律出版社1999年版，第502页。

刻、通俗的解释。[律后注]:"若接受所部内人馈送土宜礼物者,不论多寡,笞四十。与者,减一等。土宜礼物,虽为交际之常,而监临部内,则非应交际之人也。然土宜非金银之比,馈送非行求之赃,故止得笞罪,仍附过还职。若因有事在官,乃行馈送而受之者,计土宜之价为赃数,以不枉法论。与者,依不应重律。既曰因事,则土宜即同财贿也。其于经过去处,部内人馈送饮食,及亲故馈送土宜者,不在此限。饮食非同礼物,亲故不系部民,皆所不禁也。"①[律上注]:"非亲爱而馈之,与馈亲故异也。土宜礼物,谓以土宜为礼物也。土宜是本境出产平常之物,若珍异贵重与别地所产者,不得概言土宜矣。此接受馈送土宜,与非因事受财同,因事而受,与官吏受财同。特以土宜与财物不同,接受馈送者,止得笞罪;与者,减一等,不问坐赃也。因事而受者,止以不枉法论,不计枉法与否;与者止坐不应,不计行求与否也。"②

官吏非因事收受财物、礼物,按现在的解释即国家工作人员收受节礼、生日升迁贺礼等,《唐律》处罚最重,《大明律》处罚大大地减轻了,《大清律例》沿用了《大明律》的做法。清代陋规问题非常严重,官员收受下属节礼、生日升迁贺礼等屡谕禁革,收效甚微,毫无疑问,与官吏非因事收受财物、礼物刑法规定处罚太轻有关,实际上很少有官吏非因事收受财物、礼物坐赃致罪的。按照现行中国刑法的规定,国家工作人员收受节礼、生日升迁贺礼等不构成犯罪,只是一种违纪行为而已,实际上,国家工作人员因为收受节礼、生日升迁贺礼等被以违纪处理的较少,因此,国家工作人员因为收受节礼、生日升迁贺礼等实际上已经处于半公开状态。为了扭转社会风气,为了有效遏制全社会性的送礼风继续蔓延、严重毒害社会环境,为了防微杜渐,有必要效法中国古代法的做法,把国家工作人员收受节礼、生日升迁贺礼等的行为由违纪行为上升到犯罪行为,由受贿违纪上升到受贿罪,进一步加大惩罚力度,加大个人违纪、违法犯罪的成本。

---

① 沈之奇:《大清律辑注(下)》,法律出版社2000年版,第871页。
② 同上书,第872、873、874页。

（三）《大清律例》关于官吏、衙役索取及变相索取财物罪的规定

从受贿方式的角度受贿罪可以分为两大类：收受贿赂罪和索取贿赂罪。索取贿赂又可以根据是否适用强力，分为和索取、强索取。和索取，即不使用强力主动向有事人索要财物；强索取，即使用暴力威胁、恐吓、诈骗等多种方式强行向有事人索要财物。清朝衙役、书吏、书役、书办、经承、贴写等没有正式的俸禄，因此，清朝蠹役诈赃的问题非常严重，清朝在继承《大明律》关于官吏索取及变相索取财物规定的基础上制定了大量的专门针对衙役犯赃的特别规定。

1.《大清律例》关于官吏索取及变相索取财物罪的一般规定——一般主体索贿罪

《大清律例》关于官吏索取及变相索取财物罪体现在因公科敛与在官求索借贷人财物两个罪名中，可以分为四种情况：官吏索取财物、官吏强索取财物、官吏变相索取财物和官吏变相强索取财物。

（1）官吏索取财物

《大明律》规定，凡监临官吏挟势求索所部内财物者，并计赃，准不枉法论。财物给主。出使人，于所差去处，求索，并与监临官吏罪同。若去官而求索，减在官时三等。《大清律例》规定，"凡监临官吏挟势求索所部内财物，并计赃，准不枉法论，折半科罪。财物给主。无禄人，各减有禄人一等。出使人，于所差去处，求索，并与监临官吏罪同。若去官而求索，各减在官时三等"。[①] 清代律学家沈之奇［律上注］："求索止是贪赃侵利之罪，虽有挟势而取之意，犹无强之情。原不因事，于法无枉，故并准不枉法。"[②]

根据《大明律》的规定，官吏索取财物罪的主体是监临官吏、出使人及去官，犯罪对象为所监临范围内财物，或者出使处财物，或者过去所监临范围内财物，由于非因公事，故计赃，准不枉法论；又由于主动索取，故财物给主，而不入官。风宪官吏索取财物，各加其余官吏罪二等。《大清律例》在继承《大明律》规定的基础上又做了一些修改，虽仍计赃，准不枉法论，

[①] 《大清律例》，法律出版社1999年版，第501、502页。
[②] 沈之奇：《大清律辑注（下）》，法律出版社2000年版，第872、873、874页。

但改为折半科罪,实际处罚轻于《大明律》,并强调了无禄人比有禄人减一等处罚。

(2) 官吏强索取财物

《大明律》规定,凡监临官吏挟势求索所部内财物,强者,准枉法论。财物给主。出使人,于所差去处,求索,并与监临官吏罪同。若去官求索,减在官时三等。《大清律例》规定,"凡监临官吏挟势,求索所部内财物,强者,准枉法论。全科;财物给主。无禄人,各减有禄人一等。出使人,于所差去处,求索,并与监临官吏罪同。若去官而求索,减在官时三等"。① 清代律学家沈之奇[律上注]:"人无事而与取,其人畏而与之曰'求索',本不枉法,但恶其用强,乃准枉法,非真枉法也。在官人役,求索事最多,如人犯在官,自吏书、承差、皂役、狱卒等,皆必索取财物。非所愿送,求索乃与,是皆求索之罪。"②

根据《大明律》的规定官吏强索取财物,计赃,准枉法论,其他与官吏索取财物相同。风宪官吏强索取财物,各加其余官吏罪二等。《大清律例》与《大明律》不同之处在于,虽仍计赃,准枉法论,但强调了全科。

官吏强索取财物,按中国现行刑法的规定,即强行索取财物,根据最高人民检察院的司法解释,强行索取财物的,个人受贿数额不满5000元,也应予立案,显然是把强行索取财物视为一种情节严重的情况,但是,这并非受贿罪的一种普遍规定,也没有在《刑法典》中予以明确规定,今后应当在《刑法典》明确把强行索取财物作为从重处罚的一种情节予以规定。

(3) 官吏变相索取财物

官吏变相索取财物,即名义上是正常的经济交往,实际上与求索无异的情形,根据《大明律》与《大清律例》规定主要有四种形式,不同情形处罚不同,用强者准枉法论,不用强者又分为两种情况,准不枉法论与坐赃论。风宪官吏借贷人财物、买卖多取价利,各加其余官吏罪二等。《大清律例》在《大明律》的基础上添加了一些新内容或予以解释、补充,但总体上变动

---

① 《大清律例》,法律出版社1999年版,第501、502页。
② 沈之奇:《大清律辑注(下)》,法律出版社2000年版,第872、873、874页。

不大。①借贷所部内财物。根据《大明律》规定，监临官吏挟势借贷所部内、所差去处财物，并计赃，准不枉法论。强者，准枉法论。其出使人，于所差去处，借贷，并与监临官吏罪同。若去官而借贷，减在官时三等。《大清律例》规定，"凡监临官吏挟势借贷所部内、所差去处财物，并计借贷之赃，准不枉法论。折半科罪；强者，准枉法论。全科；财物给主。无禄人，各减有禄人一等。其出使人，于所差去处，借贷，并与监临官吏罪同。"① 清代律学家沈之奇指出，[律上注]："以官吏而借贷，实与求索无异，特以借贷为名耳，故其罪同。"② [律上注]："借贷，止是贪贿侵利之罪，虽有挟势而取之意，犹无强之情。原不因事，于法无枉，故并准不枉法。至于用强，即准枉法，恶其强也。"③ ②将自己物货散与部民，及低价买物、多取价利。根据《大明律》规定，凡监临官吏挟势将自己物货散与部民，及低价买物、多取价利者，并计余利，准不枉法论。强者，准枉法论。物货价钱，并入官给主。其出使人，于所差去处，卖买多取价利者，并与监临官吏罪同。《大清律例》规定，"凡监临官吏挟势若将自己物货散于部民，及低价买物，多取价利者，并计余利，准不枉法论；强者，准枉法论；物货价钱，并入官给主。卖物，则物入官，而原得价钱给主。买物则物给主，而所用之价入官。仍附过还职。其出使人，于所差去处，卖买多取价利者，并与监临官吏罪同。"④ 清代律学家沈之奇指出，[律上注]："多取价利，止是贪贿侵利之罪，虽有挟势而取之意，犹无强之情。原不因事，于法无枉，故并准不枉法。至于用强，即准枉法，恶其强也。"⑤ ③于所部内买物，不即支价，及借衣服器玩之属，各经一月不还。根据《大明律》规定，凡监临官吏挟势于所部内买物，不即支价，及借衣服器玩之属，各经一月不还者，并坐赃论。《大清律例》规定，凡监临官吏挟势若于所部内买物，不即支价，及借衣服器玩之属，各经一月不还者，并坐赃论，仍追物还主。④私借用所部内马、牛、驼、

---

① 《大清律例》，法律出版社1999年版，第501、502页。
② 沈之奇：《大清律辑注（下）》，法律出版社2000年版，第872、873、874页。
③ 同上。
④ 《大清律例》，法律出版社1999年版，第501、502页。
⑤ 沈之奇：《大清律辑注（下）》，法律出版社2000年版，第872、873、874页。

骡、驴及车船、碾磨、店舍之类。根据《大明律》规定，凡监临官吏挟势私借用所部内马、牛、驼、骡、驴及车船、碾磨、店舍之类，各验日计雇赁钱，亦坐赃论。追钱给主。《大清律例》规定，"凡监临官吏私借用所部内马、牛、驼、骡、驴，及车船、碾磨、店舍之类，各验日计雇赁钱，亦坐赃论。追钱给主。计其犯时雇工赁值，虽多不得过其本价"。①

(4) 官吏变相强索取财物

《大明律》规定，凡有司官吏人等，非奉上司明文，因公擅自科敛所属财物及管军官吏、总旗、小旗科敛军人钱粮赏赐入己者，并计赃，以枉法论。其非因公务科敛人财物，入己者，计赃，以不枉法论。若馈送人者，虽不入己，罪亦如之。《大清律例》规定，"凡有司官吏，非奉上司明文，因公擅自科敛所属财物，及管军官吏、总旗、小旗科敛军人钱粮赏赐入己者，并计赃，以枉法论。无禄人减有禄人之罪一等，至一百二十两，绞监候。并非因公务科敛人财物入己者，计赃，以不枉法论。无禄人减有禄人之罪一等，至一百二十两，绞监候，罪止杖一百，流三千里。若馈送人者，虽不入己，罪亦如之"。② 凡各沿边地方，各该镇守兵、副参、游击、守备、都司、卫所等官，但有科敛军人财物及扣减月粮，计入己赃至三十两以上，降一级，带俸差操；百两以上，降一级，改调烟瘴地面带俸差操；二百两以上，照前调发充军；三百两以上，亦照前调发永远充军。其沿海地方有犯，亦照前例科断。应改调及充军者，俱发边远卫所。[例上注]："枉法、不枉法赃，满数皆真绞。而本条皆系准枉法、不枉法者，至死止流，故此例有一百、二百、三百另论之法也。"③ 清代律学家沈之奇精辟地指出，"有司者，府、州、县亲民地方官也。管军者，卫所管军官与武职管兵官也。公者，公务也。科者，分派之谓；敛者，聚敛之谓，分派于人而聚敛之曰科敛。因公者是枉法，非因公者是不枉法。盖阳托公务之名，阴为纳贿之计，将法所应用者，侵渔入己，则法已亏矣，故其罪重。非因公者，不过私下求取，止是贪利，于法无亏，故

---

① 《大清律例》，法律出版社1999年版，第502页。
② 同上书，第505页。
③ 沈之奇：《大清律辑注（下）》，法律出版社2000年版，第875页。

其罪次之"。①［律上注］："因公者，有公用、入己之别，其罪异。非因公者，既无公用，自必入己矣，然有入己送人之别，其罪同。既非因公，自无奉文之理，亦无公用之事，故止言入己之罪。因公科敛，以公务为由，必显然行之，未免有凌虐之势矣。非因公科敛，则无所假托，必隐然行之，不取逞驱迫之威。一则奸法以营私，一则贪赃而犯法，犯法者法存，奸法者法亡，此枉不枉之所以分也。"②《大明律》与《大清律例》因公科敛财物入己，实质上，也属于官吏滥用权力、变相强索取财物，属于现代刑法上的索贿罪。因公科敛财物不入己，相当于现代法律意义上的乱收费、乱罚款、乱摊派，严重时将构成滥用职权罪。

2.《大清律例》关于官吏、衙役索取财物罪的特别规定——特殊主体索贿罪

《大清律例》关于官吏、衙役索取财物罪的特别规定主要体现在官吏受财、在官求索借贷人财物、因公科敛的律文之后所附条例之中。（1）部院衙门书办索贿罪。本罪处罚重于官吏受财，不论金额多少，以经审实，即行处斩，为从者，处流行。③（2）衙门蠹役恐吓索诈（索贿）罪。衙门蠹役恐吓索诈赃，加重处罚，十两以上者，发边卫充军，而官吏受财，十两以上，杖九十，四十五两以上，处流二千里。量刑不仅考虑诈赃金额，也考虑诈赃造成的其他社会危害后果，索诈贫民或者令卖男鬻女，十两以下，也发边卫充军。④（3）贿卖书役索取租银罪。直省书役年满缺出，索取租银者，主照枉法受财律，记赃定拟，至八十两者，绞。⑤（4）书吏索贿罪。各衙门承办案件的书吏在定稿时高下其手、驳诘不已，有赃者，照枉法受财律科罪。凡各衙门书吏舞文作弊系知法犯法，应照平人加一等治罪。书吏舞文作弊，知情不首的经承、贴写，照本犯罪减一等发落。⑥（5）上司勒索属员下程及要求供应夫马车辆罪。"凡上司经过，属员呈送下程，及供应夫马车辆一切陋规，

---

① 沈之奇：《大清律辑注（下）》，法律出版社2000年版，第880、881页。
② 同上。
③ 《大清律例》，法律出版社1999年版，第495、496页。
④ 同上书，第496页。
⑤ 同上书，第497页。
⑥ 同上书，第497、498页。

俱行革除。如属员仍有供应，上司仍有勒索者、亦革职、提问。"① （6）旗官索贿罪。旗都统、参领等官有勒取求索等弊，许本管据实密详督抚转奏。② （7）文武职官索取土官、外国、瑶僮财物罪。"文武职官，索取土官、外国、瑶、僮财物，犯该徒三年以上者，俱发边卫充军。"③ （8）流官擅自科敛土官财物罪。"云、贵、两广、四川、湖广等处流官，擅自科敛土官财物，佥取兵夫征价入己，强将货物发卖，多取价利，赃至该徒三年以上者，俱发边卫充军。若买卖不曾用强，及赃数未至满徒者，按律计赃治罪。其科敛财物明白公用，佥取兵夫不曾征价者，照常发落。"④ （9）幕宾、长随舞弊诈财罪。"幕宾、长随钻营上司引荐，在各衙门舞弊诈财者，计赃，以枉法论；幕宾照衙门书吏加等治罪例治罪，长随照衙门蠹役恐吓索诈十两以上例治罪。"⑤

（四）《大清律例》关于官吏家人收受、求索、变相索取财物罪的规定

1.《大清律例》关于官吏家人收受、求索、变相索取财物罪的一般规定

《唐律》规定监临官员家人在本官管辖范围内收受、借贷财物及卖买有剩利，比官员亲自犯罪减刑二等，官员知情的，与家人同等处罚，官员不知情的，比家人减轻五等处罚，即比亲自犯罪减七等，并规定在官非监临及家人有犯者，各减监临及监临家人一等。《宋刑统》袭用了《唐律》的规定。《大明律》取消了《唐律》关于在官非监临及家人有犯者，各减监临及监临家人一等处罚的内容，废除了家人受财等监临官吏不知情时的处罚规定。《大明律》规定，凡监临官吏家人，于所部内取受、求索、借贷财物、买卖多取价利，各减本官罪二等。若本官知情，与同罪；不知者，不坐。《大清律例》继承了《大明律》规定，并在此基础上做了进一步完善，扩大了家人的范围，把兄弟、子侄、奴仆也包括在家人范围内，明确了官吏家人受财等分有禄与无禄、因事受财照官吏受财律定罪。⑥ 清代律学家沈之奇为其做了

---

① 《大清律例》，法律出版社1999年版，第497页。
② 同上书，第503页。
③ 同上。
④ 同上。
⑤ 同上。
⑥ 同上书，第504页。

注解。[律上注]："家人所犯，重在挟势上。凡随在任所同佐之人，皆可以言家人，不必拘定父兄、子弟也。若吏则不同，必是家人方坐。"① [律后注]："家人是一家之人，如父兄、弟侄、子孙、奴仆之类。取是因事而取之，受是因送而受之，取、受对官吏受财、坐赃致罪二律而言。凡监临官吏之家人，挟官吏之势，于所部之内，有取受财物，悉照本官应得罪上，各减二等。若本官知家人所犯情由，而不行禁止者，与家人同坐减二等之罪。不知情者，不坐，止附过而已。"②

监临官吏家人于所部内收受财物，按中国现行刑法的规定理解，就是国家工作人员的近亲属或者其他与该国家工作人员关系密切的人利用该国家工作人员的影响力索贿、受贿，但现行刑法的规定犯罪圈很小，只有收受请托人财物，为请托人谋取不正当利益，且财物数额较大或者有其他较重情节的，才按犯罪论处，而且处罚较轻，最高刑为七年以上有期徒刑；收受请托人财物，为请托人谋取正当利益以及收受财物但不谋取利益的，不构成犯罪。相比之下，清代法上，监临官吏家人于所部内收受财物犯罪圈更大，处罚更重，不论因事与否，均成立犯罪，因事则处罚与官吏本人犯罪完善相同。为了避免国家工作人员利用其近亲属及关系密切的人受贿，必须扩大利用影响力受贿罪的犯罪圈，国家工作人员的近亲属或者其他与国家工作人员关系密切的人收受请托人财物、为请托人谋取正当利益的行为也应当犯罪化，国家工作人员的近亲属或者其他与国家工作人员关系密切的人为请托人谋取不正当利益的，应当与国家工作人员本人受贿同样处罚。另外，中国现行刑法没有明确国家工作人员的近亲属或者其他与该国家工作人员关系密切的人利用该国家工作人员影响力受贿，该国家工作人员知情与不知情时，如何处罚，如果该国家工作人员知情而不予以阻止，则应当按共同犯受贿罪论处，如果该国家工作人员不知情，则至少应当予以行政处分。国家工作人员不仅自己不能受贿，而且也有责任约束自己的家人，防止家人利用自己职务的影响受贿，国家工作人员的近亲属受贿，即使本人不知情，也应当予以处罚。《唐律》

---

① 沈之奇：《大清律辑注（下）》，法律出版社2000年版，第877页。
② 同上书，第876页。

的规定虽然严了点,但是,从预防监临官吏家人受贿犯罪的角度看,其合理性是不言自明的。

2. 《大清律例》等关于官吏家人收受、求索、变相索取财物罪的特别规定

主要体现在以下两点:(1)家人向所管人借贷,执事大臣不行约束者,按共犯论处。① (2)上司随役、家人索取属员财物罪。《大清律例》规定,"上司随役、家人私自索取,本官不知情者,照例议处。如知情故纵,罪坐本官,照求索部财物律治罪。其随役、家人照在官求索,无禄人减一等律治罪"。② 上述规定比《大清律例》关于家人求索的一般规定对本官处罚更重,家人求索,本官不知情者,不坐,而此种情况之下,本官不知情者,照例议处。

(五)《大清律例》关于行贿罪的规定

1. 《大清律例》关于行贿罪的一般规定

《大清律例》关于行贿罪的一般规定主要体现在坐赃致罪、有事以财请求、在官求索借贷人财物的规定之中。其中,有事以财请求与中国现行刑法关于行贿罪的规定最为接近,坐赃致罪、在官求索借贷人财物规定的非因有事与官吏财,按照中国现行刑法关于行贿罪的规定不构成行贿罪,属于现行法律所不禁止的送礼行为,这种送礼行为虽然不以追求枉法利益为目的,但是,其同样会损害职务廉洁性、助长官场风气的堕落腐化、滋生受贿的土壤,而且其极有可能发展、转化成以追求枉法利益为目的送礼行为,潜在社会危害性不容忽视。古代法,虽然把它与有事以财请求区别对待,但是并未把它视为一种无害的行为予以合法化,而是把它视为一种有害的行为予以犯罪化,只是处罚上轻于以追求枉法利益为目的有事以财请求。前面已经做过分析,此种情况,表面上看,不以追求枉法利益为目的,不会导致官吏枉法的结果,但是,毕竟不同于送礼人基于亲情、友情而赠送他人礼物,而是有着一种功利的目的的,因此,实质上,仍是一种形式较为隐蔽的行贿行为,因其没有

---

① 张友渔、高潮主编:《中华律令集成(清卷)》,吉林人民出版社1991年版,第63—68页。
② 《大清律例》,法律出版社1999年版,第497页。

直接导致官吏枉法的结果，社会危害性相对较小。为了研究问题的方便，本书将清代的行贿罪分为两类，"有事以财请求"称为重度行贿，简称，重行贿；非因有事与官吏财称为轻度行贿，简称，轻行贿。下面将从重行贿与轻行贿的角度对《大清律例》关于行贿罪的一般规定予以分析。

（1）重行贿——有事以财请求

《大明律》规定，有事以财请求，凡诸人有事，以财行求，得枉法者，计所与财，坐赃论。若有避难就易，所枉重者，从重论。其官吏刁蹬，用强生事，逼抑取受者，出钱人不坐。《大清律例》规定："凡诸人有事，以财行求官吏欲得枉法者，计所与财，坐赃论。若有避难就易，所枉法之罪重于与财者，从重论。其赃入官。其官吏刁登，用强生事，逼抑取受着，出钱人不坐。避难就易，谓避难当之重罪，就易受之轻罪也。凡有以财行求及说事过钱者，审实，皆计所与之赃，与受财人同科。仍分有禄、无禄，有禄人概不减等，无禄人各减一等。其行求说事过钱之人，如有首从者，为首，照例科断；为从，有禄人听减一等，无禄人听减二等。如抑勒诈索取财者，与财人及说事过钱人俱不坐。至于别项馈送，不系行求，仍照例拟罪。"[①]《大清律例》在继承《大明律》规定的基础上，对个别语句增加了小注，予以补充、解释，使内容更丰富、更具体。《大清律例》的律文部分与《大明律》相比虽无多大变化，但是《大清律例》在律文之后附例中，改变了唐以来行财处罚轻于受财的一贯做法，规定行财与受同科，而不在坐赃论，实际上等于废除了坐赃论，而改为以官吏受财论。清代对行贿处罚加重，行财人与受财人接受相同处罚，这种做法有一定的合理性，当今世界有些国家的刑法也规定行贿罪与受贿罪同样处罚，而我国现行刑法对行贿罪的处罚轻于受贿罪。国内也有学者主张行贿罪应当与受贿罪同样处罚。清代律学家沈之奇为其做了注解："凡诸色人等，本身有事而以财贿行求于官吏，乞为曲断，以得枉法者，计所与财，坐赃论。照前坐赃致罪律，按所出之数，折半科算。至五百两，罪止杖一百、徒三年。若所行求之事，有规避其所难，迁就其所易，而所枉之罪，重于行求坐赃之罪者，从重论。其赃入官，所谓彼此俱罪之赃也。

---

① 《大清律例》，法律出版社1999年版，第501页。

若本人原无行求之意，而承行官吏，或刁蹬留难，不与归结；或用强凌虐，别生枝节，而逼抑取受人财物者官吏自依各本律科断，而出钱人不坐。其赃还主，所谓取与不和之赃也。止言得枉法，不言不枉法者，无所欲枉，何用行求？行求者，求得枉法也，然此枉法有两层意：一则求之后，官吏曲断，已得枉法者；一则行求之后，官吏不为曲断，事虽不枉，而行求之心实欲得枉法也，故但以财行求，即得坐赃之罪。"① ［律上注］："有事以财行求，有与受财人同科新例。'有事'二字，须看得活，盖有事非犯事也。本人有罪，行财而求轻免，是求出己罪而得枉法也。本人无罪，行财而求诬害，是求入人罪而得枉法也。得枉法上注一"欲"字，最得律意。不问官吏果为枉法与否，而行求本念，欲得枉法，即应以此条科断，所以诛其心也。如人犯事知人欲告而行财求免，知人欲捕，而行财求放，亦应坐此律也。论其心，不论其事，此律意也。"② 按照现代刑法的犯罪构成理论理解，即只要行贿人在追求枉法结果的故意支配下去行贿，就可以成立行贿罪，至于受贿人在收受贿赂物以后是否按行贿人的要求实施枉法行为，并不影响行贿罪的构成。《大清律例》在得枉法上注一'欲'字暗合了现代刑法的犯罪构成理论，其立法的先进性是值得肯定的。现行中国刑法关于行贿罪的规定与《大清律例》律文的精神是一致的。《刑法》第389条规定，"为谋取不正当利益，给予国家工作人员以财物的，是行贿罪。……因被勒索给予国家工作人员以财物，没有获得不正当利益的，不是行贿。"③

(2) 轻行贿——非因有事与官吏财

《唐律》有事以财行求有独立的条文，但没有独立的处罚规定，得枉法者，坐赃论，罪止徒三年；非因有事与官吏财既没有独立的条文，也没有独立的处罚规定，而是在受所监临财物中予以规定，比照受所监临财物处罚，与财之人，减监临罪五等，罪止杖一百。《大明律》非因有事与官吏财同样既无独立条文也无独立处罚规定，而是在坐赃致罪、在官求索借贷人财物中予以规定。非因有事与官吏财物属于坐赃致罪的一种情况，受者，坐赃致罪，

---

① 沈之奇：《大清律辑注（下）》，法律出版社2000年版，第867、868页。
② 同上书，第868、869页。
③ 《中华人民共和国刑法注释本》，法律出版社2011年版，第228页。

罪止杖一百，徒三年，与减五等，罪止杖一百；非因有事与监临官吏土宜礼物属于在官求索借贷人财物的一种情况，受者，笞四十，与者，减一等，即笞三十。《大清律例》的规定与《大明律》相同。

2.《大清律例》关于行贿罪的特别规定

主要体现在以下三点：（1）公侯行贿军人——军事行贿罪。军事行贿罪为《大明律》所独创，明以前没有专门规定，根据《大明律》的规定，公侯行贿军人者，初犯、再犯，免罪附过；三犯，准免死一次，但奉命征讨，与者，不在此限。《大清律例》在《大明律》的基础上修改为，初犯、再犯，免罪，取消了附过的规定，三犯，奏请区处。（2）暗行顶买书役。《大清律例》受赃·官吏受财条例规定，"直省书役年满缺出，遵例招募。有暗行顶买者，顶缺之人照以财行求律，至五百两者，杖一百、徒三年"。① （3）属员与所荐幕宾、长随勾通行贿上司。《大清律例》规定，"若属员营求上司，因所荐幕宾、长随有勾通行贿等弊，照例分别议处治罪。"②

（六）《大清律例》关于介绍贿赂罪的规定

《大清律例》说事过钱，按中国现行刑法规定属于介绍贿赂罪。说事过钱这个概念最早出现在《大明律》中，《唐律》没有这个概念，《唐律》中的受人财为请求，与此种情况有一定关联，即都是替他人请求，但受人财为请求，说事人自己就是受财人，说事过钱，说事人自己并不是受财人，即只是斡旋贿赂而自己并不受财，如果受人财为请求，按《大清律例》的规定即属于官吏受财，如果既过钱又受钱为请求，按《大清律例》的规定，计赃从重论，若赃重，从本律，即按官吏受财论。总之，说事过钱特指过钱而不受钱的情况，也即现行刑法规定的介绍贿赂罪。《大明律》卷第二十三刑律六受赃，说事过钱者，有禄人减受钱一等；无禄人，减二等；罪止杖一百，各迁徙。有赃者，计赃从重论。《大清律例》卷三十刑律受赃·官吏受财，"说事过钱者，有禄人减受钱一等；无禄人，减二等。如求索、科敛、吓诈等赃，及事后受财过付者，不用此律；罪止杖一百、徒二年。照迁徙比流减半科罪。

---

① 《大清律例》，法律出版社1999年版，第497页。
② 同上。

有赃者，过钱而又受钱，计赃从重论。若赃重者，从本律"。①《大清律例》说事过钱在《大明律》的基础上更加完善、具体，处罚更重。《大清律例》有事以财请求附例中，说事过钱改为按官吏受财论，处罚更重，律文关于说事过钱的处罚规定从此成为虚文。"说事过钱者，审实，计所与之赃，受财人同科，仍分有禄、无禄。有禄人概不减等，无禄人各减一等。如有首、从者，为首，照例科断；为从，有禄人听减一等，无禄人听减二等。如抑勒诈索取财者，说事过钱人不坐。"②

中国现行刑法对介绍贿赂处罚大大地轻于受贿罪，《刑法》第392条规定，"向国家工作人员介绍贿赂，情节严重的，处三年以下有期徒刑或者拘役，并处罚金。介绍贿赂人在被追诉前主动交代介绍贿赂行为的，可以减轻处罚或者免除处罚"。③《大清律例》重处介绍贿赂，对于有效预防介绍贿赂的犯罪行为是有积极意义的，但是，从现代刑法关于罪行相适应的原则的角度判断，处罚显然太重了，介绍贿赂人具有促成行贿、受贿的主观故意，而且实施了促成行贿、受贿的行为，其社会危害性是明显的，但是，毕竟介绍贿赂人自己没有收受财物，并且仅起辅助作用，是否接受贿赂的决定权属于受贿人，是否选择行贿的决定权属于行贿人，不过，国家工作人员介绍贿赂的，应当从重处罚。

五、《大清律例》等关于贪污贿赂罪的一般性规定

（一）《大清律例·名例律》关于贪污贿赂罪的一般性规定

（1）文武官犯私罪一律免官、革职。"文武官员，但有职役之人，犯一应赃私罪名，俱发为民，遇赦取问明白，罪虽宥免，仍革去职役。"④

（2）革职后发现在职时贪污受贿者，按在职的规定论处。"有官时犯赃，黜革后事发，以有禄人科断。"⑤

---

① 《大清律例》，法律出版社1999年版，第494页。
② 同上。
③ 《中华人民共和国刑法注释本》，法律出版社2011年版，第229页。
④ 《大清律例》，法律出版社1999年版，第91页。
⑤ 同上书，第94页。

（3）文武官犯私罪免官、革职者，官品、爵位一并革除，贪赃官员封赠也追回。"凡职官犯私罪，罢职不叙，追夺除名者，官爵皆除。贪赃革职各官，封赠俱行追夺。"①

（4）文武官犯赃逾赦并不原宥。"凡盗系官财物，受枉法、不枉法赃，说事过钱之类一应实犯，皆有心故犯。虽会赦并不原宥。"②

（5）给没赃物。"凡彼此俱罪之赃，谓犯受财枉法、不枉法，计赃，与受同罪者。则入官。若取与不和，用强生事，逼取求索之赃，并还主。谓恐吓，诈欺，强买卖有余利，科敛及求索之类。"③ "若以赃入罪，正赃见在者，还官、主；其赃已费用者，若犯人身死，勿征，余皆征之。"④ "其估赃者，皆据犯处地方当时犯时中等物价估计定罪。若计雇工钱者，一人一日为银八分五厘五毫，其牛、马、驼、骡、驴、车、船、碾、磨、店之类，照依犯时雇工赁值，计算，定罪，追还。赁钱虽多，各不得过其本价。其赃罚金银，并照犯人原供成色，从实追征入官给主。若已费用不存者，追征足色。"⑤ "在京在外应行追赃人犯，……但有还官赃物值银十两以上，著监追半年，勘实力不能完者，开具本犯情罪，分轻重监追，年月久远，赃数多寡，按季汇题请旨定夺。其入官赃二十两以上，给主赃三十两以上，亦著监追半年；不及前数者，监追三个月；勘实力不能完，俱免著追；一面取结请豁，一面定地解配发落，毋庸听候部覆。"⑥ "凡官役犯赃案内有亏短价值等项，追给原主。其诈骗逼勒者，被害人自行首告，亦追给原主。督抚、科道参发者，概追入官。"⑦ "亏空贪赃官吏一应追赔银两，该督抚委清查官产之员，会同地方官令本犯家属将田房什物呈明时价，当堂公同确估，详登册记，申报上司，仍令本犯家属眼同售卖完项。如有侵渔需索等弊，许该犯家属并买主首

---

① 《大清律例》，法律出版社1999年版，第94页。
② 同上书，第97页。
③ 同上书，第108页。
④ 同上。
⑤ 同上书，第109页。
⑥ 杨鸿烈：《中国法律发达史》，中国政法大学出版社2009年版，第519页。
⑦ 《大清律例》，法律出版社1999年版，第110页。

告,将侵渔需索之官吏照侵盗钱粮及受枉法赃律治罪。"① 给没赃物。"凡彼此俱罪之赃(谓犯受财枉法、不枉法,计赃为罪者),则入官。若以赃入罪,正赃见在者,还官、主;已费用者,若犯人身死,勿征,余皆征之。其估赃者,皆据犯处地方当时犯时中等物价,估计定罪。若计雇工钱者,一人一日为铜钱六十文。"②

(6)犯罪自首。"凡犯罪未发而自首者,免其罪。若有赃者,其罪虽免,犹征正赃。其轻罪虽发,因首重罪者,免其重罪。若因问被告之事,而别言余罪者,亦如上科之。若自首不实及不尽,以不实不尽之罪罪之,至死者,听减一等。其知人欲告及逃叛而自首者,减罪二等坐之。若受人枉法、不枉法赃,悔过回付还主者,与经官司自首同,皆得免罪。若知人欲告,而于财主处首还者,亦得减罪二等。"③ 犯罪自首。"凡犯罪未发而自首者,免其罪。若有赃者,其罪虽免,犹征正赃。若自首不实及不尽者,以不实不尽之罪罪之,至死者,听减一等。其知人欲告而自首者,减罪二等坐之。受人枉法、不枉法赃,悔过回付还主者,与经官司自首同,皆得免罪。若知人欲告,而于财主处首还者,亦得减罪二等。"④

(7)二罪俱发以重论。"凡二罪以上俱发,以重者论。罪各等者,从一科断。若一罪先发,已经论决,余罪后发,其轻若等,勿论。重者,更论之,通计前所论决之罪,以充后发之数。"⑤

(8)共犯分首从。"凡共犯罪者,以先造意一人为首,依律断拟。随从者,减一等。"⑥

(9)加减罪例。"凡称'加'者,就本罪上加重。称'减'者,就本罪上减轻。加者,数满乃坐。又加罪止于杖一百、流三千里,不得加至于死;本条加入死者,依本条。加入绞者,不加至死。"⑦

----

① 《大清律例》,法律出版社1999年版,第110页。
② 沈之奇:《大清律辑注(上)》,法律出版社2000年版,第67页。
③ 《大清律例》,法律出版社1999年版,第110页。
④ 沈之奇:《大清律辑注(上)》,法律出版社2000年版,第72、73页。
⑤ 《大清律例》,法律出版社1999年版,第115页。
⑥ 同上书,第118页。
⑦ 同上书,第123页。

(10) 称与同罪。"凡律称'与同罪'谓被累人与正犯同罪,其情轻。止坐其罪。正犯至死者,同罪者减一等,罪止杖一百、流三千里。若受财故纵与同罪者,其情重。全科。至死者,绞。称'准枉法论'之类,事相类,而情轻。但准其罪,亦罪止杖一百、流三千里,并免刺字。称'以枉法论'之类,事相等,而情并重。皆与正犯同,刺字、绞、斩,皆依本律科断。然所得同者律耳,若律外引例充军为民等项,则又不得而同焉。"①

(11) 称监临主守。"凡律称'监临'者,内外诸司统摄所属,有文案相关涉,及别处驻劄衙门带管兵粮水利之类,虽非所管百姓,但有事在手者,即为监临。称'主守'者,内外各衙门该管文案,吏典专主掌其事,及守掌仓库、狱囚、杂物之类,官吏、库子、斗级、禁子,并为主守。其职虽非统属,但临时差遣管领提调者,亦是监临主守。"②

(二)《刑部现行则例卷上·名例》关于贪污贿赂罪折赎的一般性规定

"凡官员有先参婪赃及借耗费等项加派入己,革职提问者,审无婪赃之处,止挪用钱粮、私自加派公用科敛坐赃致罪者,吏部既有革职之例,除革职外,其徒杖等罪折赎俱免。如别案革职者,仍照律拟罪。一、文武官员有犯笞杖、徒流、杂犯死罪,俱照律折赎。其律内运碳、运灰、运砖、纳米、纳料赎罪等罪名,俱照律文有力图内折银收赎。如不能纳银者,照无力的决。其贪赃官役,流徒杖罪,概不准折赎。凡外官衙役犯赃失于觉察,吏部革职到部者,俱免拟杖折赎……""凡律例本条开明某罪有准折赎、某罪不准折赎者。仍照旧遵行外。其律例内未经开载者,问刑官临时详审情罪,应准折赎而自愿折赎者,准其折赎。情罪有不可准其折赎者,仍照律的决,以惩奸民。如承问大小官有滥准折赎,并额外追取肥己者,该督抚察出指名纠参,交该部议处。"③

---

① 《大清律例》,法律出版社1999年版,第124、125页。
② 同上书,第125、126页。
③ 沈厚铎主编:《中国珍稀法律典籍集成(丙编第三册)》,科学出版社1994年版,第499页。

第四节 《暂行新刑律》关于受贿罪、行贿罪的规定

《暂行新刑律》第一百四十条规定：官员公断人于其职务要求贿赂，或期约，或收受者，受三等至五等（1年未满2月以上）有期徒刑。因而为不正之行为或为不相当之行为者，处一等（15年以下10年以上）至三等（5年未满3年以上）有期徒刑。《暂行新刑律》第一百四十一条规定：官员公断人于其职务事后要求贿赂，或期约，或收受者，受四等（3年未满1年以上）以下有期徒刑或拘役。因而为不正之行为，或有不相当之行为，事后要求贿赂，或期约，或收受者，处二等（10年未满5年以上）至四等有期徒刑。《暂行新刑律》行贿、受贿统一规定在渎职罪中，受贿罪取消了死刑，最高刑为15年有期徒刑；受贿的三种形式收受、要求和期约统一规定在一个条文中，并延续了区分枉法与不枉法、事后受贿从轻处罚的立法思路；受贿罪附加褫夺公权、没收贿赂或追征价额，取消了以赃论罪，宋代曾布就反对以赃论罪，但直至满清末年编定《暂行新刑律》的时候才把以赃论罪的办法去掉。不过，革命根据地时期又恢复了以赃论罪，以赃论罪有一定的合理性，也存在一定的弊端。总体上看，历史上反对以赃论罪的人很少，而且，现行中国刑法仍然保留了以赃论罪的传统。《暂行新刑律》第一百四十二条规定：对官员公断人行求贿赂，或期约，或交付者，处四等以下有期徒刑、拘役，或三百元以下罚金。对官员公断人事后行求贿赂，或期约，或交付者，处五等以下有期徒刑拘役，或一百元以下罚金。《暂行新刑律》第一百五十一条规定：犯第一百四十二条、第一百四十三条之罪而自首者，得免除其刑。行贿罪不再与受贿罪同样处罚，而且大大轻于受贿罪，事后行贿处罚更轻，自首者，免除刑罚，最高刑为3年以下有期徒刑。[①]

[①] 杨鸿烈：《中国法律发达史》，中国政法大学出版社2009年版，第608页。

第四章 清代贪污贿赂罪立法的当代价值

清代惩治贪污贿赂犯罪立法的有些规定，如受财分枉法与不枉法、行财与受同科、承诺受贿处罚轻于实际收受贿赂、事后受贿处罚较轻、细分刑罚等级、违法使用公物构成犯罪、风宪官吏受赃从重处罚、官员非因事受贿构成犯罪、自首免罚、贪污受贿无论数额多少一律构成犯罪等，是跨越时空、具有永恒价值的，是数千年来中国法律文化的精华，有些规则所体现的立法思想在当代外国贪污贿赂犯罪立法中仍能找到。

第一节 清代贪污贿赂罪立法与当代外国贪污贿赂罪立法的一致性

一、因公事受财区分枉法、不枉法，枉法处罚重于不枉法

《大清律例》官吏受财分枉法与不枉法，枉法处罚重于不枉法，用现代刑法的语言讲就是公职人员受贿实施不法（违背职责）行为与合法（不违背职责）行为，受贿实施不法行为处罚重于受贿实施合法行为。根据现有资料统计，当今世界至少有15个国家的刑法典受贿罪区分枉法与不枉法，受贿枉法的，从重处罚。例如，《葡萄牙刑法典》第372条受贿实施不法行为罪，公务员及得到其同意的其他人索取、收受贿赂或接受贿赂许诺作为该公务员违背职责的作为或者不作为条件的，处1年至8年监禁；该法典第373条规定，受贿实施合法行为处不超过2年的自由刑或者不超过240日罚金。[①]《芬

---

① 陈志军译：《葡萄牙刑法典》，中国人民公安大学出版社2010年版，第163、164页。

兰刑法典》第1条"受贿"规定,公共官员利用职务上的便利为本人或他人索取、收受贿赂、接受贿赂许诺的,处以罚金或者2年以下的监禁刑;第2条加重的受贿规定,如果受贿的目的是通过违反职责的方式为行贿人谋取利益的,该公共官员以加重的受贿罪论处,处以4个月以上4年以下的监禁,并被撤职。[1]《挪威一般公民刑法典》第112条规定,公务员以实施或者不实施职务行为作为条件为了自己或者他人索取、接受或者约定贿赂的,处罚金、开除公职或者6个月以下监禁;该法典第113条规定,公务员以违反职责实施或者不实施职务行为作为条件为了自己或者他人索取、接受或者约定贿赂的,处5年以下监禁。[2]《西班牙刑法典》也做了类似的规定。《最新意大利刑法典》第318条规定,公务员因履行其职务行为而为自己或他人索取、收受贿赂、接受贿赂许诺,处以6个月至3年有期徒刑;该法典第319条规定,公务员因违反职责义务的行为索取、收受贿赂、接受贿赂许诺处以2年到5年有期徒刑。[3]《奥地利联邦共和国刑法典》第304条规定,官员为自己或他人索取、收受贿赂、接受贿赂许诺,违反义务实施或不实施职务行为的,处3年以下自由刑;而不违反义务实施或不实施职务行为的,处1年以下自由刑。[4]《德国刑法典》第331条规定,公务员或从事特别公务的人员为履行其职务而为自己或他人索取、收受贿赂、接受贿赂许诺的,处罚金或3年以下自由刑。法官或仲裁人因现在或将来的职务行为为自己或他人索取、收受贿赂、接受贿赂许诺的,处罚金或5年以下自由刑,并且处罚未遂犯;该法典第332条规定,公务员或从事特别公务的人员索取、收受贿赂、接受贿赂许诺,因而违反或可能违反其职务上的义务的,处罚金或6个月以上5年以下自由刑;情节较轻的,处罚金或3年以下自由刑。法官或仲裁人索取、收受贿赂、接受贿赂许诺因而违反或可能违反裁判义务的,处1年以上10年以下自由刑;情节较轻的,处6个月以上5年以下自由刑。[5]《马其顿共和国刑法

---

[1] 肖怡译:《芬兰刑法典》,北京大学出版社2005年版,第112、113页。
[2] 马松建译:《挪威一般公民刑法典》,北京大学出版社2005年版,第27、28页。
[3] 黄风译:《最新意大利刑法典》,法律出版社2007年版,第115页。
[4] 徐久生译:《奥地利联邦共和国刑法典》,中国方正出版社2004年版,第115页。
[5] 徐久生、庄敬华译:《德国刑法典》,中国法制出版社2000年版,第227—229页。

典》第357条规定，公职人员索取、收受贿赂、接受贿赂许诺，违背职责实施或者不实施公职行为的，处1年以上10年以下监禁；不违背职责实施或者不实施公职行为的，处6个月以上5年以下监禁。[1]《匈牙利刑法典》第250条规定，任何公务员索取、收受贿赂、接受贿赂许诺，构成重罪，处1至5年监禁；违背官方职责实施或者不实施公职行为的处2至8年监禁，违背官方职责实施犯罪行为的，处5至10年监禁。[2]《波兰刑法典》第228条规定，与履行公务有关的任何人收受贿赂、接受贿赂许诺的，处6个月至8年的有期徒刑。如果收受贿赂、接受贿赂许诺所实行的行为与某一违法行为有关联的，处1至10年有期徒刑。[3]《保加利亚刑法典》第301条规定，公务员以实施或者不实施职务行为为条件索取、收受贿赂的，构成受贿罪，处不超过6年的有期徒刑并处不超过5000列弗的罚金；违背职责实施或者不实施公职行为本身尚未构成犯罪的，处不超过8年的有期徒刑并处不超过10000列弗的罚金，构成犯罪的，处不超过10年的有期徒刑并处不超过15000列弗的罚金。[4]《日本刑法典》第197条规定，公务员受贿罪处5年以下或7年以下惩役，公务员索取、收受贿赂、接受贿赂许诺因而实施不正当行为或者不实施正当行为的构成加重受贿罪，处1年以上有期惩役。[5]《巴西刑法典》第317条规定，公务员利用职务上的便利为本人或者他人索取、收受贿赂、接受贿赂许诺的，处2年以上12年以下监禁并处罚金；公务员索取、收受贿赂、接受贿赂许诺后违背职责执行或不执行职务的，加重1/3刑罚。[6]《埃及刑法典》第103条规定，公务员因为履行其职责为自己或者第三人索取、收受贿赂、接受贿赂许诺的，处终身监禁并处不超过所接受或者承诺接受的物品价值数额，但也不得少于1000埃镑的罚金；违背职责实施或不实施职务行为的，处终身监禁并处本法典第103条所规定数额两倍的罚金。[7]

---

[1] 王立志译：《马其顿共和国刑法典》，中国人民公安大学出版社2010年版，第151—154页。
[2] 陈志军译：《匈牙利刑法典》，中国人民公安大学出版社2008年版，第105页。
[3] 陈志军译：《波兰刑法典》，中国人民公安大学出版社2009年版，第85、86页。
[4] 陈志军译：《保加利亚刑法典》，中国人民公安大学出版社2007年版，第142、143页。
[5] 张明楷译：《日本刑法典》，法律出版社2006年版，第73、74页。
[6] 陈志军译：《巴西刑法典》，中国人民公安大学出版社2009年版，第134、135页。
[7] 陈志军译：《埃及刑法典》，中国人民公安大学出版社2011年版，第49—53页。

二、行财与受财同科

《大清律例》规定行财与受财同科，用现代刑法学的语言讲就是，行贿与受贿处罚相同。根据现有资料统计，当今世界至少有11个国家的刑法典规定行贿与受贿处罚相同。《法国新刑法典》第433—1条规定，通过贿赂行使公安司法权力的人、负责公共服务任务的人或经公众选举担任职务的人谋取个人私利的，处10年监禁并处15000欧元罚金；行使公安司法权力的人、负责公共服务事业任务的人或者经公众选举担任职务的人以完成或放弃完成法定行为作为索取、收受贿赂、接受贿赂许诺的条件或者滥用其权力影响的，处相同之刑罚。[①]《西班牙刑法典》第423条规定，任何人用贿赂手段试图腐化当局或者公务员者，除不给予停职处分外，与受贿公务员给予相同处罚。[②]《希腊刑法典》第235条规定的受贿罪的刑罚与第236条规定的行贿罪相同，如果贿赂物价值超过73000欧元的均处不超过10年的惩役。[③]《德国刑法典》第331条规定的受贿罪的刑罚与第333条规定的行贿罪的刑罚相同，公务员或从事特别公务的人员受贿与贿赂公务员或从事特别公务的人员均处罚金或3年以下自由刑，法官或仲裁人受贿与行贿法官或仲裁人均处罚金或5年以下自由刑。[④]《波兰刑法典》第228条的受贿罪的刑罚与第229条规定的行贿罪的处罚相同，分别不同情况，通常剥夺6个月至8年的自由，情节较轻时处罚金、限制自由或者剥夺不超过2年的自由，情节较重时处剥夺1年至10年的自由或剥夺2年至12年的自由。[⑤]《澳大利亚联邦刑法典》第141节规定贿赂联邦政府公职人员与联邦公职人员受贿均处以10年监禁。[⑥]《土耳其刑法典》第252条规定，公务员收受贿赂的，处4年以上12年以下监禁。对行贿人处与受贿公务员相同的刑罚。[⑦]《菲律宾刑法》第212条规定，对公职

[①] 罗结珍译：《法国新刑法典》，中国法制出版社2003年版，第155页。
[②] 张明楷译：《西班牙刑法典》，中国政法大学出版社2005年版，第153、154页。
[③] 陈志军译：《希腊刑法典》，中国人民公安大学出版社2010年版，第96页。
[④] 徐久生、庄敬华译：《德国刑法典》，中国法制出版社2000年版，第227—229页。
[⑤] 陈志军译：《波兰刑法典》，中国人民公安大学出版社2009年版，第85、86、87页。
[⑥] 张旭等译：《澳大利亚联邦刑法典》，北京大学出版社2006年版，第110—112页。
[⑦] 陈志军译：《土耳其刑法典》，中国人民公安大学出版社2009年版，第110、111页。

人员行贿罪，除不处以剥夺权利和中止公职以外，其他刑罚与公职人员相同。①《朝鲜民主主义人民共和国刑法典》第242条、第257条规定，非管理工作人员、管理工作人员行贿或者受贿的，均处2年以下劳动改造。②《巴西刑法典》第317条规定的公务员受贿罪与第333条规定的行贿公务员罪的刑罚在公务员不违背职责执行公务的情况下均为2年以上12年以下监禁并处罚金，在公务员违背职责执行公务的情况下均加重刑罚1/3。③《阿根廷刑法典》第256条规定，公职人员受贿处6个月至2年劳役并处3至10年完全剥夺资格；该法典第258条规定，向公职人员（法官除外）行贿处6个月至2年劳役。④《埃及刑法典》第107A条规定，对行贿人和中间人，也应当依据受贿罪的刑罚处罚，但行贿人或者中间人向有权机关告发该犯罪或者承认其行为的，应当免除处罚。⑤

三、官吏听许财物构成受贿罪，但处罚轻于官吏受财

《大清律例》"官吏听许财物"，即现代刑法意义上的承诺受贿。当今世界绝大多数国家的刑法典均规定了承诺受贿，例如，《冰岛刑法典》第128条规定，公务员为自己或者他人承诺接受与其履行职务有关的、其没有权利获取的礼物或者其他所得的，处不超过6个月的监禁。⑥《丹麦刑法典与丹麦刑事执行法》第144条规定，在履行丹麦的、外国的或国际组织的公共职务或职责时，非法接受他人之承诺的，应当处以不超过6年之监禁。⑦ 有些国家的刑法规定承诺受贿处罚轻于实际收受贿赂，例如，《古巴刑法典》第152条规定，公务员出于实施或者不实施某一与其职责有关的行为的目的，直接地或者通过中间人，为自己或者他人收受礼物、馈赠或者任何其他利益、好

---

① 杨家庆译：《菲律宾刑法》，北京大学出版社2006年版，第47—51页。
② 陈志军译：《朝鲜民主主义人民共和国刑法典》，中国人民公安大学出版社2008年版，第46、48页。
③ 陈志军译：《巴西刑法典》，中国人民公安大学出版社2009年版，第134、135、140页。
④ 于志刚译：《阿根廷刑法典》，中国方正出版社2009年版，第65、66页。
⑤ 陈志军译：《埃及刑法典》，中国人民公安大学出版社2011年版，第54、55页。
⑥ 陈志军译：《冰岛刑法典》，中国人民公安大学出版社2009年版，第63页。
⑦ 谢望原译：《丹麦刑法典与丹麦刑事执行法》，北京大学出版社2005年版，第44页。

处的，剥夺 4 年以上 10 年以下自由。如果行为人只是对他人给予礼物、馈赠或者任何其他利益、好处的提议或者许诺予以接受的，剥夺 2 年以上 5 年以下自由，单处或者并处 500 份以上 1000 份以下罚金。①

四、事后受贿处罚轻于官吏受财

《大清律例》"事后受贿"处罚轻于官吏受财，事后受贿用现代刑法的语言讲就是接受贿赂作为其已经实施的违背职责行为的回报。根据现有资料统计，至少有 5 个以上国家刑法规定事后受贿从轻处罚。《最新意大利刑法典》第 318 条规定，因职务行为受贿的，处以 6 个月至 3 年有期徒刑，公务员因已经履行的职务行为而受贿的处以 1 年以下有期徒刑。②《马其顿共和国刑法典》第 357 条规定，公职人员收受贿赂罪的处罚，不枉法处 6 个月以上 5 年以下监禁，枉法处 1 年以上 10 年以下监禁，但公职人员实施或不实施公职行为后就该行为而索取或收受贿赂的处 3 个月以上 3 年以下监禁。③《美国模范刑法典及其评注》第 240.3 条规定，对于过去公务行为的报酬成立轻罪。④《喀麦隆刑法典》规定，公务员非法接受任何礼物或者接受承诺而不正当履行其职责的，判处两年以上 10 年以下监禁并处 10 万以上 100 万以下法郎的罚金。公务员利用其职权为他人谋取利益后非法收受他人金钱或者其他物品作为回报的，判处 6 个月以上 3 年以下的监禁。⑤《埃及刑法典》第 104 条规定，公务员受贿处以终身监禁并处本法典第 103 条所规定数额两倍的罚金；该法典第 105 条规定，事后受贿的，处监禁，并处 100 埃镑以上 500 埃镑以下罚金。⑥

五、官吏受财以赃物数额大小为依据量化刑罚等级

《大清律例》官吏受财细分刑罚等级，枉法分 13 级，不枉法分 14 级。当

---

① 陈志军译：《古巴刑法典》，中国人民公安大学出版社 2010 年版，第 86 页。
② 黄风译：《最新意大利刑法典》，法律出版社 2007 年版，第 115 页。
③ 王立志译：《马其顿共和国刑法典》，中国人民公安大学出版社 2010 年版，第 151—154 页。
④ 刘仁文等译：《美国模范刑法典及其评注》，法律出版社 2005 年版，第 180—187 页。
⑤ 于志刚、赵书鸿译：《喀麦隆刑法典》，中国方正出版社 2007 年版，第 120 页。
⑥ 陈志军译：《埃及刑法典》，中国人民公安大学出版社 2011 年版，第 49—53 页。

代世界有些国家的贿赂犯罪以受贿金额为依据细分刑罚等级,例如,《美国量刑指南——美国法官的刑事审判手册》第二章 C 部分第 1 节第 1 条规定,提供、给予、索取或收受贿赂:(a)基本犯罪等级:10 级。(b)犯罪特征:(1)如果犯罪涉及一个以上的贿赂的,增加 2 个犯罪等级。(2)如果有一个以上可适用,使用较大者:(A)如果贿赂的价值、作为贿赂的回报而获得的利益或将要获得的利益,或由于犯罪使政府蒙受的损失,其中最多者(i)2000 美元以上,5000 美元以下的,增加 1 个犯罪等级;(ii)超过 5000 美元的,根据第二章 B 部分第 1 节第 1 条(盗窃、财产损坏及欺诈)所列表的相应数额增加犯罪等级。① 盗窃、财产损坏及欺诈的犯罪等级如表 4-1 所示。

表 4-1 盗窃、财产损坏及欺诈的犯罪等级(共 14 个等级)②

损失(适用最高者)	增加等级情况
(A) 5000 美元或者 5000 美元以下	不增加
(B) 5000 美元以上	增加 2 级
(C) 10000 美元以上	增加 4 级
(D) 30000 美元以上	增加 6 级
(E) 70000 美元以上	增加 8 级
(F) 120000 美元以上	增加 10 级
(G) 200000 美元以上	增加 12 级
(H) 400000 美元以上	增加 14 级
(I) 1000000 美元以上	增加 16 级
(J) 2500000 美元以上	增加 18 级
(K) 7000000 美元以上	增加 20 级
(L) 20000000 美元以上	增加 22 级
(M) 50000000 美元以上	增加 24 级
(N) 100000000 美元以上	增加 26 级

(B)如果贿赂是为了影响获选的官员的或影响享有高层次决策或敏感职

---

① 刘振亚等译:《美国量刑指南》,法律出版社 2006 年版,第 103、104 页。
② 同上书,第 66、67 页。

位的官员的，增加 8 个犯罪等级。

（c）互相参照：（1）略（2）略（3）略。

（d）关于罚金的特别提示如表 4-2 所示。①

表 4-2 犯罪等级与罚金

犯罪等级	罚金金额
6 等以下	5000 美元
7 等	7500 美元
8 等	1 万美元
9 等	1 万 5000 美元
10 等	2 万美元
11 等	3 万美元
12 等	4 万美元
13 等	6 万美元
14 等	8.5 万美元
15 等	12.5 万美元
16 等	17.5 万美元
18 等	25 万美元
19 等	35 万美元
20 等	65 万美元
21 等	91 万美元
22 等	120 万美元
23 等	160 万美元
24 等	210 万美元
25 等	280 万美元
26 等	370 万美元
27 等	480 万美元
28 等	630 万美元
29 等	810 万美元
30 等	1 千零 50 万美元

---

① 刘振亚等译：《美国量刑指南》，法律出版社 2006 年版，第 429、430 页。

(续表)

犯罪等级	罚金金额
31 等	1 千 350 万美元
32 等	1 千 750 万美元
33 等	2 千 200 万美元
34 等	2 千 850 万美元
35 等	3 千 600 万美元
36 等	4 千 550 万美元
37 等	5 千 750 万美元
38 等以上	7 千 250 万美元

六、受贿罪无数额起点

《大清律例》官吏受财枉法、不枉法，即现代刑法意义上受贿罪，刑罚的轻重虽然根据数额大小而裁定，但是数额的大小并不影响犯罪是否成立，构成犯罪并不要求达到一定数额起点，"枉法，一两以下，杖七十，不枉法，一两以下，杖六十"，一两以下，即只要有赃，无论数额多少，均杖六十、杖七十，没有数额起点；有事以财请求，即现代刑法意义上行贿罪，坐赃论，一两以下，笞二十，与受财同科，一两以下，杖六十、杖七十，也无数额起点。当今世界绝大多数国家刑法典贿赂罪没有明确规定数额起点。例如，《墨西哥联邦刑法典》第 222 条规定，有下列行为的，构成受贿赂：（1）为了实施或者不实施与其职权相关的任何正当行为或者不正当行为，公务员亲自或者通过中间人，为自己或者他人，不正当地索取或者收受他人的金钱或其他任何礼物，或者接受给予礼物的许诺。（2）为了让任何公务员实施或者不实施与其职权相关的任何正当行为或者不正当行为，向前项所指的任何人给予或者提议给予金钱或者其他任何礼物的。实施受贿罪的，按照下列规定处罚：如果该礼物或者承诺的价值数额不超过犯罪实施时所在的联邦地区正在实行的最低日工资 5 倍或者不具有经济价值的，处 3 个月至 2 年监禁，并处 30 至 300 日罚金，同时撤销其公共雇用、公共委托并且中止从事其他公共雇用、公共职务、公共委托的资格 3 个月至 2 年。如果该礼物或者承诺的价值数额超过犯罪实施时所在的联邦地区正在实行的最低日工资5倍或者具有经济价值的,处2至14年监禁,并处300至1000日罚金,同时撤销其公共雇用、公共职务、公共委托并且中止从事其他公共雇用、公共职务、公共委托的资格2至14年。[①]

七、风宪官吏犯赃各加其余官吏罪两等

《大清律例》规定,风宪官吏犯赃各加其余官吏罪两等,风宪官吏,用现代语言讲就是纪检、监察、检察机关工作人员;《唐律》受赃重处监临主司,《大清律例》官吏受财分有禄人、无禄人,无禄人比有禄人减轻一等处罚,用现代语言讲,有禄人就是担任一定职务的国家工作人员,而无禄人就不担任职务的普通工作人员,担任一定职务的国家工作人员受贿的,处罚重于不担任职务的普通工作人员。根据现有资料统计,至少有9个以上国家的刑法典规定了重处高级官员、司法官员受贿。《最新意大利刑法典》第319—3条规定,如果受贿是为了帮助或者损害民事、刑事、行政诉讼中的一方当事人,处以3至8年有期徒刑;如果受贿行为导致对某人不公正地判处5年以下有期徒刑,处以4至12年有期徒刑;如果导致对某人判处5年以上有期徒刑或者无期徒刑,处以6至20年有期徒刑。[②]《德国刑法典》第331条规定,公务员或从事特别公务的人员受贿的,处3年以下自由刑或罚金,法官或仲裁人受贿的,处5年以下自由刑或罚金。[③]《匈牙利刑法典》第250条规定,任何公务员利用职务上的便利索取、收受非法利益或接受利益许诺的,处1至5年监禁;高级公务员受贿的,处2至8年监禁(类似于唐代的监临主守受贿从重处罚)[④]。《保加利亚刑法典》第301条规定,公务员不违背职责而受贿的,处不超过6年的监禁,并处不超过5000列弗的罚金,公务员违背职责而受贿且其背职行为尚未构成犯罪的,处不超过8年的监禁,并处不超过10000列弗的罚金,公务员以实施或已经实施与其职责有关的另一犯罪行为

---

① 陈志军译:《墨西哥联邦刑法典》,中国人民公安大学出版社2010年版,第115页。
② 黄风译:《最新意大利刑法典》,法律出版社2007年版,第115页。
③ 徐久生、庄敬华译:《德国刑法典》,中国法制出版社2000年版,第227页。
④ 陈志军译:《匈牙利刑法典》,中国人民公安大学出版社2008年版,第105页。

为条件而受贿的,处不超过 10 年的监禁,并处不超过 15000 列弗的罚金;该法典第 302 条规定,法官、审判委员会委员、检察官或者侦查人员受贿的,处 3 至 10 年的监禁和不超过 20000 列弗的罚金,受贿实施犯罪行为的,处 3 至 15 年的监禁和不超过 25000 列弗的罚金和没收不超过犯罪人财产份额 1/2 的没收财产,同时法院还应当判处剥夺第 37 条第 1 款第 6 项和第 7 项规定的权利。①《阿尔巴尼亚共和国刑法典》第 259 条规定,从事公职的人员受贿的,处 2 年以上 8 年以下监禁并处 50 万列克以上 300 万列克以下罚金;该法典第 260 条规定,国家高级官员或者地方选任官员受贿的,处 4 年以上 12 年以下监禁并处 100 万列克以上 500 万列克以下罚金。②《新西兰刑事法典》第 100 条规定,司法官员利用司法权受贿的,判处 14 年以下监禁;该法典第 102 条规定,政府部长或行政委员会成员受贿的,判处 14 年以下监禁;该法典第 103 条、第 104 条规定,议会议员、执法官员受贿的,判处 7 年以下监禁。③《土耳其刑法典》第 252 条规定,公务员受贿的,处 4 年以上 12 年以下监禁;法官受贿的,在第 1 款规定刑罚的基础上加重 1/3 处罚。④《朝鲜民主主义人民共和国刑法典》第 257 条规定,管理工作人员受贿的,处 2 年以下劳动改造;机关责任人受贿的,处 4 年以下有期徒刑。⑤《阿根廷刑法典》第 256 条规定,公职人员受贿的,处 6 个月至 2 年劳役,并处 3 至 10 年完全剥夺资格;该法典第 257 条规定,法官受贿的,处 4 至 12 年劳役,并处终身完全剥夺资格。⑥

八、官员非因公事受人之财物、礼物

《大清律例》规定,官吏非因公事受人之财"坐赃致罪",监临官吏接受所部内馈送土宜礼物笞四十,用现代语言讲就是公职人员不因职务上的事而收受他人财物、礼物而构成犯罪。非因事受财虽处罚但相对较轻。根据现有

---

① 陈志军译:《保加利亚刑法典》,中国人民公安大学出版社 2007 年版,第 142、143、144 页。
② 陈志军译:《阿尔巴尼亚共和国刑法典》,中国人民公安大学出版社 2011 年版,第 83、84 页。
③ 于志刚、赵书鸿译:《新西兰刑事法典》,中国方正出版社 2007 年版,第 46—51 页。
④ 陈志军译:《土耳其刑法典》,中国人民公安大学出版社 2009 年版,第 110—111 页。
⑤ 陈志军译:《朝鲜民主主义人民共和国刑法典》,中国人民公安大学出版社 2008 年版,第 48 页。
⑥ 于志刚译:《阿根廷刑法典》,中国方正出版社 2009 年版,第 65、66 页。

资料统计，至少有 2 个以上国家的刑法规定了官吏非因事受贿构成犯罪。《美国模范刑法典及其评注》第 240.5 条规定，受管辖者不得向公务员提供赠物与法律禁止提供的利益，否则构成轻罪。① 《阿根廷刑法典》第 258 条规定，国家机关公职人员收受基于公职所送之礼的，并处 1 至 6 年完全剥夺资格。②

九、区分欲枉法行财与不欲枉法与财，欲枉法行财处罚重于不欲枉法与财

《大清律例》"有事以财请求"是指请求人欲求官吏枉法的情况，非因枉法、不枉法之事而与官吏财物及馈送监临官吏土宜礼物是指不欲枉法的与财，有事以财请求与受财同科，而不欲枉法的与财，罪止杖一百。根据现有资料统计，至少有 7 个以上国家的刑法规定区分了枉法行贿与不枉法行贿，枉法行贿从重处罚。例如，《瑞士联邦刑法典》第 322 条 b 规定，行为人为有利于自己或第三人向公职人员行贿，意图使其履行职务行为时违反义务为一定的行为或不为一定的行为的，处 5 年以下重惩役或监禁刑；第 322 条 d 规定，为履行职务行为向公职人员行贿的，处监禁刑或罚金刑。③《葡萄牙刑法典》第 374 条规定，任何人本人或者通过得到其同意或追认的中间人给予或者承诺给予公务员或者该公务员知悉的第三人以其不应得的财产利益或非财产利益的，处不超过 3 年监禁或者罚金；如果是出于不枉法目的而行贿的，处不超过 6 个月监禁或者 60 日罚金。④《德国刑法典》第 333 条规定，行贿公务员或从事特别公务的人员的，处 3 年以下自由刑或罚金，行贿法官或仲裁人的，处 5 年以下自由刑或罚金；该法典第 334 条规定，行贿公务员或从事特别公务的人员因而导致其违反其职责或可能违反其职责的，处 3 个月以上 5 年以下自由刑；行贿法官或仲裁人因而导致其违反其职责或可能违反其职责的，处 6 个月以上 5 年以下自由刑。⑤《马其顿共和国刑法典》第 358 条规定，向公职人员行贿以使其实施其不应该实施的公职行为或不实施其应该实

---

① 刘仁文等译：《美国模范刑法典及其评注》，法律出版社 2005 年版，第 180—187 页。
② 于志刚译：《阿根廷刑法典》，中国方正出版社 2009 年版，第 65、66 页。
③ 徐久生、庄敬华译：《瑞士联邦刑法典》，中国方正出版社 2004 年版，第 101、102 页。
④ 陈志军译：《葡萄牙刑法典》，中国人民公安大学出版社 2010 年版，第 164 页。
⑤ 徐久生、庄敬华译：《德国刑法典》，中国法制出版社 2000 年版，第 227—229 页。

施的公职行为的或为贿赂行为提供中介的，处 6 个月以上 5 年以下监禁；向公职人员行贿以使其实施其本应该实施的公职行为的或不实施其本不应该实施的公职行为的，处罚金或 3 年以下监禁。①《匈牙利刑法典》第 253 条规定，任何人因为公务员以其官方身份从事的公务行为而行贿的，处 3 年以下监禁；如果行贿人怂恿公务员违反其官方职责、超越职权或者以其他方式滥用其官方地位的，处 1 至 5 年监禁。②《保加利亚刑法典》第 304 条规定，以让公务员实施或者不实施职务行为为目的的或者因为公务员已经实施或者没有实施这些职务行为，而期约、许诺、给予公务员礼物或任何其他利益的，处不超过 6 年的监禁并处不超过 5000 列弗的罚金；如果公务员实施了与其行贿有关的职责但尚未构成处罚更为严重的其他犯罪的行为的，处不超过 8 年的监禁并处不超过 7000 列弗的罚金。③《巴西刑法典》第 333 条规定，出于使公务员执行、不执行或者拖延执行公务的目的，实际给予或者许诺给予公务员以不当利益的，处 2 年以上 12 年以下监禁，并处罚金。如果该公务员因为其利益或者许诺而拖延执行公务、不执行公务或者违反职责义务执行公务的，加重刑罚 1/3。④

十、说事过钱构成犯罪

《大清律例·受赃·官吏受财》规定的"说事过钱"，用现代刑法的语言讲就是介绍贿赂。根据现有资料统计，当今世界至少有 3 个以上国家的刑法规定了介绍贿赂罪。例如，《越南刑法典》第 290 条规定，"任何人介绍贿赂且贿赂财产价值在 50 万盾以上 1000 万盾以下，或者价值虽在 50 万盾以下，但造成严重后果且多次为之的，处 6 个月以上 5 年以下有期徒刑。介绍贿赂者在未被发觉前自首的，可免于刑事责任"。⑤《蒙古国刑法典》第 270 条规定，介绍贿赂的，处以最低工资额 5 倍以上 50 倍以下罚金，或者 1 个月以上 3 个月以下监禁。主动向主管当局交代介绍贿赂行为的，应当免除刑事责任。⑥ 我国现行

---

① 王立志译：《马其顿共和国刑法典》，中国人民公安大学出版社 2010 年版，第 151—154 页。
② 陈志军译：《匈牙利刑法典》，中国人民公安大学出版社 2008 年版，第 106、107 页。
③ 陈志军译：《保加利亚刑法典》，中国人民公安大学出版社 2007 年版，第 144 页。
④ 陈志军译：《巴西刑法典》，中国人民公安大学出版社 2009 年版，第 140 页。
⑤ 米良译：《越南刑法典》，中国人民公安大学出版 2005 年版，第 125—132 页。
⑥ 徐留成译：《蒙古国刑法典》，北京大学出版社 2006 年版，第 67 页。

刑法也规定了介绍贿赂罪。各国介绍贿赂罪都是作为一种轻罪予以规定的，但在清代介绍贿赂是一种重罪。《大清律例》律文规定，说事过钱者，有禄人减受钱人一等，无禄人减二等，据此，有禄人说事过钱，罪止杖一百、流三千三里，仅次于死刑，相当于现代刑法上的无期徒刑。《大清律例》例文规定，说事过钱者，审实，计所与之赃，受财人同科，有禄人概不减等，无禄人各减一等，据此可知，有禄人说事过钱，八十两，实，绞，监候。

另外，讲到说事过钱，不能不提"受人财请求"，《唐律·职制》第四十六条规定了"受人财请求"，受人财请求的犯罪主体是非监临之官，坐赃论加二等，罪止流三千里，用现代刑法的语言讲就是斡旋受贿，受人财请求《大明律》已不传，其所代表的情况已经并入官吏受财，《大清律例》沿袭了《大明律》的做法。根据现有资料统计，当今世界有2个以上国家的刑法典规定了斡旋受贿。例如，《日本刑法典》第197条规定，斡旋受贿的，处5年以下惩役。① 该规定类似于《唐律》的受人财为请求，而不同于清代的说事过钱。《越南刑法典》第283条（斡旋受贿罪）规定，任何人利用职权及影响力对有职权的人施加影响，让其为他人违法做或者不做其职权范围内的某事，直接或者间接收取或者将来收取金钱、财产或者其他任何形式的物质利益在50万盾以上1000万盾以下，或者价值虽在50万盾以下，但造成严重后果被纪律处分后又再犯的，处1年以上6年以下有期徒刑。② 中国现行刑法斡旋受贿以受贿论处，与明、清两朝的做法是一致的，但与《唐律》不同，也与日本、越南的规定不同，日本、越南的规定与《唐律》受人财请求是一致的，处罚轻于受贿罪。《刑法》第388条规定，国家工作人员索取或者收受请托人财物，利用其他国家工作人员职务上的行为为请托人谋取利益的，按受贿罪论处。

十一、私借用官物构成犯罪

《大清律例》规定的私借官车船、驿马、官畜产，公使人等索借马匹、

---

① 张明楷译：《日本刑法典》，法律出版社2006年版，第73、74页。
② 米良译：《越南刑法典》，中国人民公安大学出版社2005年版，第125—132页。

私借官物等罪名，用现代刑法的语言讲就是违法使用公物。根据现有资料统计，至少有8个以上国家的刑法典规定了违法使用公物构成犯罪。《最新意大利刑法典》第314条规定，公务员或受委托从事公共服务的人员因其职务或服务的原因占有或者掌握他人的钱款或动产，仅以暂时使用物品为目的，并且在暂时使用后立即予以归还时，适用6个月至3年有期徒刑。[①]《葡萄牙刑法典》第376条规定，公务员对因为其职务而获得交付、占有、可接触的公有或私有的交通工具或者具相当价值的其他动产，以并非该动产本身原定的用途的方式予以使用或者容许他人使用的，处不超过1年监禁或者不超过120日罚金。[②]《马其顿共和国刑法典》第356条规定，公职人员未经授权，利用职权，自行使用其所托管的金钱、证券或其他可移动物品的，或未经授权将上述物品交由他人使用的，处6个月以上5年以下监禁。[③]《土耳其刑法典》第247条规定，公务员利用职务，把委托由其负责或者由其照看、管理的财物占有归自己或者第三人的，处5年以上12年以下监禁。出于在使用后归还财物的目的实施贪污行为的，可以减轻1/2处罚。[④]《菲律宾刑法》第217条规定，任何负责管理公款或公共财物的公职人员，利用职务便利挪用、侵吞或盗用公款或公共财物，或者由于放弃或疏忽同意，允许他人将全部或部分公款或公共财物据为己有，或者其他挪用或者贪污公款或公共财产犯罪的，应受处罚：（1）如果挪用或者贪污的价值金额没有超过200比索的，处以中间幅度和最高幅度的监狱矫正；（2）如果挪用或者贪污的价值金额超过200比索少于600比索的，处以最低幅度和中间幅度的监禁；（3）如果挪用或者贪污的价值金额超过600比索少于1200比索的，处以最高幅度的监禁至中间幅度的有期徒刑；（4）如果挪用或者贪污的价值金额超过1200比索少于24000比索的，处以中间幅度和最高幅度的有期徒刑。如果挪用或者贪污的价值金额超过24000比索的，处以最高幅度的有期徒刑至无期徒刑。对任何挪用公款者处以终身剥夺特别权利和与被贪污公款数目或财产价值相等的

---

① 黄风译：《最新意大利刑法典》，法律出版社2007年版，第113页。
② 陈志军译：《葡萄牙刑法典》，中国人民公安大学出版社2010年版，第165页。
③ 王立志译：《马其顿共和国刑法典》，中国人民公安大学出版社2010年版，第151页。
④ 陈志军译：《土耳其刑法典》，中国人民公安大学出版社2009年版，第109页。

罚金。① 《巴西刑法典》第312条规定，公务员把基于其职务而归其占有的公共的或者私人的金钱、有价证券或者其他不动产据为己有，或者为了本人或者他人的利益而挪用这些财产的，处2年以上12年以下监禁，并处罚金。② 《塞尔维亚共和国刑法典》第365条规定，在政府机构、事业单位、协会或者其他法人或者仓库中任职或者工作的人员，受委托而保管货币、证券或其他可移动财物，但却未经授权而擅自使用该财物，或者将该财物转交给他人使用的，处6个月以上5年以下监禁。③ 《克罗地亚共和国刑法典》第346条规定，公职人员未经授权，擅自使用因受到委托而由其在工作或业务活动中管理的货币、证券或其他可移动财物的，或者擅自使用其在工作或业务活动中所接触的货币、证券或其他可移动财物的，或者将上述财物转交给他人使用的，处罚金，或者3年以下监禁。④

十二、自首免罪

《大清律例》规定，凡犯罪未发而自首者，免其罪，若有赃者，其罪虽免，犹征正赃。受人枉法、不枉法赃，悔过回付还主者，与经官司自首同，皆得免罪。⑤ 《大清律例》的犯罪自首与中国现行刑法自首的含义基本上是一致的。根据现有资料统计，当今世界有5个以上国家的刑法典规定了自首免罪。《西班牙刑法典》第427条规定，当局或者公务员并非经常受贿且接受礼品或者赠品后不超过10天主动向负责调查贿赂行为的当局坦白，且该当局尚未开始对该受贿行为进行调查的，可以免除刑罚。⑥ 《希腊刑法典》第236条（行贿罪）规定，任何人因为公务员将来实施或者已经实施的职责范围内或者违背职责地作为或者不作为，而直接或者通过中间人，向该公务员或者第三人许诺给予或者实际给予任何种类的利益的，处不少于1年的监禁。如果礼物或者利益的价值超过73000欧元的，处不超过10年的惩役。如果行为

---

① 杨家庆译：《菲律宾刑法》，北京大学出版社2006年版，第50、51页。
② 陈志军译：《巴西刑法典》，中国人民公安大学出版社2009年版，第134页。
③ 王立志译：《塞尔维亚共和国刑法典》，中国人民公安大学出版社2011年版，第160页。
④ 王立志译：《克罗地亚共和国刑法典》，中国人民公安大学出版社2011年版，第151页。
⑤ 《大清律例》，法律出版社1999年版，第112、113页。
⑥ 张明楷译：《西班牙刑法典》，中国政法大学出版社2005年版，第154、155页。

人在主要行为被讯问之前主动地就其行为向检察官、预审官、其他有权机关提交书面报告或者被记录的口头陈述的,不追究刑事责任。在这种情况下,可以适用没收或者已经交给侦查人员的礼物或者利益,可以归还给行为人而不适用第238条的规定。[①]《马其顿共和国刑法典》第358条(行贿罪)规定:(1)向公职人员提供或许诺提供礼物或其他利益,以使其在职责范围之内实施其不应该实施的公职行为的,或不实施其应该实施的公职行为的,或为贿赂行为提供中介的,处6个月以上5年以下监禁;(2)向公职人员提供或许诺提供礼物或其他利益,以使其在职责范围之内实施其本应该实施的公职行为的,或不实施其本不应该实施的公职行为的,处罚金,或3年以下监禁;(3)因公职人员索要贿赂而犯本条第一款及第二款之罪,在案发前主动向有关部门交代的,应当免予处罚。[②]《波兰刑法典》第229条规定:(1)任何人向从事公务的人给予与其公务履行有关的物质利益或者个人利益或者许诺向其提供这种利益的,处剥夺6个月至8年的自由;(2)如果前款规定的行为情节较轻的,处罚金、限制自由或者剥夺不超过2年的自由;(3)如果第1款规定的行为之行为人出于说服从事公务的人员违反法律规定之目的的而实施行为的,或者针对从事公务的人员违反法律规定的行为而向其提供这种利益的,处剥夺1年至10年的自由;(4)任何人向从事公务的人员给予与其公务履行有关的物质利益或者个人利益或者许诺向其提供这种利益,如果这种利益价值较大的,处剥夺2年至12年的自由;(5)任何人向外国国家或国际组织中从事公务的人员给予与其公务履行有关的物质利益或者个人利益,或者许诺向其提供这种利益的,应当相应地适用第1款至第4款的规定;(6)如果行为人所提供或者许诺提供的物质利益或者个人利益已经被他人接受的,只要其在负责追诉的机关知悉前,主动向该机关报告并交代所有的重要犯罪情节的,可以不追究第1款至第5款规定的刑事责任。[③]《土耳其刑法典》(真诚悔罪)第254条规定,如果受贿人在开始侦查之前把所收贿赂全部上交给有权机关的,免除处罚。承诺依照与他人的约定受贿的公务员

---

① 陈志军译:《希腊刑法典》,中国人民公安大学出版社2010年版,第96页。
② 王立志译:《马其顿共和国刑法典》,中国人民公安大学出版社2010年版,第151—154页。
③ 陈志军译:《波兰刑法典》,中国人民公安大学出版社2009年版,第86、87页。

在开始侦查之前向有权机关报告这一事实的,也免除处罚。如果依照约定向公务员行贿的人在开始侦查之前向侦查机关报告这一事实的,免除处罚;从受贿公务员处没收该贿赂并将其归还给行贿人。其他参与贿赂犯罪的人如果在开始侦查之前有真诚悔罪表现向有权机关报告其犯罪事实的,免除处罚。[①]

  法律规则的演变是一个对传统法不断地进行重组的过程,是在继承传统法的基础上不断地自我完善、自我抛弃、自我创新以适应社会发展变化需要的过程,法律规则的演变不能与政治、经济和社会发展的实际需要相脱节,如果没有相同或者相似的政治、经济、文化和社会条件,法律规则的移植是无法获得成功的。近代以来,中国经历了一个漫长的移植西方法律的过程,但是迄今一百多年过去了,法治化水平与西方法治国家仍有差距,无论法律体系如何完善都很难完全摆脱人治的羁绊。无论我们是否喜欢,中国当前的司法实践中明显地可以看到传统的因素存在;无论我们是否喜欢,传统是一个无法完全摆脱的东西,中国只能在自己传统的基础上发展。实现当代中国法治化不可能完全靠移植西方法律实现,也不可能完全漠视几千来绵延不断的中国传统法律文化。传统并不仅代表过去,传统是现代的一个重要组成部分,永远不会有一个全新的现代,中国的现代建立在中国传统的基础上。如果斩断了传统的根,任何富有特色的创造都是不可能的。中国特色的法治化道路必须建立在中国传统法律文化的基础上,而不是建立在西方法律文化的基础上。清代惩治官吏贪污贿赂犯罪的法律规则是中华民族法律文化的一朵奇葩,是几千来与官吏贪污贿赂犯罪做斗争的经验总结,其中有些内容的科学性、合理性是不容置疑的。当代中国贪污贿赂犯罪立法应当继承传统法的精神,创造性地转化清代法中具有科学性、合理性和生命力的要素,成功地实现传统法与现代法的接榫,以求形成具有中国特色的惩治贪污贿赂犯罪法律制度。

---

① 陈志军译:《土耳其刑法典》,中国人民公安大学出版社2009年版,第111、112页。

第二节　中国现行贪污贿赂罪立法与清代贪污贿赂罪立法的差异性

当今中国反贪立法没有清代严厉，犯罪圈明显缩小，相当一部分清代被设定为犯罪的行为，现行刑法没有犯罪化，仅作为一种违纪行为。定罪数额的高起点使得部分涉案金额不满 3 万元的贪污受贿行为除罪化；受贿对象的窄范围，使接受非物质的、难以量化的利益，如性服务，被排除在受贿对象之外；受贿罪"为他人谋取利益"的规定使得不枉法的受贿除罪化。这一切使得大量事实上的贪污受贿行为得不到刑法制裁，刑法对这些贪污受贿行为的容忍，也削弱了反贪的实际效果。

一、贪污罪

清代法没有贪污的概念，清代的"贪"指受财，与现在的受贿较为接近；清代法上的"侵财"与现在的贪污较为接近。清代法上的"侵财"，即"监临主守自盗仓库钱粮"，规定在《贼盗律》中，但处罚重于"常人盗"。中国现行刑法中的贪污罪是指利用职务上的便利非法占有公共财物，窃取只是贪污的一种手段，具有职务上的便利的人无论采用何种手段只要能达到非法占有公共财物的目的均可以构成贪污，贪污与受贿规定在一起，均属职务犯罪，唐、宋律受贿规定在《职制律》，属于职务犯罪，而"监临主守自盗"，虽然犯罪主体是官吏，但并不规定在《职制律》，处罚也是参照窃盗。清代法监临主守自盗仓库钱粮与官吏受财适用不同的处罚标准，而中国现行刑法中的贪污罪与受贿罪的刑罚规定完全相同，均为四个刑罚等级。中国现行刑法四个刑罚等级的确定不仅考虑数额的大小，而且也考虑情节是否严重，同一数额限度内又分为两个档次，情节较轻与情节较重（严重、特别严重），分别适用不同的刑罚等级，实际上共有八个刑罚等级。个人贪污数额不满 1 万元的，不按犯罪论处；个人贪污数额在 1 万元以上不满 3 万元具有法定较重情节时，才构成犯罪。清代法监临主守自盗仓库钱粮不论数额大小均构成犯罪，除非自首，不能免罪。个人贪污数额在 3 万元以上不满 20 万元的，属于数额较大；个人贪污数额在 10 万元以上不满 300 万元的，属于数额巨大；个人贪污数额 300 万元以上的，属于数额特别巨大，划分标准不够科学，幅度过大，导致自由裁量权过大。在贪污金额较小时，处罚轻于盗窃，个人贪污数额只有在满 1 万元以后，才绝对负刑事责任；在贪污金额超过 300 万元以上时，处罚具有极大的不确定性、随意性。

清代法官吏违法使用公物，如私自借用及转借他人官有交通工具、私自借用及转借他人官有物品构成犯罪；而现行中国刑法国家工作人员利用职务上的便利，违法使用公物，如公车，不构成犯罪。清代法上官吏违法享用公共服务，如"擅食官田园瓜果、官造酒食"、超过规定标准使用官有交通工具，构成犯罪；而现行中国刑法国家工作人员利用职务上的便利，违反规定享用公共服务，不构成犯罪。

二、受贿罪、行贿罪

清代法"受赃"，与现在的贿赂较为接近，清代法受赃立法非常发达，现行刑法上的贿赂罪与清代法受赃相比，差异较大。例如，清代法上没有单位贿赂罪、巨额财产来源不明罪、隐瞒境外存款罪、私分国有资产罪、私分罚没财物罪等罪名。受贿罪、行贿罪、利用影响力受贿罪和介绍贿赂罪，现行刑法与清代法都有规定，从这四个罪的角度看，中国现行刑法的规定存在明显不足，如现行刑法没有明确规定接受他人允诺而未实际收受财物为他人谋取利益的是否成立受贿罪及是否从轻、减轻或免除处罚；刑罚配置极不合理，刑罚等级划分太少；没有对非法收受他人财物为他人谋取不正当利益与为他人谋取正当利益予以区分，没有明确规定收受贿赂枉法处断公事的刑罚重于不枉法处断公事；行贿与受贿处罚不同，当行贿人为谋求正当利益给予国家工作人员财物时，行贿人不构成犯罪，国家工作人员单独构成受贿罪，行贿罪的最低处罚幅度为 5 年以下有期徒刑或者拘役，重于受贿罪的最低处罚幅度 3 年以下有期徒刑或者拘役，行贿罪的最高处罚幅度为无期徒刑，轻于受贿罪的最高处罚幅度死刑，行贿人在被追诉前主动交代行贿行为的，可以从轻或者减轻处罚，受贿罪只有在犯罪较轻、对侦破重大案件起关键作用，或者有重大立功表现的，才可以减轻或者免除处罚。

第三节　中国现行贪污贿赂罪立法存在的十大问题及清代贪污贿赂罪立法的当代价值

中国现行刑法贪污贿赂罪立法存在的问题可以概括为十个方面，这十个方面的问题大多与清代法上的贪污贿赂罪有一定关联，也都可以从清代法中获得一些启示，可以在继承和创造性地转化清代法的基础上予以解决。

一、贪污贿赂罪的数额起点及相应刑罚幅度的数额标准

这个问题的焦点在于是否需要数额起点，取消数额起点是否可行？如果需要数额起点，在现有数额基础上应该继续提高还是降低？如何规定？数额起点由最高人民法院通过司法解释予以明确还是由立法予以规定？现行刑法规定的贪污罪、受贿罪相应刑罚幅度的数额标准是否合理？是否应当进一步细分？如何分？美国法理学家劳伦斯·M.弗里德曼认为"活的规则倾向于机构，论数量的形式。按其理论立足点，这些规则是完全论数量或机构的。规则以下述两种方法中的一种到达这一点。受到压力后，规则的制定者可能把规则本身修改成论数量形式，以此取代一切空洞的裁量词语。另外一个方法是把一条模糊的规则分成几个论数量的部分。""规则越是论数量，越适合机构适用。绝大多数客观规则有数字方面的词语。数字本身并没有什么奇妙，但是在我们的社会中，数字概念属于最机构、最客观的概念。""规则应该尽量客观，论数量。理想的规则是数字的规则，或拒绝的规则或条件非常明确的规则。"[①] 从我国刑法对贪污贿赂罪数额起点的规定看，我国惩治贪污贿赂犯罪的刑事政策体现了相对的容忍，而且数额起点逐渐提高。目前学术界对这个问题看法不同，大体上分为两种意见：一种意见主张取消数额起点，但是取消数额起点以后，如何具体操作，并未深入研究；另一种意见主张保留

---

① ［美］劳伦斯·M.弗里德曼：《法律制度：从社会科学的角度》，中国政法大学出版社2004年版，第349页。

数额起点，并对进一步修改和完善提出了自己的建议。有学者认为，"在贿赂数额要件上强调一定数额的立案起点，无法做到防微杜渐，有放纵罪犯的嫌疑。其实，数额的大小并影响事件的性质，同时如果以数额为依据，就把非物质性不正当利益排除在法律的打击范围之外了。"[①] 有学者认为，"对于贿赂犯罪，如果惩治力度轻，不足以达到预防和遏制贿赂犯罪频发时，贿赂犯罪便出现破'窗式'的多米诺效应。因此，对贿赂犯罪应采取'零容忍'态度，实行零容忍政策。数额应作为量刑幅度的标准，而不应成为定罪的法定标准。如果把对贿赂行为的容忍度降低为零，既可以避免以数额作为认定贿赂犯罪而出现的弊端，也可以有效地预防和打击贿赂犯罪。"[②] 有学者认为，"对于贪污贿赂应当实行零容忍，无论数额多少，都应当从法律上做出否定的评价。'官偷1万方贪，民盗1000即是盗'。反腐败不能抓大放小。我国应取消关于贪污贿赂犯罪的数额规定。"[③] 有学者认为，"立法必然并且应当允许存在一定的模糊性。我国刑法对于受贿罪规定入罪的具体数额，不利于维护刑法的稳定性、严肃性和权威性。世界上大部分国家和地区的刑法一般没有规定受贿犯罪的数额起刑线，而且主要是根据受贿犯罪的情节轻重进行处罚。有些国家的刑法对受贿罪的处罚也考虑了受贿的数额，但受贿数额只是处罚加重的因素，并非像我国刑法一样受贿数额可以作为起刑数额。"[④] 对于数额标准是否具体化争议颇多，并且不少论者认为数额标准存在单一、僵化、操作性不强的问题，提出要取消《刑法》第383条对数额标准的规定。现行《刑法》第383条取消了数额标准，但司法实践中如何具体把握是否构成犯罪以及量刑的轻重，是一个不得不面对的现实问题。2016年4月18日最高人民法院、最高人民检察院通过的《关于办理贪污贿赂刑事案件适用法律若干问题的解释》对数额标准又重新做了明确规定。贪污贿赂犯罪的数

---

① 李雄舟："关于贿赂犯罪的几点思考"，载《鄂州大学学报》2010年第5期，第28—31页。
② 王秀梅："论贿赂犯罪的破窗理论与零容忍惩治对策"，载《法学评论》2009年第4期，第67—70页。
③ 曾凡燕、陈伟良："贪污贿赂犯罪起刑数额研究"，载《法学杂志》2010年第3期，第132—134页。
④ 卢勤忠："我国受贿罪刑罚的立法完善"，载《国家监察官学院学报》2008年第3期，第82—88页。

额标准不能取消而是应当进一步细化，数额起点应当进一步降低而不是提高，对贪污受贿实行零容忍，降低有底线，易于操作，提高无上线，且易于造成纵容数额较低的贪污受贿行为，给人一种印象数额较低的贪污受贿行为是刑法不禁止的，不是犯罪。另外，不符合我国贪污贿赂犯罪的立法的传统，重惩贪、零容忍、数量化、多档次。许多国家贪污受贿行为没有数额起点实行零容忍，有些国家存在数额起点但起点都很低，"如美国参议院1995年通过一项议案，决定将接受50美元以上礼物的行为视为受贿"[①]。《瑞典反贿赂法》规定："国家公务员不得接受价值200克朗（1克朗约合1元人民币）以上的礼物，否则就视为受贿。"[②] 有些国家，如美国有点像我国古代的以赃计罚，规定了十几个数额档次。我国现行刑法贪污贿赂犯罪立法仍然以赃计罚，但有数额起点，而且数额起点较高，并且有越来越高的趋势，特别是贪污贿赂犯罪的成罪标准高于盗窃罪；贪污罪、受贿罪的量刑幅度过宽，刑罚等级划分太少，同一等级内部数额差距太大，远少于清代的十三个刑罚等级。

以赃定罚是中国古代立法的通例，数额是贪污贿赂罪量刑的一个最重要的依据，贪污受贿数额的大小直接影响量刑的轻重。贪污贿赂犯罪依据数额的大小划分为不同的数额幅度，不同的数额幅度对应不同的量刑幅度。唐宋以后数额幅度划分越细、越多，相对应的量刑幅度也就越细、越多，从各个数额及量刑幅度内部相互比较的角度看，数额及量刑幅度存在由小变大、由细变粗的趋势。各个朝代往往通过降低适用死刑的数额标准来加大惩贪力度，死刑适用的低数额往往是严惩贪污最重要的标志，与此同时，通过提高死刑的数额标准来放宽对贪污贿赂犯罪的惩罚，但各个朝代在贪污贿赂问题上都实行零容忍，都没有在立法上向贪污贿赂让步、对数额较小的贪污贿赂予以宽容，都没有通过设立贪污贿赂犯罪的数额起点，把数额较小的贪污贿赂行为除罪化来放宽对贪污贿赂犯罪的惩罚。古代即使在贪风猛烈时期也没有通过立法的形式明确规定数额较小的贪污贿赂行为不构成犯罪，不处罚，或者仅接受降级、免职等行政处罚。抓大放小不是古代惩贪立法的指导思想。实

---

① 李秀根："反腐败斗争深得人心"，载《参考消息》1995年8月24日。
② "反腐败飓风风卷全球"，载《人民日报》，1997年2月4日第6版。

际处罚上也许存在不按法律处罚，法外从轻的问题，这是人治政治的通病。以赃定罚之所以数千年延续不断，表明有着一定的合理性，但也面临着两个问题：一是计赃的方法问题。无论用实物计赃还是用货币计赃，都存在一个物价变动问题，而物价的变动直接影响着实际的量刑轻重，在物价飞涨、通货膨胀时期（如南宋）这一问题就显得特别严重，货币贬值使得与过去相比，同等数额货币的社会危害性降低，如果不做调整，就显得处罚过重。偶尔也会出现物价降低，物价降低则使得与过去相比，同等数量货物的社会危害性降低，如果不做调整，同样显得处罚过重；二是在贪污受贿严重时期，多数案件所涉及的贪污受贿数额都远远地超过了法定的数额标准，甚至超过了法定的死刑数额标准，使得法定数额标准划分的实际意义丧失，于是形成了倒逼机制，迫使统治者不得不放宽死刑适用的数额标准，以至于出现了贪风越烈、处罚越轻的状况。等到了一个封建王朝的后期，贪污受贿往往成为官场上的生存方式，使得惩贪无法进行，即使个别皇帝想严惩贪污受贿，但已没有可以利用的惩贪政治力量，根本无法进行。尽管存在这些问题，但因其具有很强操作性，因此，一直被沿用。

以清代法为例，很少采用模糊语言，而是追求最大限度的具体化、精确化和数字化，操作性更强，自由裁量的余地较小。唐以来，中国历代法典关于官吏受贿罪都是用赃物数量的多少和价值的贵贱来决定刑罚的轻重的。我国法学界关于古代法以赃定罪的说法并不准确，事实上古代法中数额并不是定罪的标准。清代法规定，"一两以下，杖七十"，一两并不是罪与非罪的划分标准，并不是定罪的数额起点，并非低于一两不处罚，一两以下至多少，也没有底线，显然只要在零与一两的区间内都属于一两以下，都要杖七十，准确地说古代法是以赃计罚，而不是以赃定罪，数额并不是定罪的标准，只是量刑的标准，数额无论多少只要不是零就构成犯罪，数额的大小只影响量刑的轻重，并不影响罪的有无。清代法在受赃的问题上采取了零容忍态度，即只要有受贿行为不论数额多少，也不论事前事后、不论实际收受还是口头承诺、不论枉法不枉法，都是犯罪。相反，当代中国刑事立法采取的是相对容忍的态度，即数额不仅是量刑的标准，数额同时也是定罪的标准，低于一定数额的受贿，包括不枉法的受贿、口头承诺的受贿都不构成犯罪。在这一点上，当代法显然与古代法是不同的。一定意义上可以说当代中国刑法体现了抓大放小的立法思想，对于数额不大的受贿行为予以容忍，只有严重的受贿才构成犯罪，轻微的受贿不构成犯罪。这是不是一种立法的进步？迄今为止没有人认为这是立法的进步，相反，当前国内已有学者撰文指出这种立法的不科学、不合理性，主张在贪污受贿问题上实行零容忍政策。国外许多国家的刑事立法在贪污受贿问题上实行零容忍政策，即使规定数额作为起刑点的国家，数额标准也都很低，只要收受的数额高于常人日常生活中礼尚往来的数额就构成犯罪。

随着人们富裕程度提高、通货膨胀，受贿数额越来越大且受贿主体越来越多以及实际上1万元以下（甚至5万元、10万元以下）的受贿行为很少被追究，有人主张应当进一步提高受贿构成犯罪的数额起点，甚至有人认为应当随着上述因素的变化，相应地不断提高受贿构成犯罪的数额起点。按照这些人的看法，受贿越严重就应当在更大的程度上被容忍，或者说，规定的低一点也没用，因为受贿太多了，数额较大的受贿也查处不过来，哪有时间查处数额较小的受贿？与其规定而不查处还不如不规定。我们应当如何看待上述观点？首先，上述问题不只是今天才存在，古代也存在。只要把数额作为定罪量刑的标准就会遇到这些问题。如何破解这一难题？从古代的法律实践来看，唐宋时期曾随着物价的变动不同程度地调高了相应量刑标准的数额起点以求避免物价变动所造成的惩罚过重现象，但是都没有把数额作为定罪标准并逐渐提高这一标准，以适应贪污贿赂形势日益严峻的现实。在古代法上数额不是定罪的标准，不存在定罪的数额标准，因此也不存在定罪数额标准的调整问题。定罪数额标准的调整完全是一个当今中国刑法上的问题，是以对一定程度的受贿的容忍为前提的，定罪数额标准的变化与立法者、社会公众的容忍度、物价及收入水平有关。目前，学术界既有主张调高定罪数额标准的学者，也有主张调低定罪数额标准，甚至取消定罪数额标准的学者，但多数学者持后一种观点，显然逐渐调高受贿罪定罪数额标准的观点是荒唐的，降低乃至取消定罪数额标准是大势所趋。量刑的数额标准是一个古今共同面临的问题，当今世界也有一些国家的刑法规定了量刑数额标准。以赃计罚，把受赃数额作为刑罚轻重的标准是中国古代法的一个传统，是各个朝代一直延续不断的一种做法，而且在古代法中量刑的数额标准有一种越分越细的趋势。虽然这种做法在司法实践中面临着一定的挑战，特别是一个王朝的后期问题越发严重，但各个朝代都没有放弃这种做法，或者对量刑的数额标准进行微调，或者对其日益成为具文的现实置之不理。唐以前已经有了这种档次的划分，元朝的时候这种档次划分更细，明朝立法虽然参照唐律，但是在这种档次划分上则与元朝相近，无疑受到了元律的影响。清朝法律沿用了明朝的做法。当代美国刑法量刑指南对于受贿罪也规定了十几个档次的量刑标准。零容忍、无最低数额起点、档次多而且各个档次之间差距、幅度较小、划分更细密，这种做法无疑有利于更好地体现罪刑相适应，有利于防止司法擅断，有利于公正量刑。因此把数额作为量刑的一个标准无疑具有一定的科学性、合理性（是一个标准而不是唯一标准，即使在古代数额也是一个标准，是否枉法、是否自首、是否完全退赃等因素也是实际影响量刑轻重的标准，不过应当注意数额是量刑的主要标准）。当代中国刑法只有四个档次，显然档次太少、幅度太大、配置不合理。关于这一点当前我国刑法学界已有不少学者明确予以指出。不过，应当承认法律具有自身无法克服的局限性，即无法应对大规模的、全社会性的、以几何级数增加的巨额受贿，如果腐败已经遍及全社会且越演越烈之时，任何法律都是无能为力的，这时受贿用法律制裁的方法已经无法解决，而需要用直接的政治手段予以解决。量刑的数额标准是需要的，取消量刑的数额标准是不合适的，这样将会使司法机关无所适从，使司法机关的自由裁量权更大。量刑的数额标准也可以随着物价的变动进行微调，但是随着经济的发展、人们富裕程度的提高，随着腐败更加严重，受贿数额越来越大且受贿主体越来越多，随着受贿案件越来越多，司法机关承办能力受到挑战，以这些作为调整数额标准的理由是不合适的。在这个问题上，与清代法相比，当代中国刑法明显存在两个弊端：一是，把数额作为受贿罪的一个定罪标准，面临着数额标准调整的压力，逐步提高定罪数额标准永无止境，而且面临一定的社会压力，而且无疑不利于防微杜渐；二是，虽然把数额作为受贿罪的一个量刑标准，但是标准划分很不合理，立法过于粗疏、档次太少、幅度太大，使得司法机关的自由裁量权过大，容易助长司法腐败。清代惩贪立法实行零容忍，只要有赃，无论数额多少，都构成犯罪。

清代数额只是作为确定刑罚等级的一个标准，而不是构成犯罪的法定标准。由于清代没有贪污、受贿构成犯罪的数额底线，因而就不存在提高或降低构成贪污、受贿罪的数额底线的问题。清代贪污罪、受贿罪的刑罚等级划分很细，同一刑罚等级内部数额差距较小。清代的数额标准与现在一样，也存在单一、僵化和操作性不强的问题，但清代的做法是不断提高较重的刑种，如流刑、死刑等的数额标准，而不是取消数额标准。考虑到我国目前的司法实际，贪污贿赂犯罪的数额起点、标准应当保留，但数额起点应当进一步降低，而不是继续提高；刑罚的数额幅度应当进一步细分，而不是更加模糊，情节规定应当更加具体化。

二、受贿罪法定刑条款的独立设置

受贿罪与贪污罪虽然都是职务犯罪，但两者之间存在较大差别，贪污罪具有财产犯罪的属性，而受贿罪虽与财产有密切关系，但并不存在侵犯财产权的问题，因此，受贿罪适用贪污罪的处罚规定很不合理，受贿罪应当有自己独立的刑罚体系，不应当依照贪污罪的处罚规定进行处罚。有学者认为，"对于受贿罪的处罚不宜参照贪污罪的规定，而应设置独立的法定刑条款。理由如下：首先，犯罪性质并不完全相同。其次，犯罪手段和主观意图并不相同。再次，社会危害性大小因素并不相同。多数国家将贪污罪与受贿罪规定在不同的章节中，对于受贿罪专门规定了相应的处罚情节"。[①] 贪污罪主要是财产犯罪，而受贿罪虽与财产有关，但并不属于财产犯罪，对于受贿罪而言，受贿是否以枉法为条件，是否造成其他严重的社会危害后果应当予以优先考虑。

清代法与当代刑法受贿罪相近的受赃就是单独设置刑罚的，《大清律例》卷三十对受赃作了专门规定。清代法与当代刑法的贪污罪相近的监守自盗仓库钱粮规定在《大清律例》卷二十三刑律贼盗上。清代法延续了中国古代法的传统，把官盗、常人盗、窃盗共同作为盗窃罪的一种具体类型规定在一起，

---

① 卢勤忠："我国受贿罪刑罚的立法完善"，载《国家监察官学院学报》2008年第3期，第82—88页。

而且官盗的刑罚重于常人盗和窃盗。当今世界上绝大多数国家的受贿罪是单独设置的，很少有国家受贿罪按贪污罪的处罚规定进行处罚。绝大多数国家公职人员利用职务之便把公共财产据为己有称公务侵占罪或职务侵占罪，规定在侵占罪中，少数国家也称贪污罪，但贪污罪与受贿罪分别适用不同处罚规定。

三、受贿罪"为他人谋取利益"应否取消

根据我国现行刑法的规定，非法收受他人财物，构成受贿罪，必须为他人谋取利益，包括承诺为他人谋取利益但还没有实施、正在实施但没有实现、已经实现三种情况，另外，明知他人有具体请托事项而收受其财物的，视为承诺为他人谋取利益。根据该规定非因事非法收受他人财物，他人无具体事项在受财人主管之下也并未要求受财人为自己谋取任何利益，受财人也没有为他人谋取利益的，不构成受贿罪。根据该规定，担任一定职务的国家工作人员不因公事而收受所管辖范围内的人员在各种节日、婚丧嫁娶、生日升迁庆贺、疾病等场合赠送的财物、礼物，不构成受贿罪，仅属于一种违反党纪政纪的行为。目前，国内刑法学界多数学者主张取消受贿罪为他人谋取利益的规定，把上述情况也包括在受贿罪的范围内，扩大受贿罪的犯罪圈。

在现实生活中，担任一定职务的国家工作人员所管辖范围内的人员非因有事请求而给国家工作人员赠送礼物、财物，并非没有任何目的，通常情况下，是为了将来有事请求而与国家工作人员建立私人感情，即所谓的"放长线、钓大鱼"；有的是在送礼成风的社会环境下由于受其管辖，他人送而自己不送，担心国家工作人员利用职权对其既得利益构成不利影响或设置障碍；有的是对国家工作人员过去给予的照顾表示感谢；有的与国家工作人员之间存在政治上保护与被保护、利用与被利用的关系。与此同时，担任一定职务的国家工作人员非因有事而收受他人赠送的财物、礼物，除了过去已经为他人谋取到利益的情况外（该种情况相当于事后受贿），通常情况下就算眼下无须为他人谋取任何利益，但是一旦将来他人有事请求，就必须给予帮助，关于这一点送礼人与收礼人双方都是心知肚明的，俗话说得好，吃了人的嘴软，拿了人的手短。实际上，在中国文化的背景下，收礼人有一种道义上的

责任，为送礼人谋取利益，保护送礼人的利益。送礼人为了将来有事请求而给予国家工作人员以礼物、财物，收礼人默认送礼人将来有事请求时给予帮助，是一种极其隐蔽的行贿、受贿，其潜在的社会危害性很大，不能不防，把这种情况除罪化，不利于从源头上预防贿赂犯罪。

在中国古代法上，上述情况始终是作为官吏赃罪的一种予以规定的。《唐律》官吏受财分因事、非因事两种情况，分别设置不同的罪名，处罚也不同。官吏因事受财，枉法，最高刑是十五匹绞，不枉法，最高刑是三十五加役流；官吏非因事受财，又分为三种情况：受所监临财物、因使受馈送、监临受供馈。受所监临财物，收受，最高刑是五十匹流二千里，乞取、强乞取属于现行刑法受贿罪之索贿的情况，因使受馈送的处罚与受所监临财物相同，监临受供馈，坐赃论，最高刑是徒三年。受所监临财物与现在的接受贵重物品或者价值较大的其他财物相当，监临受供馈与现在的接受普通物品或者价值较小的其他财物相当。《宋刑统》沿用了《唐律》规定的内容。《大明律》取消了《唐律》关于受所监临财物的罪名，把受所监临财物所指的情况归并到了坐赃致罪中，坐赃致罪最高刑，五百贯，杖一百、徒三年；《大明律》取消了《唐律》关于的因使受馈送、监临受供馈的罪名，把因使受馈送、监临受供馈所指的情况归并到了在官求索借贷人财物中，在官求索借贷人财物，接受所部内馈送土宜礼物，受者，笞四十。《大清律例》沿用了《大明律》的规定，但有清一朝，官场上的送礼风气非常严重，法律规定形同虚设。从顺治朝一直到乾隆朝屡发上谕严禁官场上的送礼风，但屡禁不止，收效甚微。乾隆朝中后期以后，在乾隆皇帝的带动下官场上的送礼风愈演愈烈，嘉庆皇帝主动带头不接受礼物，但是，官场上的送礼风已经很难禁革，嘉庆以后很少有皇帝再对官场上的送礼风开刀。尽管，清朝官场上的送礼风气非常流行，但至少，从法律形式上并没有把官吏非因事收受财物、礼物彻底除罪化，没有把官吏非因事收受财物、礼物仅当作一种违反行政纪律的行为。显然，从有效预防贿赂犯罪的角度看，《唐律》的做法更合理，《大明律》改重为轻，并不妥当，属于立法上的一大败笔，《大清律例》继承了《大明律》的规定，在立法上没有大作为，实践上，更糟糕。当前贿赂罪立法可以效法《唐律》，把国家工作人员利用职务上的便利，非法收受他人财物，不为他人谋取利益的情况，予以犯罪化，但是，应当作为一种从轻、减轻或者免除处罚的情节。例如，《刑法》第385条规定取消"为他人谋取利益"的内容，增加一款内容：国家工作人员利用职务上的便利，违法收受他人财物、礼物，不为他人谋取利益的，应当从轻、减轻处罚；数额较小的，应当免除处罚。

四、贿赂罪犯罪对象范围的扩大问题

当前，我国刑法学界普遍认为，目前贿赂罪的犯罪对象范围规定太窄，贿赂并不仅限于财物，财物不能涵盖所有的贿赂犯罪活动，当今社会的贿赂有许多新的形式，如提供各种各样的免费高档的服务，包括性服务，提供各种各样的获利机会，提供工作、旅游机会等。中国古代非财物很少用于贿赂，能够用于贿赂的主要是财物及财产性利益，也不存在诸如提供性服务之类的贿赂手段，但元代也有以女儿作为贿赂物的记载。《唐律》贿赂罪立法的基本精神是力求全部覆盖当时可以用作贿赂手段的所有好处和利益，不留任何漏洞。明、清律贿赂罪立法也继承了这一精神。古代立法体现了最大范围地禁止官吏受贿的精神，受贿的对象穷尽了官吏当时所有可能得到的利益，而现行刑法则没有穷尽官员现在所有可能得到的利益。所有可以作为官员受贿对象的利益都应当通过立法禁止，而不应人为地把非物质的、难以量化的利益排除在受贿罪的范围外。

五、受贿罪的死刑是否应当限制和废除

有学者认为，"对于受贿罪应限制及最终废除死刑，理由如下：第一，与有关国际公约的要求不符。第二，与世界上多数国家不对受贿犯罪适用死刑的普遍做法不符。第三，我国刑法上曾有过对受贿不采用死刑的做法"。[1]有学者认为，"司法实践已经充分说明，死刑的适用并没有遏制贪污贿赂持续上升的犯罪率，死刑的威慑力非常有限。因此，我国应该废止贪污贿赂犯

---

[1] 卢勤忠："我国受贿罪刑罚的立法完善"，载《国家监察官学院学报》2008年第3期，第82—88页。

罪死刑的适用"。① 有学者认为，"贪污贿赂罪的死刑不能从根本上遏制犯罪、不符合谦抑性思想、违背罪行均衡原则、不利于国际司法协助。尽管我国的刑法规定了贪污罪和受贿罪可以适用死刑，但是这一规定并没有遏制贪贿型犯罪，相反，涉嫌贪贿的贪官越来越多，涉嫌贪贿的贪官级别越来越高，涉嫌贪贿的数额越来越大。贪贿型犯罪适用死刑是对一种制度不完善而促成的犯罪适用死刑，属于量刑不当。相对于其他犯罪，贪贿型犯罪是完全可以预防的，更无须处以极刑来威慑和惩罚。对贪污贿赂罪不能适用死刑，不等于不需要严厉惩治贪污贿赂罪。应当对贪污贿赂罪广泛适用没收财产、罚金以及剥夺资格刑在内的各种制裁手段。应当将贪贿型犯罪的最高刑从死刑降格为无期徒刑，同时，应当增设罚金刑，完善资格刑，增设剥夺任职资格。"②

适用死刑可以提高受贿罪的个人犯罪成本，但是，死刑的震慑力是有限的。古今中外的政治和法律实践已经充分证明了适用死刑并不是预防受贿罪的最佳方法，受贿罪频发最主要的原因并不在刑罚的震慑力不够，死刑适用不足，也不在于个人的修养不够，道德品行不高，而在于政治权力过分集中于某个人或某几个人而又缺乏一种有效制度、体制约束这些人违法运用权力谋取个人私利；因此，预防和减少贿赂犯罪最有效的方法是建立一种适度分权且各种权力彼此之间可以有效制衡的政治权力体系，而不是更多地适用死刑。中国古代普遍迷信死刑的作用，往往把死刑适用范围的扩大作为加大惩贪力度的重要措施，唐以来历代法律，除元代外，受贿罪均规定了死刑。从中国古代死刑实际适用的情况来看，死刑的适用与吏治的清明之间并不存在正比关系，以清朝为例，雍正朝实际执行死刑很少，但吏治较好，而乾隆朝实际执行死刑较多，但吏治远不如雍正朝。不过，死刑适用的扩大无疑对于吏治的清明具有明显的、积极的影响，唐朝、宋朝、明朝初年对贪贿官员适用死刑较多，吏治明显好转。

---

① 侯明："对我国贪污贿赂犯罪死刑适用的研究"，载《中州大学学报》2009年第5期，第44页。
② 王明高、牛天明："论废除我国贪污贿赂型犯罪中的死刑规定"，载《湘潭大学学报（哲社版）》，2006年第5期，第41—45页。

六、非法收受他人财物、为他人谋取利益构成受贿罪时的处罚应否区别对待为他人谋取正当利益与不正当利益

目前，我国刑法学界很少有人探讨这一问题，从现行受贿罪的立法规定来看，对非法收受他人财物、为他人谋取利益构成受贿罪时的处罚没有明确区分谋取正当利益与不正当利益，并根据谋取正当利益与不正当利益的不同情况，分别予以处罚，但有关行贿罪的司法解释把为谋取非法利益而行贿作为一种从重处罚的情节对待，说明司法机关已经注意到了违法与不违法的差别。根据我国现行刑法的规定，非法收受他人财物、为他人谋取不正当利益包括两种情况：第一种情况是为他人谋取不正当利益的行为独立构成另一个罪，如司法工作人员非法收受他人财物，在刑事审判中故意违背事实和法律作枉法裁判的，将同时构成受贿罪与徇私枉法罪。国家机关工作人员违法收受他人财物，违反土地管理法规，违法批准征收、征用、占用土地，同时构成受贿罪与非法批准征用、占用土地罪；第二种情况是为他人谋取不正当利益的行为并不构成犯罪，仅属于一般违法行为，如违反经济、法律法规的行为。为他人谋取不正当利益的行为构成犯罪的，依据我国刑法规定实行数罪并罚，与谋取正当利益相比，实际处罚更重，但为他人谋取不正当利益的行为不构成犯罪时，就仅成立受贿罪，此时是否应当比谋取正当利益处罚更重，根据司法解释的精神，处罚应当更重，但现行司法解释并没有明确作出规定，实践中只能作为一种酌定情节考虑。

中国古代法上，从南北朝时期开始就对受贿罪区分枉法与不枉法，枉法处罚重于不枉法，这一做法一直延续到清朝。当今世界上也有很多国家受贿罪区别枉法与不枉法，枉法处罚重于不枉法。现行刑法索贿不以为他人谋取利益为条件，而收受贿赂以为他人谋取利益为必要条件，因此我国现行刑法不惩罚收受贿赂而不为他人谋取利益的行为，客观上使大量的受贿行为逃避了刑法的制裁。《刑法》第385条受贿罪可以考虑把"非法收受他人财物，为他人谋取利益的，是受贿罪"独立作为一款，修改为非法收受他人财物，为他人谋取利益的，是受贿罪，为他人谋取不正当利益的，从重处罚。

七、特殊职位的国家工作人员受贿应否从重处罚

我国现行刑法规定的国家工作人员受贿罪没有区分特殊国家工作人员与普通国家工作人员，也未规定特殊国家工作人员受贿罪，从重处罚。当前我国刑法学界很少有人探讨这一问题。元朝的法律规定，对风宪官吏犯赃，从重处罚。《大明律》继承了元朝的这一做法，在《刑律》受赃中对风宪官吏犯赃做了专条规定，《大清律例》继承了《大明律》的这一做法。当今世界也有一些国家对高级官员、法官受贿，从重处罚。因此，《刑法》第385条受贿罪可以考虑增加一款，各级党政机关主要领导、法官、检察官、纪检监察人员、行政执法人员受贿的，应当从重处罚。这些人员受贿对社会的危害更大，因此，应当比普通国家工作人员处罚更重。

八、完善受贿罪的资格刑

有学者指出，"目前受贿罪没有规定资格刑，应当明确规定资格刑"。[1]《大清律例》"官吏受财"明确规定了附加资格刑，"凡官吏因枉法、不枉法事受财者，官追夺除名，吏罢役，赃止一两，俱不叙用"。[2] 我国现行刑法受贿罪没有专门规定资格刑，仅笼统地规定由其所在单位或者上级主管机关酌情给予行政处分。受贿罪是一种职务犯罪，应当附加资格刑，如受贿金额在3万元以上，开除公职，不满1万元的，由所在单位或者上级主管机关酌情给予行政处分。

九、行贿罪"为谋取不正当利益"的规定应否取消？为谋取不正当利益行贿与谋取正当利益行贿应否区别对待

依据我国现行刑法的规定，除非为谋取不正当利益而给予国家工作人员以财物的，否则就不构成行贿罪，为谋取正当利益，给予国家工作人员以财物的，不构成行贿罪，国家工作人员构成受贿罪。另外，为谋取非法利益，

---

[1] 卢勤忠："我国受贿罪刑罚的立法完善"，载《国家监察官学院学报》，2008年第3期，第82—88页。
[2] 《大清律例》，法律出版社1999年版，第494页。

给予国家工作人员以财物以外的其他任何好处，也不构成行贿罪。根据现行有效司法解释，为谋取非法利益而行贿是一种严重行贿犯罪行为，构成行贿罪从重处罚的情节，非法利益属于不正当利益，但依据司法解释对不正当利益所下的定义，不正当利益的外延更广，不仅包括非法利益，还包括违反国家政策和国务院各部门规章规定的利益。我国刑法学界多数学者主张取消行贿罪"为谋取不正当利益"的规定。我国古代法上行贿罪的范围很广，不谋取具体利益或者为谋取正当利益而给予官吏财物、礼物，也构成犯罪，以《唐律》为例，按照现代刑法关于行贿罪的规定，可以分为两类：一类是有事以财行求，其中又分为两种，一种是导致枉法结果的行贿，坐赃论，另一种是没有导致枉法结果的行贿，减轻二等处罚。《宋刑统》沿用了此规定，《大明律》改为有事以财请求，只规定官吏得枉法者，坐赃论，取消了没有导致枉法结果的行贿减轻二等处罚的规定，《大清律例》继承了此规定；另一类是非因有事在官而与官吏财，简称与财，受所监临财物，受者，罪止流二千里，与者，减五等，罪止杖一百。《宋刑统》沿用了此规定。《大明律》取消了受所监临财物的规定。《大明律》在官求索借贷人财物规定：若接受所部内馈送土宜礼物，受者，笞四十，与者，减一等，坐赃致罪，与者减五等。《大清律例》沿用了此规定。中国古代法有事以财行求大体相当于现行刑法为谋取不正当利益而给予国家工作人员以财物的情况，与监临财物、与监临官土宜礼物指不谋取具体利益或者为谋取正当利益而给予国家工作人员以财物的情况。中国古代法有事以财行求、与监临财物、与监临官土宜礼物分别规定在不同的条文，与监临财物、与监临官土宜礼物的处罚轻于有事以财行求。外国刑法关于行贿罪的规定多数不以谋取不正当利益为要件，即使谋取正当利益而行贿也构成行贿罪，但许多国家的刑法为谋取正当利益而行贿与为谋取非法利益而行贿处罚不同，为谋取非法利益而行贿更重。

为了有效地预防行贿犯罪，为谋取正当利益给予国家工作人员以财物的行为应当犯罪化，但应与谋取不正当利益给予国家工作人员以财物的情况区别对待，作为行贿罪的一种从宽情节予以规定。《刑法》第389条规定的为谋取不正当利益，不正当三个字应删除，改为为谋取利益。《刑法》第390

条可以增加一款,为谋取正当利益,给予国家工作人员以财物,构成行贿罪的,应当从轻、减轻处罚,数额较小、危害不大的,应当免除处罚。

十、行贿罪是否应当与受贿罪同样处罚

根据我国现行刑法的规定,行贿罪与受贿罪处罚不同,一方面行贿罪的犯罪圈比受贿罪小,另一方面行贿罪没有死刑规定。我国刑法学界对行贿罪是否应当与受贿罪同样处罚分歧较大,但近年来有越来越多的学者主张行贿应当与受贿同样处罚。有学者指出,"贿赂犯罪是对合犯,行贿与受贿应当同罪。虽然现阶段我们打击的重点是受贿犯罪,对受贿罪的法定处罚比行贿罪重,但对行贿罪的处罚偏轻。应当加重对行贿处罚,并要处罚金或没收财产。行贿人如实作供就免责,不作证,一旦定罪就重罚"。[①] 我国古代法上清朝以前行贿罪与受贿罪处罚不同,行贿罪的处罚轻于受贿罪,以《唐律》为例,监主受财枉法,一尺杖一百,十五匹绞,有事以财行求,得枉法者,坐赃论,一尺笞二十,罪止徒三年;受所监临财物,一尺笞四十,五十匹流二千里,与者,减五等,罪止杖一百。《宋刑统》与《唐律》相同,《大明律》官吏受财,有禄人,枉法赃一贯以下,杖七十,八十贯绞,有事以财请求,枉法者,坐赃论,一贯以下,笞二十,罪止杖一百、徒三年。清朝顺治十五年条例,有事以财请求,计所与之赃,与受财人同科。顺治以后各朝均沿用了这一规定,《大清律例》有事以财请求律后附例对此做了专门规定。清朝是我国历史上唯一一个行贿罪与受贿罪处罚相同的朝代。

从当今外国刑法关于行贿罪的规定来看,既有规定行贿罪的处罚轻于受贿罪的国家,也有规定行贿罪与受贿罪处罚相同的国家。从犯罪的主观方面看,以谋取非法利益为目的的行贿人,其主观恶性程度并不低于受贿枉法的受贿人,除了索贿外,行贿是受贿的诱因,行贿是一种积极主动的行为,受贿是一种消极被动的行为,行贿人的主观恶性程度更大;从社会危害性的角度看,行贿的社会危害性小于受贿,行贿的社会危害性最终取决于行贿对象

---

① 庄国伟:"香港《防止贿赂条例》与内地贪污贿赂罪立法重构",载《韶关学院学报》2010年第2期,第58页。

是否收受，如果行贿对象拒不收受，行贿行为可能的社会危害性就无法转变为现实的危害，收受人处于主动的、决定的地位，受贿行为的社会危害性是直接的，行贿行为的社会危害性只有通过受贿行为才能实现，是间接的，行贿行为是一种诱因行为、条件行为，受贿行为是一种决定性行为。另外，收受人负有对国家特别忠诚的义务，负有依法履行职责的特别使命，行贿行为只是为受贿行为提供了条件，行贿行为的社会危害性依附于受贿行为，受贿行为直接违背了国家工作人员的职务廉洁性，违背了社会的公平、公正，损害了法律的尊严，损害了人们对政府的信任，损害了政府的尊严。但是，如果行贿人是国家工作人员的场合，情况比较复杂，特别当行贿人是职权更高的国家工作人员及其子女时，受贿人就处于一种相对不利的地位，对方反而更加主动，甚至不得不被迫接受贿赂。除了行贿人是国家工作人员的场合外，行贿人虽不属于国家工作人员但如果社会地位更高、影响更大，受贿人则属于一般国家工作人员时，如行贿人是公司、企业的董事长、总经理，而受贿人是工商管理机构的普通执法人员的场合，受贿人实际上也处于一种相对不利的地位。在这两种情况下，行贿的社会危害性更大。综上所述，从罪刑相适应及有效预防贿赂犯罪的角度看，总体上，行贿罪应当与受贿罪同样处罚，但是，当行贿人明显处于弱势地位的场合，行贿罪的处罚应当轻于受贿罪，相反，当行贿人明显处于强势地位的场合，行贿罪的处罚应当重于受贿罪。建议《刑法》第389条，可以增加一款，国家工作人员、公司、企业高层管理人员行贿的，从重处罚；建议《刑法》第390条，可以增加一款，国家工作人员、公司、企业高层管理人员行贿，情节特别严重的，处死刑，并处没收财产。另外，为谋取不正当经济利益，给予国家工作人员以财物，构成行贿罪的，应当并处罚金，数额不大、情节轻微的，可以单处罚金。另外，可以再增加一款，为谋取正当利益行贿，行贿人在被追诉前主动交代行贿行为的，应当免除处罚，受贿人没有枉法为行贿人谋取利益的，行贿人应当免除处罚；行贿人为谋取不正当利益行贿，受贿人枉法为行贿人谋取利益，行贿人自首的，应当从轻、减轻处罚，数额不大、情节轻微，自首的，应当免除处罚。

第四节　完善中国贪污贿赂罪司法解释的构想

一、修改有关贪污罪司法解释的构想

2016年4月18日最高人民法院、最高人民检察院通过的《关于办理贪污贿赂刑事案件适用法律若干问题的解释》第1条建议修改为，犯贪污罪的，个人贪污数额不满5000元的，处1万元以下罚金，并予以降职降级处分；个人贪污数额不满1万元的，处2万元以下罚金，开除公职；个人贪污数额不满3万的，处6万元以下罚金，开除公职；个人贪污数额不满5万元的，处拘役或者1年以下有期徒刑，并处10万元以下罚金；个人贪污数额不满10万元的，处2年以下有期徒刑，并处20万元以下罚金；个人贪污数额不满20万元的，处3年以下有期徒刑，并处50万元以下罚金；个人贪污数额不满50万元的，处5年以下有期徒刑，并处100万元以下罚金；个人贪污数额不满100万元的，处7年以下有期徒刑，并处200万元以下罚金；个人贪污数额不满200万元的，处10年以下有期徒刑，并处400万元以下罚金；个人贪污数额不满300万元的，处12年以下有期徒刑，并处600万元以下罚金；个人贪污数额不满1000万元的，处15年以下有期徒刑，并处2000万元以下罚金；个人贪污数额在1000万以上不满5000万元的，处无期徒刑，并处5000万元以下罚金；个人贪污数额在5000万以上不满1亿元的，处无期徒刑，终身监禁，没收个人全部财产；个人贪污数额1亿元以上的，处死刑，并处没收财产。个人贪污数额1亿元以上，犯罪后有悔改表现并全部退赃的，处无期徒刑，终身监禁，并处没有个人全部财产。

二、修改有关受贿罪、行贿罪司法解释的构想

2016年4月18日最高人民法院、最高人民检察院通过的《关于办理贪

污贿赂刑事案件适用法律若干问题的解释》第 1 条建议修改为，犯受贿罪，个人受贿数额在 5000 元以下的，处受贿数额二倍的罚金，并予以降职降级处分；个人受贿数额在 5000 元以上不满 3 万元的，处拘役，并处受贿数额二倍的罚金，开除公职；个人受贿数额在 3 万元以上不满 20 万元的，处 3 年以下有期徒刑，并处受贿数额二倍的罚金；个人受贿数额在 20 万元以上不满 100 万元的，处 5 年以下有期徒刑，并处受贿数额二倍的罚金；个人受贿数额在 100 万元以上不满 200 万元的，处 7 年以下有期徒刑，并处受贿数额二倍的罚金；个人受贿数额在 200 万元以上不满 500 万元的，处 10 年以上有期徒刑，并处受贿数额二倍的罚金；个人受贿数额在 500 万元以上不满 2000 万的，处 15 年以下有期徒刑，并处没收财产；个人受贿数额在 2000 万元以上不满 5000 万元的，处无期徒刑，并处没收个人全部财产；个人受贿数额在 5000 万元以上不满 3 亿元的，处无期徒刑，终身监禁，并处没收个人全部财产。个人受贿数额在 3 亿元以上的，处死刑，并处没收财产。个人受贿数额 3 亿元以上，犯罪后有悔改表现并全部退赃的，处无期徒刑，终身监禁，并处没收个人全部财产。

1. 个人受贿具有下列情形之一的，应当从轻、减轻处罚，数额较小的，应当免除处罚

（1）非法收受他人财物，没有为他人谋取利益的；（2）全部退赃的；（3）受贿后违背职责和法律为他人谋取利益，数额较小，且自首的。

2. 个人受贿具有下列情形之一的，可以从轻、减轻处罚，数额较小的，可以免除处罚

（1）事后受贿的；（2）未实际收受的；（3）退赃超过三分之二的；（4）受贿后为他人谋取利益没有违背职责和法律的。

3. 受贿罪具有下列情形之一的，应当从重处罚

（1）索贿的；（2）非法收受他人财物，为他人谋取不正当利益的；（3）各级党政机关主要领导、法官、检察官、纪检监察人员、行政执法人员受贿的；（4）致使国家或者社会利益遭受重大损失的；（5）多次受贿的。

《刑法》第 389 条建议修改为，为谋取利益，给予国家工作人员以好处的，构成行贿罪。《刑法》第 390 条建议修改为，对于犯行贿罪的，依照本

法第386条的规定处罚。为谋取正当利益，给予国家工作人员以财物及其他财产性利益构成行贿罪的，应当从轻、减轻处罚，数额较小、危害不大的，应当免除处罚。国家工作人员、公司、企业高层管理人员行贿的，从重处罚。为谋取正当利益行贿，行贿人在被追诉前主动交代行贿行为的，应当免除处罚。行贿人行贿后，受贿人没有枉法为行贿人谋取利益的，行贿人应当免除处罚。行贿人为谋取不正当利益行贿，受贿人枉法为行贿人谋取利益，行贿人自首的，应当从轻、减轻处罚，数额不大、情节轻微，自首的，应当免除处罚。

第五章　中国古代惩治贪污贿赂罪司法实践的启迪

　　西汉时期惩治贪污贿赂犯罪的立法有了一个大发展，但立法与司法实践之间存在着一定的背离，法律适用具有极大的随意性、不彻底性，因人而异的特点十分明显。魏晋时期司法官吏受贿枉法非常严重，而惩治并不严。北魏惩贪严厉，但司法实践中也有不严格执法的例子。南陈受所监临财物的处罚仅仅是免官而已。唐朝惩贪前期严，中后期宽。北宋惩贪经历了一个从严变宽的过程。宋初，太祖、太宗颇用重典，以绳奸佞，真宗朝惩贪力度已明显偏软，特别是"弃市之法不复见，惟杖流海岛"①。仁宗时期，坐赃当死官员免死、免杖、免黥者越来越多，与之相应的是因犯赃被编管人数不断增加。仁宗后，"惩贪之法由严趋宽，宋朝的吏治也随之江河日下"②。神宗朝延续了仁宗朝惩贪乏力的疲软态势，甚至有过之而无不及。南宋惩贪经历了一个从欲有所为到流于形式的过程。元代在刑法方面的最大弊端在于任意而不任法，这一点在惩贪方面表现十分明显。《明大诰》体现了重典治贪，但包括《明大诰》在内的惩贪法律适用过程中宽严不一。下面重点以清代法律实践为例来说明中国古代立法与司法实践背离的情况、惩贪立法的现实启迪，并分析其政治体制原因及出路。

---

① 《二十二史札记》卷二四《宋初严惩赃吏》，中华书局2008年版，第235页。
② 张晋藩："中国古代惩贪治吏的历史借鉴"，载《政法论坛》1990年第4期，第4页。

第一节　中国古代惩治贪污贿赂犯罪的司法实践
——以清代为例

一、顺治朝

根据《清实录》进行不完全统计，顺治朝影响较大的贪污贿赂犯罪案件计约34件。从时间分布上看，顺治十一年以前约8件，平均每年不到1件，顺治十一至十七年约25件，平均每年约4件，顺治十八年1件，由此可见顺治十一年以后惩治贪污贿赂犯罪的力度明显加大。

从犯罪人被判处、执行的刑罚看，顺治十一年以前没有一、二、三品大员仅因为贪污贿赂犯罪被判处死刑并实际执行（福建巡抚周世科被斩虽涉及贪婪但还有其他罪行），其中有些官员没有被处罚，如弘文院大学士冯铨著令致仕；有些官员免于刑事处罚，仅予以行政处罚，如宣府巡抚李鉴追赃俸六个月，总漕吴惟华革职，永不叙用，赃追入官，兴安总兵官任珍安置盛京，尚书明安达礼、侍郎阿克善革世职一半并解部任；有些官员虽予以刑事处罚但准折赎，如兵部侍郎李元鼎徒五年、杖一百、折赎，刑部尚书刘余佑杖一百、折赎。顺治十一年起对一、二、三品大员的处罚有所加重，如顺治十一年大学士、吏部尚书陈名夏被处绞，陈名夏是顺治朝被处死的第一个正一品大员（陈名夏之死涉及侵贪但主要不是因为侵贪），同一年广西巡抚王一品行贿吏科给事中陈嘉猷银二千多两被处绞，顺治十六年十月正三品江南按察使卢慎言婪赃数万被凌迟处死（虽因贪而致，但之所以被凌迟处死与卢慎言诬噬原参承问各官且属于酷官有关）。顺治十一年以后对一、二品大员的处罚虽有所加重但涉及一、二品大员的案件审理程序是相对严格的，如工部侍郎周亮工婪赃案、山东巡抚耿焞等婪赃案，顺治帝多次驳回拟议，多次要求三法司覆议、再行详审。顺治朝官员贪污贿赂犯罪案件依法应当予以刑事处罚而法外开恩、免予刑事处罚的较多，其中，一、二品官员贪污贿赂犯罪有6案8人仅予以解任、革职、降职、革职留任等行政处分。

表6－1 清顺治朝贪污贿赂犯罪案件（据现有资料不完全统计）

时间	题奏或告发人	犯罪人	犯罪事实	审拟或部拟	裁决与执行	资料出处
顺治二年正月	—	赤城道朱寿鏊	贪酷不法	内院等衙门会审得实	朱寿鏊、绰书泰及其四子均处斩，并籍没其家	史松、林铁钧，《清史编年：第一卷》，中国人民大学出版社1985年版，第55页
顺治二年二月	—	宣府巡抚李鉴	受贿	下法司勘问，拟弃市	免死，追赃俸六个月	《世祖章皇帝实录》，中华书局1985年版，卷十四
顺治二年八月	给事中许作梅等劾奏	弘文院大学士冯铨	曾向大同总兵官姜瓖索银三万两	命刑部讯确具奏，无实	顺治八年闰二月谕吏部如冯铨先经叛逆吴达疏参私得叛逆姜瓖贿赂，便当引去，乃隐忍忽居官，著令致仕	同上，卷二〇
顺治五年三月	—	甘肃巡按许弘祚	坐私馈固山贝子满达海骆驼帐房	—	许弘祚革职，满达海"坐以应得之罪"，追馈人官物	同上，卷三〇
顺治五年五月	—	陕西按察使刘允	坐贪婪	—	革职	同上，卷三八

208

第五章 中国古代惩治贪污贿赂罪司法实践的启迪

（续表）

时间	题奏或告发人	犯罪人	犯罪事实	审拟或部拟	裁决与执行	资料出处
顺治六年八月	—	福建巡抚周世科	贪婪无忌，屡用非刑杀人	法司请按律凌迟，孥、家产没入官	命斩之，没其妻孥家产	《世祖章皇帝实录》，中华书局1985年版，卷四五
顺治八年五月	巡漕御史张中元疏参	总漕吴惟华	婪赃一万一千六百余两	刑部议覆，鞫问皆实，应论死	上命免死，革职，永不叙用，赃追入官。理由：投诚有功	同上，卷五七
顺治十年二月	—	兴安总兵官任珍等	兴安总兵官任珍遣家人行贿兵、刑二部官员	下法司勘问，任珍应革世职，赎身。刑部复勘，仍照原拟应死，籍没家产。兵部侍郎李元鼎应绞，金维城应革世职，籍家产之半。尚书明安达礼、侍郎觉罗阿克善，启心郎科尔可代、祝万年等应革职，祝善、刑部尚书刘余佑应杖一百，徒五年，革职，永不叙用	任珍免死，安置盛京。理由：曾立军功。李元鼎免死，徒五年，杖一百，折赎，金维城革世职一半，并解梅勒章京及部任。明安达礼、阿克善、科尔可代、祝万年、高登第、萨棻等俱革职，并解梅勒章京一半，祝善、卜兆麟降三级调外用，刘余佑革职，杖一百，折赎	同上，卷二七

209

(续表)

时间	题奏或告发人	犯罪人	犯罪事实	审拟或部拟	裁决与执行	资料出处
顺治十一年三月	内翰林国史院大学士宁完我	大学士、吏部尚书陈名夏	陈名夏霸占并居住任价值银十万两的江宁花园	吏部等衙门会鞫诸款俱实,陈名夏论斩,家产籍没,妻子流徒盛京。随命大臣再议,贝勒、大臣核议,陈名夏仍应论斩,妻子家产分散为奴	陈名夏,著处绞,妻子,著处绞,妻子家产免分散为奴。理由:久任近密,不忍肆之子市	《世祖章皇帝实录》,中华书局1985年版,卷八一
顺治十二年十二月	陈嘉猷接受王一品银两之事被同僚知悉,告发到吏、刑二部	广西巡抚王一品	行贿吏科给事中陈嘉猷及说事过钱人银二千多两	吏部、刑部议,王一品应绞,陈嘉猷应流徒宁古塔,终生不准收赎	从之	同上,卷八七
顺治十二年十一月	吏部书吏章冕等刚领阎商评告顺天巡按顾仁等	顺天巡按顾仁等	顾仁受章冕银二百两,两次违背面谕。刑部发贺绳烈居间行贿	顺治帝面鞫,俱得实情,并发表指导性意见,将顾仁、贺绳烈交由内大臣内三院、九卿、詹事、科道等会议,顾仁凌迟处死,妻、子家产没入官,贺绳烈应立斩	顾仁从宽著即处斩,贺绳烈从宽著即处绞,余依议。违背谕旨违背律文甚于违背律文	同上,卷九五

210

（续表）

时间	题奏或告发人	犯罪人	犯罪事实	审拟或部拟	裁决与执行	资料出处
顺治十四年七月	一	原任山西巡按刘嗣美	侵用赃银三千五百两	下刑部详鞫，追拟，刑部拟议应照监盗腹里仓库律，造成边卫，予以处罚太轻。帝认为驳回，著再详确议奏。内大臣伯索尼等的意见，刘嗣美坐赃致死太重，与受财有同，论死太重，拟比监守自盗律，减为徒刑，准其赎罪	得旨：刘嗣美以御史犯法，与常人不同，著流徒尚阳堡	《世祖章皇帝实录》，中华书局1985年版，卷一一零
顺治十三年丙五月	一	河西务分司员外郎朱世德	多徵税课人已，又侵盗库银，受贿委官	朱世德亏空额税一万三千余两，户部将缺额银两援都察院先命都察院察议，察院认为朱世德应革职，交刑部审拟。上命议政王、贝勒、大臣、九卿、詹事、科道会同从重议处衙门议，刑部等衙门议，应绞	从之	同上，卷一〇一

211

(续表)

时间	题奏或告发人	犯罪人	犯罪事实	审拟或部拟	裁决与执行	资料出处
顺治十三年闰五月	—	浙江杭嘉湖道史儒纲	婪赃共二万二千余两	刑部审奏史儒纲应流徒尚阳堡，援恩诏赦免，应革职，永不叙用	从之	《世祖章皇帝实录》，中华书局1985年版，卷一〇一
顺治十四年十月至顺治十五年四月	刑科右给事中任克溥参奏	考官李振邺等	贿卖举人	事下吏部、都察院严讯得实。命法司详加审拟，据奏王树德等俱应立斩，家产籍没，妻子、父母、兄弟流徒尚阳堡，孙珀龄等俱应立绞，家产籍没，张受等俱应立绞，监候，秋赞周应处决等语	李振邺、张我朴、蔡元禧、陆贻吉、项绍芳、举人田耜、邬作霖，俱著立斩，家产籍没，父母、妻子、兄弟俱流徒尚阳堡。王树德，宽免死，各责四十板，流徙尚阳堡，余依议。理由：多犯一时处死，于心不忍	同上，卷一一六
顺治十四年十一月至顺治十五年十一月	工科给事中阴应节参奏	江南主考方犹等	贿卖举人	刑部鞫实江南乡试作弊一案，正主考方犹拟斩，副主考钱开宗叶楚槐等17人俱著即处绞，同考试官叶楚槐等拟责遣尚阳堡，举人方章钺等人俱革去举人	方犹、钱开宗辄敢违朕面谕，俱著即正法，妻子、家产籍没人官，叶楚槐等17人俱著即处绞，妻子、家产籍没人官，方章钺等8人俱著责四十板，父母、兄弟、妻子并流徙宁古塔，余如议	同上，卷一二一

212

（续表）

时间	题奏或告发人	犯罪人	犯罪事实	审拟或部拟	裁决与执行	资料出处
顺治十五年四月	顺治帝密行采访得其奸弊	陈之遴等	内监吴良辅等交通内外官员人等作弊纳贿，陈之纲、王秉乾结交通贿	吏部等衙门会议陈之遴等贿结监犯吴良辅，鞫讯得实，各拟立决	陈之遴，免死，著革职，并父母、兄弟、妻子徙盛京，家产籍没。陈维新、陈维华等，俱姑免死，并父母、兄弟、妻子流徙盛京，家产籍没，吴惟华，责四十板，见弟、妻子流宁古塔，家产籍没	《世祖章皇帝实录》，中华书局1985年版，卷一六
顺治十六年十月	江宁巡按卫贞元参奏	江南按察使卢慎言	婪赃数万	刑部题卢慎言贪酷诸不法事，鞫审原参官各严承，且诬嗾理合即行凌迟处死，并妻子籍没入官	从之	同上，卷一二九

213

(续表)

时间	题奏或告发人	犯罪人	犯罪事实	审拟或部拟	裁决与执行	资料出处
顺治十七年四月	—	工部侍郎周亮工	赦后赃银一万有奇情	刑部题周亮工被参各款内审实有奇情，罪重赃银一万有奇情，应立斩，家产籍没入官。三法司议奏应如前拟，立斩，籍没。著再严加详审。三法司核议周亮工仍照前拟立斩籍没	周亮工依拟应斩，著监候，秋后处决，家产籍没。后恩诏子减等，改徒宁古塔，未行，会赦得释。康熙六年部议复得旨。周亮工起补山东青州海防道，后调江安粮道。康熙八年漕运总督帅颜保劾亮工纵役侵扣诸款，得旨：革职事审，复遇赦得释。九年，论绞，十一年死	《清史列传》，中华书局 2005 年版，第六七五页至六七五四页
顺治十六至顺治十七年	山东巡按程荃劾奏	山东巡抚耿焞等	耿焞婪赃六千有奇，济南知府贾一奇婪赃六百余两，济南同知杨桂英婪赃一千五百有奇	顺治十七年正月刑部奏言，耿焞、贾一奇、杨桂英应立斩，家产籍没入官。三法司覆议贪污者应立斩。山东巡抚耿耿焞贪婪情实，应照初议立斩，籍没。疏人，得旨：耿承招承其余各款，俱称审无实据，事关重辟，再行详审	顺治十七年12月22日内大臣同刑部议奏贪官未经流徙身故者，家产例不籍没，今耿焞身系巡抚不思尽心报国，赃私累累，情罪重大，陈耿焞妻子外，家产仍应籍没人官，余俱照前议。从之	《世祖章皇帝实录》，中华书局 1985 年版，卷一三四

214

第五章 中国古代惩治贪污贿赂罪司法实践的启迪

(续表)

时间	题奏或告发人	犯罪人	犯罪事实	审拟或部拟	裁决与执行	资料出处
顺治十五年七月	河南山东总督张悬锡留心遗,直隶巡抚董天机以其疏。	学士麻勒吉等	麻勒吉、胡兆龙、祁彻白沿途受督抚馈遗,复督率苟素锡张悬赐	九卿科道会议麻勒吉、胡兆龙、祁彻白均应革职,籍没家产,麻勒吉、祁彻白各鞭一百,为奴,胡兆龙鞭四十板,流徒尚阳	侍郎祁彻白革职拜他喇布勒哈番并所加之级,学士胡兆龙革去尚书衔并所加之级,麻勒吉革去所加之级,再降二级,俱仍留原任,所给各项诰敕俱行追夺	《世祖章皇帝实录》,中华书局1985年版,卷一一九
顺治十七年	都察院左都御史魏裔介劾奏	大学士刘正宗	正宗索取名马、刘芳名名姑绒、银器等物。正宗因其兄丧给假回籍,巡抚耿焞借送奠礼为名,贻以三千金	著刘正宗据实明白回奏。后议改王、贝勒,道大臣、九卿,遵旨会议无确据,奏人。后又庸议有罪,流人	刘正宗本当依拟正法,念任用有年,著革职,死,命,籍没家产一半归人旗下,不许回籍。余依议	同上,卷一三五
顺治十五年十月	—	原任推官李楼升	原任翰林诸豫为李楼升过付,原任推官李楼升受诸云子嘱托,为徐荣向、李振邪贿买关节	刑部等衙门会勘,李楼升应论死,并籍其家,其父母兄弟妻子流徒尚阳堡	楼升免死,俱流徒尚阳堡	同上,卷一二二

215

（续表）

时间	题奏或告发人	犯罪人	犯罪事实	审拟或部拟	裁决与执行	资料出处
顺治十六年闰三月	巡城御史访查，始行发觉	宗人府府丞董国祥	受卢慎言嘱托，分送金银	吏部等衙门会勘，董国祥，法应论死，因未及分送，自行出首，应免死，革职，流徒尚阳堡	从之	《世祖章皇帝实录》，中华书局1985年版，卷一二五
顺治十八年十一月	一	原任巡按湖南御史伶勘昕等	坐贪酷，狂言，诬告虚谎	三法司核奏得实	伶勘昕著处斩，其馀略司道等官二十三员，分别议处	《圣祖仁皇帝实录》，中华书局1985年版，卷五

顺治帝在贪污贿赂犯罪案件作出最后裁决时适用法律宽严不一，既存在法外用严的问题，也存在法外用宽的问题。

法外用严主要表现在对巡按御史婪赃、科场贿赂处罚比律文的规定要更加严厉（顺治帝严惩科场贿赂犯罪的做法被康熙朝、雍正朝所继承）。例如，顺天巡按顾仁受贿仅二百两被处斩、山西巡按刘嗣美挪用银三千五百两被流徙尚阳堡。又如，顺治十四至十五年，顺天乡试舞弊案与江南乡试舞弊案考官李振邺、张我朴、蔡元禧、陆贻吉、项绍芳、方犹、钱开宗等因接受请托、收受考生贿赂被斩立决。另外，江南按察使卢慎言因贪酷被凌迟处死，凌迟处死当属法外用严，该案是《清实录》记载的贪污贿赂犯罪案件中唯一被凌迟处死的案件。

法外用宽主要表现在以下几个方面：（1）对身边的官员索贿、受贿大多用行政处罚代替刑事处罚。例如，弘文院大学士冯铨曾向大同总兵官姜镶索银三万两著令致仕，学士麻勒吉、胡兆龙及侍郎初彻白沿途受督抚馈遗又苛索挟逼总督张悬锡，九卿科道会议麻勒吉、胡兆龙、祁彻白均应革职，籍没家产，麻勒吉、祁彻白各鞭一百，为奴，胡兆龙责四十板，流徙尚阳堡，顺治帝谕令："侍郎祁彻白革去拜他喇布勒哈番并所加之级，学士胡兆龙革去尚书衔并所加之级，麻勒吉革去所加之级，再降二级，俱仍留原任，所给各项诰敕俱行追夺。"① 大学士刘正宗受贿、滥权，顺治帝谕令："刘正宗本当依拟正法，念任用有年，姑从宽免死，著革职，追夺诰命，籍没家产一半归入旗下，不许回籍。"② 有些身边的官员索贿、受贿虽予以刑事处罚，但处罚相对较轻。例如，吏部等衙门会议陈之遴贿结犯监吴良辅，各拟立决，顺治帝谕令："陈之遴，免死，著革职，并父母、兄弟、妻子流徙盛京，家产籍没。"③ 兴安总兵官任珍一案，部议兵部侍郎李元鼎应绞，谕令改为，李元鼎免死、徒五年、杖一百、折赎。（2）对涉及一品、二品官员的案件除了严格审理程序以外，赦免死罪也较为常见。例如，宣府巡抚李鉴受贿，拟弃市，谕令改为，免死，追赃俸六个月。又如，总漕吴惟华婪赃一万一千六百余两，

---

① 《世祖章皇帝实录》，中华书局1985年版，第一一九卷，第922页。
② 《世祖章皇帝实录》，中华书局1985年版，第一三五卷，第1042页。
③ 《世祖章皇帝实录》，中华书局1985年版，第一一六卷，第903页。

刑部议覆应论死，谕令改为，免死，革职，永不叙用，赃追入官，免死理由，投诚有功。兴安总兵官任珍遣家人行贿兵、刑二部官员，刑部拟论死，籍没家产，谕令改为，任珍免死，安置盛京，其子仍令袭职，理由，曾立军功。

相比较而言，涉及三品以下官员贪污贿赂犯罪的十几件案例法外用宽很少见，且对于这些案件皇帝大多同意法司的意见。赤城道朱寿鉴是顺治朝因贪酷不法被处斩的第一个五品以上官员。河西务分司员外郎朱世德亏空额税一万三千余两，刑部等衙门议，应绞，顺治帝表示同意。江南按察使卢慎言婪赃数万，刑部题应即凌迟处死，顺治帝表示同意。宗人府府丞董国祥受卢慎言嘱托分送金银，吏部等衙门会勘，流徙尚阳堡，顺治帝也表示同意。皇帝在最后裁决中改重为轻较为常见，但这样的机会一品、二品官员更多，而三品及以下官员就要少很多，浙江杭嘉湖道史儒纲婪赃共二万二千余两，援恩诏赦免，革职，永不叙用，是顺治朝唯一一件三品以下官员因贪免予刑事处罚的案件。

顺治朝惩贪立法虽严，但实际执行中仍然较宽，特别是对一品、二品官员更宽，大学士、吏部尚书陈名夏是顺治朝唯一被处绞的一品大员，但贪污贿赂并非主要原因。广西巡抚王一品是顺治朝唯一因行贿被处绞的二品大员。山东巡抚耿焞三法司议应立斩，但后改流，且未流身故。工部侍郎周亮工依拟应斩，著监候，秋后处决，后恩诏予减等，改徒宁古塔，未行，会赦得释。

从贪污贿赂犯罪的审理、裁判机制看，皇帝在贪污贿赂案件的侦办、审理、裁决中发挥着主导作用，是否侦办、如何审理完全由皇帝决定，最终的判决结果如何，一方面皇帝的态度影响着三法司的审拟、会审意见，另一方面皇帝可以不考虑三法司的审拟、会审意见，完全按照自己的看法作出最后裁决，不过，皇帝完全不考虑三法司审拟意见的情况很少见，但改重为轻很常见。总之，成文法律的规定虽然是死的，但是如何适用法律、是否适用法律确具有极大的灵活性、不确定性。由于没有任何力量可以阻止皇帝不按成文法裁决，因此皇帝对待成文法律的态度至关重要，一旦成文法律的规定与皇帝的看法不一致，成文法律就可能不被适用。与其他类型的案件相比，贪污贿赂犯罪案件的侦办、审理、裁决皇帝的作用更大，干预也更多。在贪污贿赂犯罪案件的裁决中，三法司必须依法判拟，但是，皇帝却不必完全依照成文法的规定作出裁决，因此，皇帝对某个案件的临时看法、观点、态度，皇帝对某个官员的印象，皇帝与某个官员的交往，均会影响案件的最终裁决。从某种意义上说，越是远离皇帝的官员犯罪越有机会被依法裁决，越是接近皇帝的官员越不容易被依法裁决。由于权力没有受到法律的有效限制，因而无法避免法律以外的因素取代法律成为决定判决结果的重要或主要因素，也就使得法律不可能得到完全适用，也就给各种社会力量干预司法判决提供了制度条件，也就使得司法活动中的权钱交易、权力干预很难避免。

二、康熙朝

根据《清实录》进行不完全统计，康熙朝影响较大的贪污贿赂犯罪案件计约53件。从时间分布上看，康熙一年至六年鳌拜等四大臣辅政，惩贪活动基本停止，重大案件只有山西左布政使王显祚婪赃一案，最终也只给予行政处分。康熙六年七月七日康熙帝亲政（时年一十四岁），康熙八年五月才除掉鳌拜，这期间仍然是鳌拜专权，惩贪活动仍处于停止状态。康熙八年（1669年）六月主政，时年康熙帝一十六岁，康熙八年至康熙二十二年，战事频繁，无瑕反贪。康熙十二年（1673年）十二月云南吴三桂反，直到康熙二十年（1681年）十一月癸亥云南才平定，随后开始收复台湾，康熙二十二年七月（1683年）癸亥台湾才平定。战争是影响惩贪活动的重要因素，在这十五年里，影响较大的贪污贿赂犯罪案件只有4件，其中康熙八年、九年、十二年至十九年，这十一年没有处理过贪污贿赂犯罪案件。从康熙元年至康熙二十二年贪污贿赂犯罪案件总共5件，平均每年约0.23件。从康熙二十三年到康熙三十四年这十二年里战事活动基本停止，属于相对平静的一段时间，惩贪活动明显增多，惩贪力度明显加大，但处理的案件总共才12件，平均每年只有1件。康熙三十五年（1696年）帝亲征葛尔丹，康熙三十六年五月二十三日噶尔丹叛乱平定。从康熙三十七年至康熙六十一年这二十五年里，基本没有大的战事，惩贪活动力度较大，处理的案件多达37件，但平均每年仍不到2件。顺治朝十八年贪污贿赂犯罪案件平均每年约2件，康熙六十一年平均每年不到1件，反贪力度明显减小。这一点与康熙帝的反贪思想是完全吻合的。

表6-2 清康熙朝贪污贿赂犯罪案件（据现有资料不完全统计）

时间	题奏或告发人	犯罪人	犯罪事实	审拟或部拟	裁决与执行	资料出处
康熙六年闰四月	山西陕西总督卢崇峻疏纠，福建道御史李棠荣疏言	山西左布政使王显祚	婪赃六千有奇，所参八款皆康熙四年赦后之事	部议王显祚婪赃，故免罪，但系贪官，应革职，永不叙用	从之	《圣祖仁皇帝实录》，中华书局1985年版，卷二二
康熙十年七月	—	京口将军李显贵	勾结原镇江知府丁元辅违例折给兵丁草料浮算库银，婪赃坏法	—	得旨：均应斩，著监候，秋后处决	同上，卷三六
康熙十一年六月	南城御史高永印题，浙江民间孙吉士控告	两浙巡盐御史杭启、常锡印	私派诈赃	著都察院左副都御史李之芳，吏部郎中宣昌阿，刑部郎中葛思泰等前任察审	刑部等衙门议覆李之芳等疏言巡盐御史杭启、常锡印私派盐课各款俱实，应将杭启、常锡印拟绞监候，秋后处决。从之	同上，卷三九
康熙二十一年七月	—	宗室额奇，一等侍卫、辅国将军尔赫	额奇收受金碗、银两等。尔赫收受王弘祚银五千两	—	两人均革职，永不叙用，追赃入官	同上，卷一〇三

220

（续表）

时间	题奏或告发人	犯罪人	犯罪事实	审拟或部拟	裁决与执行	资料出处
康熙二十三年三月	—	侍郎宜昌阿、广东巡抚金俊等	共侵银八十万余两并财物等	吏、兵、刑部会议，侍郎宜昌阿、巡抚金俊、道员王永祚应立斩，赃物应入官。得旨：金俊罪应如是，宜昌阿事有不同，此系大案，仍令议政王大臣、九卿、詹事、科道、三法司衙门会议	宜昌阿、金俊、宋俄托、卓尔图、尚之璋、宁天祚、王瑜依原判意见处斩，王永祚依原判意见均处绞，秋后处决。案内应追造银两交户部拨充兵饷	《圣祖仁皇帝实录》，中华书局1985年版，卷一一四
康熙二十四年十一月	康熙自己发现，监察御史钱珏遵旨指实陈奏	山西巡抚穆尔赛	多加文水等县火耗，嫁女时索属官礼物	九卿等议覆请将穆尔赛提至京师严审，上命依议行。九卿会议，穆尔赛事瞻徇陀，并未详明议罪	康熙帝谕令穆尔赛处绞，监候，秋后处决	同上，卷一二三
康熙二十七年三月	山西道御史陈紫芝疏参	湖广巡抚张汧、上荆南道祖泽深	张汧勒索属员吴明戴仁等银，又派收盐商银九万余两入已，上荆南道祖泽深勒索荆南人李二杨等银共八百余两入已	先派刑部右侍郎色楞额查处，后又派直表巡抚于成龙、山西巡抚马齐、左副都御史开音布去查	三月初审毕并提出判决意见，议覆，报康熙批准执行。张汧、祖泽俱绞监候	同上，卷一三四

（续表）

时间	题奏或告发人	犯罪人	犯罪事实	审批或部拟	裁决与执行	资料出处
康熙二十七年正月	江南道御史郭琇疏参	大学士明珠等	交通货贿	—	朕虽洞见，而不即指发，冀其自知罪戾，痛加省改，庶可终保始全。勒德洪、明珠著革去大学士，交与领侍卫内大臣酌用	《圣祖仁皇帝实录》，中华书局1985年版，卷一三三
康熙二十七年三月	—	陕西按察使索尔迹、陕西巡抚布雅努	索尔迹于承审参革知县王廷龄银共一百六十两，布雅努家人李二等向索尔迹诈银，布雅努失于觉察	吏部议布雅努应革职，刑部吏部议布雅努衙门应遵革职，刑部会勘索尔迹应按律论绞	从之	同上，卷一三四
康熙二十七年七月	—	云南提督万正色	冒领军饷并收贿	被判处死刑	得旨：免死，革职。理由：军功甚多	同上，卷一三六
康熙二十八年九月	都察院左都御史郭琇疏参	原任少詹事高士奇、原任左都御史王鸿绪、任翰林陈元龙、王项龄等	植党营私，招摇纳贿	—	高士奇、王鸿绪、陈元龙俱著休致回籍，王项龄、何楷著留任	同上，卷一四二

222

第五章 中国古代惩治贪污贿赂罪司法实践的启迪

（续表）

时间	题奏或告发人	犯罪人	犯罪事实	审拟或部拟	裁决与执行	资料出处
康熙二十九年六月	江南江西总督傅拉塔疏参	大学士徐元文、原任刑部尚书徐乾学	纵放子任家人等招摇纳贿	—	所参本内各款从宽免其审明，徐元文著休致回籍	《圣祖仁皇帝实录》，中华书局 1985 年版，卷一四六
康熙二十九年十月	福建安溪县革职知县吴镛首告	福建巡抚张仲举、布政司张永茂等	将藩库钱粮侵蚀肥己	先后差吏部郎中吴尔泰，内阁学士郭世隆前往察审，疏称张仲举侵蚀库帑，拟斩监候，布政使张永茂加派火耗，拟绞监候，按察使田庆曾收受属员节礼，拟杖徒，援赦免罪，仍革职，永不叙用	刑部等衙门议覆，应如所题。从之	同上，卷一四九
康熙三十年四月	革职县丞谭明命叩阍	前任潍县知县、现任吏部主事朱敦厚	婪赃四万余两	下山东巡抚佛伦鞫勘，佛伦疏言朱敦厚加派婪赃经前任巡抚钱珏鞫审已得实据，因朱敦厚求原任刑部尚书徐乾学贻书钱珏，托徇情撤行布政使卫既齐疏稿现任布政使，除朱敦厚照例拟罪外，徐乾学等并请敕部议处。事下吏部及三法司议	吏部会同三法司覆奏朱敦厚应如议处绞，原任刑部尚书徐乾学应革职并被参大计贪官仍不叙用。朱敦厚照现任官参贪例降三级，钱珏既齐著照现任布政使调用，徐乾学、钱珏俱革职	同上，卷一五一

223

(续表)

时间	题奏或告发人	犯罪人	犯罪事实	审批或部拟	裁决与执行	资料出处
康熙三十一年二月	原任运河同知陈良谟讦告	河道总督王新命	勒取库银六万七百两	遣户部尚书库勒纳、礼部尚书熊赐履、佛伦会同山东巡抚佛伦前往会审。刑部等衙门勒纳等察覆户部尚书库勒纳等察覆原任河道总督王新命借用库银一案应将王新命照守自盗律拟罪，同知陈良谟应侵盗库银。	王新命等俱从宽免罪。著革职。康熙四十年四月庚午刑部等衙门议覆王新命任永定河监修误工，浮冒银一万六千余两应拟斩监候，从之。	《圣祖仁皇帝实录》，中华书局1985年版，卷一五四
康熙三十七年七月	康熙帝在山西巡行发现	山西巡抚温保、布政使甘度，太原知府孙毓璘	原任山西巡抚温保、布政使甘度横征科派，激变蒲州百姓。太原府孙毓璘将库内收贮银二万八千五百两有奇侵没入己	帝命议政大臣、部院堂官会同议奏，寻议覆温保、甘度应照衙门正法。刑部等衙门议覆温保、甘度应拟立斩，孙毓璘照例盗钱粮律，拟斩监候	温保、甘度免死，孙毓璘从宽免死，著监候，秋后处决	同上，卷一八九
康熙三十九年三月	巡抚吴秉谦亲自到京城皇宫宫门御状	陕甘总督吴赫，陕西巡抚吴秉谦	吴秉谦挪用银一千七十两，收受所属下级官员馈送银两。吴赫怀挟私仇，诬告巡抚吴秉谦	三法司议应吴秉谦斩监候，其所挪用银两照数追出，馈送银员吴赫应照例革职，判处枷刑	吴秉谦斩监候。吴赫著革职，从宽免枷责。余依议	同上，卷一九八

224

第五章 中国古代惩治贪污贿赂罪司法实践的启迪

（续表）

时间	题奏或告发人	犯罪人	犯罪事实	审拟或部拟	裁决与执行	资料出处
康熙三十九年三月	—	原任同州知州蔺佳选、蒲城县知县关琇、韩城县知县王宗旦、朝邑县知县姚士墼、华州知州王建中	侵扣籽粒银十一万入己	刑部尚书傅腊塔、江南江西总督张鹏翮察审，关九卿等会议蔺佳选、关琇、王宗旦俱扣斩监候，银入已扣斩监候，姚士墼、王建中已病故，无庸议，其侵扣之银俱应照数追还原项	蔺佳选、关琇、王宗旦俱依议应斩，著监候，秋后处决	《圣祖仁皇帝实录》，中华书局1985年版，卷一九八
康熙三十九年三月	—	郎中刚五达、宋超、编修喀尔喀	差任湖广审事之刚五达、宋超贪取财贿，编修喀尔喀受地方官盘费银两马匹等物	九卿等遵旨议奏，刚五达、宋超应革职，拟绞立决。编修喀尔喀应革职	刚五达、宋超改为应绞，俱著秋后处决，喀尔喀著革职，余如议	同上，卷一九七
康熙五十一年九月	江苏巡抚张伯行疏参，原任江苏布政使司恩官恭叩阍控告总督噶礼	江南江西总督噶礼	—	张鹏翮会同漕运总督赫寿确审具奏应将张伯行革职，拟徒准赎，噶礼降一级留任。大学士等遵旨议覆解任总督噶礼、巡抚张伯行、户部和伦、工部尚书张廷枢前去再行严加审明具奏	吏部等衙门遵旨再议，应将噶礼、张伯行俱革职，任伯行应否革职著留任。康熙五十三年噶礼因谋杀母亲著自尽	同上，卷二五一

225

(续表)

时间	题奏或告发人	犯罪人	犯罪事实	审拟或部拟	裁决与执行	资料出处
康熙四十三年五月	山东布政使赵仕麟揭报	原任山东巡抚王国昌，原任山东布政使刘暟	那用库帑，亏空库银	刑部第一次议覆刘暟照律拟斩监候，王国昌应照律拟杖一百，流三千里，系旗人枷号两个月，刑部第二次议覆原任山东巡抚王国昌那用库帑限内全完，应免罪。原任布政使刘暟侵用库银，限内全完，免正法，减等完结	王国昌从宽免罪，刘暟著发往奉天。理由：刘暟居官甚劣，且自省旨有行为	《圣祖仁皇帝实录》，中华书局1985年版，卷二一六
康熙四十三年十一月	一	工部郎中费仰椵	于内外河分司之事侵蚀帑金	刑部遵覆朝审案件，以此人应正法之处公同奏请反谓之情罪可矜	帝认为费仰椵各处差遣，惟知贪贿，竟不为国家效力	同上，卷二一八
康熙四十四年五月	一	原任吏部郎中陈汝弼、原任温州道黄钟	受贿、行贿	议政大臣九卿遵旨覆审原任吏部郎中陈汝弼一案，查陈汝弼前拟绞，黄钟仍照前拟绞监候。康熙帝认为有疑处，决定亲鞫	议政大臣九卿遵旨再审原任吏部郎中陈汝弼一案，但陈汝弼虽未受贿之处，应有销用陈钟之处，已经革职，无庸议，黄钟绞监候，陈汝弼革职	同上，卷二二一

226

第五章 中国古代惩治贪污贿赂罪司法实践的启迪

（续表）

时间	题奏或告发人	犯罪人	犯罪事实	审拟或部拟	裁决与执行	资料出处
康熙四十六年十月	黄岩与许国桂互讦	黄岩总兵官仇机、原任黄岩总兵官今升京口副都统许国桂	许国桂设立小票收取渔船规礼银三百两人己，仇机收取渔船规礼银一千一百两零人己	福建浙江总督梁鼐遵旨察审，查定例非因公科敛人财物人己者以不枉法论，罪止杖流，今许国桂、仇机专任海疆，贪婪不职，不便照此例轻拟	应照沿边地方镇守总兵等官科敛军人财物人己三百两以上永远充军之例，将许国桂革职充军，系旗人，解部枷责，发边卫充军。仇机应如所题。兵部议覆，从之	《圣祖仁皇帝实录》，中华书局1985年版，卷二三一
康熙四十七年十二月	赵申乔劾奏	赵申乔、宋大业	宋大业两次奉差湖南共得银九千余两。赵申乔于回奏内首明馈银	吏部等衙门察议，应将宋大业革职枷流，所得银两追取入官，赵申乔于回奏内首明馈银，应减罪二等，将赵申乔革职徒	赵申乔从宽免革职治罪，著降五级留任，宋大业宽免杖流，余依议	同上，卷二三五
康熙四十八年三月	—	浙江布政使黄明	诈财虐民赃盈八万	福建浙江总督梁鼐察审，请按例论绞，刑部等衙门议覆，应如所题	绞，监候，秋后处决	同上，卷二三七

227

(续表)

时间	题奏或告发人	犯罪人	犯罪事实	审拟或部拟	裁决与执行	资料出处
康熙四十八年七月	—	奉天副都统发喀	受贩卖私参商人贿赂	—	有玷官箴，着革职追赃	《圣祖仁皇帝实录》，中华书局1985年版，卷二三八
康熙四十九年五月	江南江西总督噶礼疏参	江苏布政使宜思恭	于兑收钱粮时勒索加耗，受各属馈送	刑部议覆奏差江南审事户部尚书张鹏翮疏言宜恭思收钱粮时使兑加耗，受各属馈送，应拟绞监候	从之	同上，卷二四二
康熙五十年九月	偏沅巡抚赵申乔及其继任潘宗洛题参	湖南原任布政使董昭祚	克扣各属棒工银五千余两入己	经钦差大臣会同湖广总督、湖南巡抚审讯董昭祚，克扣全省各级员工薪俸银五千两入己属实，拟斩监候	刑部议复：应如该托所题。从之	同上，卷二四七

(续表)

时间	题奏或告发人	犯罪人	犯罪事实	审拟或部拟	裁决与执行	资料出处
康熙四十九年九月、康熙五十三年六月	都察院左副都御史祖允图疏参，希福纳佣人虎儿情急首告	户部堂司官希福纳等一百二十二人	据买奏人金璧等供称得银之堂司官共一百二十二人，共侵蚀银四十四万余两，并前查出康熙四十五六七八年希福纳等侵蚀二十万余两	刑部议覆户部六十四员堂司官员俱应革职拏问，尚书张鹏翮应否革职定夺。得旨：本身不曾得银，家人得银者，免其革职拏问。见任得赃人员于未审之前若将所得之银即行赔完，则免其革职拏问。希福纳等大臣暂停革职	九卿等议奏，各官均应勒限赔完，免其议处。得旨：余如议。希福纳即著革职，三年六月希福纳告其庶母人虎儿急首告希福纳侵库银九万七千两，被查实。应将希福纳拟斩监候，秋后处决。其侵盗库银九万七千两，照数追取入官。得旨：希福纳著从宽免死。余依议	《圣祖仁皇帝实录》，中华书局1985年版，卷二四三、卷二五九
康熙五十年九月	—	巡抚能泰、布政使下永式	原任布政使下永式徵收钱粮每两加派银一钱二分，除送原任四川巡抚能泰等银二万三千二百两外，共计入己银二万七千四百两有奇	兵部尚书今升大学士萧永藻察审，刑部议覆应将原任布政使下永式照律拟绞，已经病故，毋庸议，原任巡抚能泰身为巡抚，秋后处决	从之	同上，卷二四七

229

（续表）

时间	题奏或告发人	犯罪人	犯罪事实	审拟或部拟	裁决与执行	资料出处
康熙五十一年四月	—	原任刑部尚书齐世武，原任步军统领托合齐，原任兵部尚书耿额，户部侍郎李仲极，户部书办沈天生，员外郎伊尔赛	书办沈天生等串通员外郎伊尔赛包揽湖滩河朔事例，额外多索银两。原任刑部尚书齐世武受贿三千两，原步军统领托合齐受贿二千四百两，原兵部尚书耿额受贿五百两，户部侍郎李仲极、户部员外家人受贿	九卿议将沈天生、伊尔赛二犯判处拟绞监候，秋后处决。大学士等遵旨覆奏原任刑部尚书齐世武，应照覆奏原拟绞监候，秋后处决。原任兵部尚书耿额应照律拟绞监候，秋后处决。户部侍郎李仲极应照律五级降调用，尚书穆和伦、侍郎塔进泰纵容家人受贿，降三级调用	齐世武、托合齐、耿额依拟应绞，著监候，秋后处决。穆和伦、塔进泰著革职，从宽免调用。托合齐因在王事期间宴会饮酒，被判处凌迟处死。托合齐病死狱中，又被到尸杨于荒野，不准收葬	《圣祖仁皇帝实录》，中华书局 1985 年版，卷二五〇
康熙五十一年九月	陕西宁州知州大计参革姚弘烈案孙妻孙氏叩阍	原任甘肃布政使觉罗伍实，庆阳府知府陈弘道，齐世武，鄂奇，阿米达	齐世武于甘肃巡抚任内受火耗银三千六百余两，鄂奇于布政使任内火耗银三千三百余两，丁忧于布政使任内火耗银六千七百余两，原任布政使觉罗伍实于任内火耗银六千七百余两	首先命都察院左都御史赵申乔、户部侍郎噶敏图赴陕察审，寻赵申乔等审毕覆奏，事下刑部，吏部核议，合同宗人府、刑部等衙门会议	知州姚弘烈照律定罪应于亏空钱粮案内从重归结。知府陈弘道虽有听许财物情弊，然无贪婪实迹。照律革职杖流，准其折赎，宽罗外，鄂奇、阿米达，应照律革职柳贯，准其折赎。齐世武于包揽湖滩河朔事例受贿案内拟绞，应无可庸议	同上，卷二五一

230

(续表)

时间	题奏或告发人	犯罪人	犯罪事实	审拟或部拟	裁决与执行	资料出处
康熙五十一年十一月	福建巡抚觉罗满保会同浙闽总督范时崇列款纠参	革职原任福建提督蓝理	霸市抽税，婪赃累万	上命兵部左侍郎觉和托等将蓝理带往福建会审，觉和托察审应拟斩立决	蓝理应依议处斩。但任台湾澎湖对敌之时，奋勇向前，著有劳绩，著从宽免死，调取来京入镶人旗	《圣祖仁皇帝实录》，中华书局1985年版，卷二五二
康熙五十一年十一月	差任江南审事户部尚书张鹏翮疏言原任江南布政使宜思恭叩阍案内发现	原任江南江西总督阿山，江苏巡抚来苹	索取节礼	差任江南审事户部尚书张鹏翮疏言，应交该部议处	得旨：阿山、来苹俱系年老大臣，著从宽免	同上，卷二五二
康熙五十二年一月	—	江南科场副考官编修赵晋、同考官句容县知县王曰俞、福建吴肇同考官吴肇中等	受贿、通关节、说事通贿	九卿议覆，赵晋、吴肇中应斩立决。说事通贿之俞继祖、林英应拟绞监候	从之	同上，卷二五三

(续表)

时间	题奏或告发人	犯罪人	犯罪事实	审批或部拟	裁决与执行	资料出处
康熙五十二年二月	—	书役龚大业、书吏阿亮公、钱灿如等	行贿、受贿、说事通贿	刑部等衙门会议查日昌贿买书办、书役龚大业收受贿赂俱应绞监候。行贿之周三、周启、说事通贿之汝龙、高岳、受赃之誊录书吏阿亮公、卷录书吏钱灿如加亦应绞监候	得旨，周三、周启俱著即处斩。余依议。理由：身系奴仆	《圣祖仁皇帝实录》，中华书局1985年版，卷二五三
康熙五十三年六月	镶白旗满洲副都统额尔锦疏参	内阁学士芭格、都统朱麻喇	冒领库银三百两以上	朱麻喇等交都察院审查。都察院奏，内阁学士芭格冒领库银三百两以上，应照律拟斩监候。冒领银两，校常禄等，未至三百之数，照银数分别枷责	朱麻喇等俱拟应斩监候。余依议	同上，卷二五九

232

第五章 中国古代惩治贪污贿赂罪司法实践的启迪

(续表)

时间	题奏或告发人	犯罪人	犯罪事实	审批或部拟	裁决与执行	资料出处
康熙五十五年闰三月	山西巡抚苏克济参劾	山西太原府知府赵凤诏	婪赃三十余万两，欺君	刑部等衙门议覆奉差山西审事湖广总督额伦特疏言原任山西太原府知府赵凤诏巧立税规，勒索赃银两，应照枉法受赃例拟绞，但赵凤诏受恩深重不便照此例议拟，应将赵凤诏拟斩，监候，秋后处决，其赃银十七万四千六百余两，应照数追取入官，应如所拟	著九卿等会同确议覆奏。诏应即行正法。寻九卿等议学士等曰：赵凤诏应当正法，但伊赃甚多，不可不追，著照数追比，此本著暂收贮。康熙五十七年二月赵凤诏被处斩	《圣祖仁皇帝实录》，中华书局1985年版，卷二六八
康熙五十七年三月	二等侍卫泰云等首告	司库保住、乌林人舒青格、德世显、德星额	数次侵盗库银至四万九千一百五十两	上命领侍卫内大臣鄂伦岱、侯巴浑会同九卿审议，至是议覆，俱照侵盗钱粮条例拟斩监候	从之	同上，卷二七八

(续表)

时间	题奏或告发人	犯罪人	犯罪事实	审批或部拟	裁决与执行	资料出处
康熙五十八年七月	抚远大将军允禵覆疏言	办理军饷之原任侍郎色尔图等	克扣军饷	应将色尔图照失误军机律拟斩,戴通拟绞,笔贴式戴通俱解部监候,秋后处决	得旨:色尔图依拟应斩,戴通依拟应绞,俱着苦差,仍锁禁西宁,遇有苦差之处差遣	《圣祖仁皇帝实录》,中华书局1985年版,卷二八五
康熙五十八年七月十五日	—	贵州巡抚黄国材	收受司道各府盘费银一万四千两,总督盘费银一千两	差往贵州审事刑部员外郎齐克坦等疏覆黄国材部等衙门议覆照例降三级调用,其所受银一万五千两追取入官,布政使迟忻应照例降三级调用,总督蒋陈锡应降一级调用	黄国材着解任,蒋陈锡着降一级,免其调用,迟忻着降三级调用	同上,卷二八五
康熙五十九年五月	凤阳府属颍州知州王承勋首告,江南江西总督长鼐疏言	安徽布政使年希尧,凤阳府知府蒋国正	蒋国正曾受王承勋规礼银八百余两并渎职	应江南江西总督右侍郎田从典,都察院左副都御史屠忻前往审理	刑部等衙门议覆都察院左都御史田从典奏审,将蒋国正应照监候,年希尧革职,拟斩监候,年希尧应照失察例,从之	同上,卷二八八

(续表)

时间	题奏或告发人	犯罪人	犯罪事实	审拟或部拟	裁决与执行	资料出处
康熙五十八年十二月	盛京户部理事官保德题参	员外郎麻尔赛	领银四万七千两止买米九千石人仓，余剩银两，并不买米	差任盛京审事内阁学士长寿等疏言应照例将麻尔赛拟斩监候，其所侵银两勒限追赔	刑部等衙门议覆，应如所拟。从之	《圣祖仁皇帝实录》，中华书局1985年版，卷二八六
康熙五十九年正月	浙江巡抚朱轼疏参	浙江巡盐御史哈尔金	收受商人朱永宁等馈银七百两入己	差任浙江审事刑部尚书张廷枢等疏言哈尔金收受商人朱永宁等馈银七百两入己，应拟绞监候	但系不托法赃又事犯康熙五十七年恩诏以前请照律减等枷责。刑部议覆，应如所奏。从之	同上，卷二八七
康熙六十一年正月	—	松江提督赵珀，原任提督今升提使师懿德	赵珀坐扣空粮九百十名，通共侵蚀银三万四千六百九十二两、米六千九百余石，收各营规礼一万九千四百余两。师懿德坐扣三万三千四百七十二两零、米四千五百三十一石二斗	差任江南吏部尚书张鹏翮等审实将赵珀、枷号鞭责，革职解部，所坐空粮、银两并所收规礼、银两交该旗，勒限一年追完，徒五年至配所杖一百，所坐粮银两限一年追交该部 师懿德著革职，空粮银两限一年追完，该部	赵珀、师懿德俱著革职，从宽免罪	同上，卷二九六

235

从贪污贿赂犯罪的审理、裁判机制看,顺治帝在案件作出最终裁决以前发表指导性意见的情况较为常见,而康熙帝则很少在案件审理中提前表明自己的看法、影响案件审理、引导审案官员作出符合自己意见的拟议。康熙帝对审案官员的意见比较尊重,在上表中所列由康熙帝作出最后裁决的44件案例中,有14件,将近1/3,康熙帝完全同意审案官员的拟判意见;有12件康熙帝虽参与了意见但改动不大,如绞立决改为绞监候,皇帝同意或基本同意审案官员意见的案件达26件,超过了50%,这在清前期的几个皇帝中是很少见的。另外,康熙帝从宽处理的案件所占比重也很大,有些案件,例如,噶礼贪污案康熙帝拖了很多年才处理;有些案件,干脆不处理,例如,户部堂司官希福纳等一百一十二人侵蚀库银四十四万余两,只有前户部尚书希福纳革职,其他官员均免议。意大利著名刑法学家贝卡里亚认为,"仁慈是立法者的美德,而不是执法者的美德;它应该闪耀在法典中,而不是表现在单个的审判中。如果让人们看到他们的犯罪可能受到宽恕,或者刑罚并不一定是犯罪的必然结果,那么就会煽惑起犯罪不受处罚的幻想"。[①]"既然刑罚的印象主要在于肯定躲避不了它,而不在于它的强度,那么,庇护往往是提倡犯罪,它使刑罚赶不走犯罪。"[②]

从贪污贿赂犯罪的执行机制看,康熙朝没有一品、二品大员仅因为贪污贿赂犯罪被判处死刑并立即执行(噶礼虽是贪官,但因贪仅予以革职而已,最后被赐令自尽则是由于图谋加害其母;步军统领托合齐受贿二千四百两,但被判处凌迟处死则是因为在王葬服期间宴会饮酒),巡抚、布政使因贪污贿赂犯罪被判处死刑的较多,但均为斩监候、绞监候,秋后处决,至于是否入于情实,被勾决,则无法考证。康熙朝因为贪污贿赂犯罪被判处死刑并立即执行的案件仅有6件,约占总数的11%,大大低于顺治朝40%,这些案件所涉官员均为三品以下,且多数是五品以下。这表明康熙朝对三品以下官员贪污贿赂犯罪的处罚更重些。康熙朝对官员犯赃,很少适用流刑,山东布政使刘暟侵用库银,居官甚劣,且有背旨行为,发往奉天,是康熙朝仅有的三品以上官员适用流刑的案件。康熙朝对官员犯赃没有被籍没家产、妻女的,也没有连坐父母、妻子、兄弟的,这也充分反映了康熙帝宽大为政的一贯思

[①] [意]贝卡里亚:《论犯罪与刑罚》,黄风译,中国大百科全书出版社1993年版,第60页。
[②] 同上书,第62页。

想。康熙朝适用折赎的案件很少，只有康熙五十一年九月原任甘肃布政使觉罗伍实、庆阳府知府陈弘道、齐世武、鄂奇、阿米达得受火耗银一案，知府陈弘道虽有听许财物情弊，然无贪婪实迹，应照律革职杖流，准其折赎外，鄂奇、阿米达、觉罗伍实俱系旗人，应照律革职枷责，准其折赎。

康熙朝虽然对少数侵贪官员仅予以行政处分，但是官员一旦犯贪，就不会再被重新任命担任重要职务，在这一点上与乾隆朝有着很大的差别，乾隆朝虽然对侵贪官员处罚较重，很少仅予以行政处分，但是，予以刑事处罚的侵贪官员中被重新任用很多。

康熙帝优待武官，对武官贪污贿赂犯罪的处罚总体上比文官要轻一些。军功是影响量刑轻重的重要因素，有军功的官员犯赃大多能获得免罪。一等侍卫、辅国将军尔赫收受原任兵部尚书王弘祚银五千两，仅处以革职，永不叙用，追赃入官。云南提督万正色冒领军饷并收贿，仅处以革职，理由是军功甚多。福建提督蓝理霸市抽税、婪赃累万，从宽免死，调取来京入旗，理由是，在台湾澎湖对敌之时，奋勇向前，著有劳绩。松江提督赵珀坐扣空粮九百十名，通共侵蚀银三万四千六百九十二两、米六千九百余石、收各营规礼一万九千四百余两，原任提督今升銮仪使师懿德坐扣空粮银两共三万三千四百七十二两零、米四千五百三十一石二斗，俱著革职，从宽免罪。

康熙帝体恤大臣，优待大臣，特别是近臣，对自己身边官员（特别是大学士、学士）贪污贿赂犯罪的处罚总体上比其他官员要轻一些。大学士明珠、勒德洪等交通货贿，仅处以革去大学士，交与领侍卫内大臣酌用。原任少詹事高士奇、原任左都御史王鸿绪、见任科臣何楷、翰林陈元龙、王顼龄等，植党营私，招摇纳贿，高士奇、王鸿绪、陈元龙俱著休致回籍，王顼龄、何楷著留任。大学士徐元文、原任刑部尚书徐乾学，纵放子侄家人等招摇纳贿，徐元文著休致回籍。

康熙帝优待宗室、满官、老臣，对宗室、满官、老臣贪污贿赂犯罪的处罚总体上也要轻一些。"议政大臣、宗室额奇收受原任侍卫梁鼎之金碗、银两等，仅处以革职，永不叙用，追赃入官。"[①] 山西巡抚噶礼因贪多次经御史参劾，康熙帝均不查处，最终虽被查处也仅处以革职而已。奉天副都统发喀

---

① 《圣祖仁皇帝实录》，中华书局1985年版，卷一〇二，第219页。

受贩卖私参商人贿赂，有玷官箴，著革职追赃。鄂奇于署甘肃布政使任内得火耗银三千三百余两，丁忧布政使阿米达于任内得火耗银六千七百余两，原任甘肃布政使觉罗伍实于任内得火耗银六千七百余两，鄂奇、阿米达、觉罗伍实俱系旗人，应照律革职枷责，准其折赎。原任江南江西总督阿山、江苏巡抚宋荦，索取节礼，应交该部议处，康熙帝谕令，因阿山、宋荦俱系年老大臣，著从宽免。户部尚书希福纳先因侵蚀银二十万余两，仅革职而已，后查实侵盗库银九万七千两，拟斩监候，又谕令，从宽免死。

康熙帝执法宽严不一，有宽有严，有查有保，但尊重大臣的意见，如果决定查处的案件，一般能够依法办事，很少依个人情绪而任意轻重，总体上看康熙帝惩贪严中有宽，宽中有严，但存在失之太宽的问题。康熙皇帝躬行德治，追求情法允协，成文法仅是判决的一种依据，但并不是唯一的依据，特别是对于一品、二品以上大员，大臣、老臣、近臣、廉臣、功臣、满官、军官，康熙皇帝在作出最后裁决时并不完全依据成文法，而是另有其他考虑，甚至完全不适用成文法。康熙帝庇护大臣、老臣、近臣、廉臣，庇护一品、二品以上大员，庇护满官，优待军官、功臣，并不能做到法律面前人人平等，处罚轻重虽有章法，但并不完全依法。相比较而言，对三品以下官员，如知府、知县，尚能依法论处。总体上看，是下严，上不严，实际上，下也很难严。另外，作臣子的比皇帝更能依法办事，皇帝常常并不维护成文法的权威性。总之，成文法并不能约束皇帝的裁判行为，在皇帝眼里是没有权威性的，是否依成文法判决，完全取决于皇帝是否愿意自觉维护成文法的权威。

三、雍正朝

根据《清实录》进行不完全统计，雍正朝影响较大的贪污贿赂犯罪案件计约14件。从时间分布上看，雍正三、四、五年共6件，雍正十、十一、十二、十三年共5件，雍正一、二、六、七、八、九年为0件。雍正统治的十三年平均每年1件，可见雍正朝实际处理的贪污贿赂犯罪案件并不多。雍正朝为什么实际处理的贪污贿赂犯罪案件并不多，但吏治状况却有明显好转？这一点与雍正帝的反贪思想、反贪立法及执法有密切关系。

表6-3 清雍正朝贪污贿赂犯罪案件（据现有资料不全统计）

时间	题奏或告发人	犯罪人	犯罪事实	审批或部拟	裁决与执行	资料出处
雍正三年十二月	镶白旗汉军都统范时捷参奏	原任大将军川陕总督年羹尧	收受贿银上百万两，侵蚀银近三百万两	议政大臣、刑部等衙门题奏，请皇上将年羹尧正正典刑	谕旨：朕念年羹尧青海之功，不忍加以极刑，著交步军统领阿齐图令其自裁。年羹尧及其子所有家赀俱抄没入官	《清世宗实录》，中华书局1985年版，卷三九
雍正四年正月至雍正五年十月	—	吏部尚书隆科多	收受、索取贿银上百万两	刑部等衙门议奏，隆科多应将律行革去，公并世职俱行革去。照大不敬律拟斩立决。第二次，隆科多应斩立决，妻子入辛者库，财产入官	第一次，隆科多著革退吏部尚书，令其料理阿尔泰等路边界事务，亦免入辛者库，永远禁锢，亦免入辛者库，永远禁锢，兴阿著革职，伊子岳任黑龙江当差	同上，卷六〇、卷六二
雍正五年十二月四日	—	贝勒延信	贪污银十万两	彼刑部判处死刑，立即执行	旨令：免死，与隆科多一处监禁	同上，卷六四
雍正四年四月	—	直隶总督李维钧	侵蚀俸工银十四万八千余两	户部等衙门议奏，勒限五年追完，若限满不完或数不足，照侵蚀例治罪，应将所欠银两数目按所朝年限计算	一年应完若干，倘一年应完之数不完，如何治罪，年限已满，不能全完，又如何治罪之处，著分别定议	同上，卷四三

239

(续表)

时间	题奏或告发人	犯罪人	犯罪事实	审拟或部拟	裁决与执行	资料出处
雍正五年六月	—	四川巡抚蔡珽原任夔州知府程如丝	蔡珽私受夔州知府乔译夔关税银一千八百八十两,富顺县知县刘士骥上骡盐规银五千两,捏造公用名色冒销藩库银三万两;收受程如丝银六万六千两,金子九百两	刑部疏参蔡珽四川巡抚任内诸罪,按之律例,蔡珽应斩立决,伊妻子入辛者库,财产入官。布政使程如丝在程如丝案中因受贿被判处死刑监候	得旨:蔡珽从宽,改为应斩著监候秋后处决。程如丝奉旨正法,于部文未到之前五月六日自缢身死	《清世宗实录》,中华书局1985年版,卷五八
雍正五年八月	—	原任山西巡抚苏克济	亏空侵蚀银至四百万两	奉旨布达尔认完银一百万两,此后数年不行完补,三法司依律拟立斩,命暂缓正法,审查苏克济父子资财匿寄放之处	后查出苏克济藏于其子弟、亲戚家中之财物,帝令将苏克济斩监	同上,卷六〇
雍正十年十二月	—	闲散大臣、都统鄂齐	在胡五赎身案内私得银两	—	被判处革职、监禁,照所得银两数目的十倍罚追银两	同上,卷一二六

240

第五章 中国古代惩治贪污贿赂罪司法实践的启迪

（续表）

时间	题奏或告发人	犯罪人	犯罪事实	审拟或部拟	裁决与执行	资料出处
雍正十二年三月	河南、河东总督王士俊参奏	河南学政俞鸿图	通过将劣等错误试卷作为合格试卷录取，先后受贿银一万余两	委派户部侍郎陈树萱前往河南会同管理山西、河南的河东总督王士俊审理俞鸿图案件，该侍郎拟斩决	刑部议奏参革河南学臣俞鸿图受贿营私，应即处斩。著即立决。	《清世宗实录》，中华书局1985年版，卷一四一
雍正十三年七月	一	甘州提督刘世明	冒饷侵蚀	据署陕西总督刘于义等，将刘世明拟斩立决	刑部议复，应如所题。著即处斩	同上，卷一五八
雍正十三年七月	范毓馪所贪银两被撤落地上，被士兵拾起，在军中传开，被大将军追查	侍郎伊都立	收受范毓馪等买米子河、托言撤兵时投米子河，诳报数目，与属员分肥，又将军需银两浮冒开销，侵蚀数万	大将军平郡王、内大臣海望等拟议，将伊都立即立斩，办理军机大臣遵旨奏，得旨：三法司速行详议具奏，应行正法。	刑部遵旨议奏：应将伊都立在军前立法。雍正帝前未作处理。乾隆帝于当年十月十八日谕令，将伊都立在军前正法改为，应斩监候，秋后处决	同上，卷一五八
雍正十一年十月	一	原任粤海关监督祖秉圭	侵欺各项银共二十四万余两	雍正十一年十月谕旨著祖秉圭依法拟斩监候，将应追银两限二年交完，著请旨即正法，乾隆二年七月限满，刑部等奏请追银二万余两	祖秉圭应即在广东正法，其未完银果否产尽绝，仍令该督查核办。得旨：确祖秉圭改为应斩，秋后处决，余依议	同上，卷一三六

241

从贪污贿赂犯罪的执行机制看，雍正朝贪污贿赂犯罪立即执行死刑的有 4 件，其中 3 件是斩立决，1 件是逼令自裁，执行力度明显加大。川陕总督年羹尧是清朝因涉贪被处死的第一位总督，甘州提督刘世明是清朝因涉贪被处死的第一位提督，河南学政俞鸿图是清朝因涉贪被处死的第一位学政，吏部尚书隆科多是清朝因涉贪被处以永远监禁的第一位尚书。顺治、康熙、雍正三朝相比，雍正朝是反贪执法力度最大的，也是反贪最彻底、最公平的。首先，雍正朝很少有官员因贪污贿赂被免罪，仅予以革职处分的，特别是一品、二品官员，四川巡抚蔡珽因贪被斩监候，妻子入辛者库，财产入官，吏部尚书隆科多受贿一案中馈送银两之奉天府府丞程光珠著革职，从宽留任是很罕见的例子。其次，皇亲国戚、满官犯赃也很少被照顾，贵如隆科多、贝勒延信虽被免死但并未赦免其罪而是被处以永远监禁，雍正朝很少有被处以流刑的，而隆科多之子玉柱被发往黑龙江当差，都统鄂齐在胡五赎身案内私得银两，被判处革职、监禁，照所得银两数目的十倍罚追银两。再次，顺治朝曾经适用、康熙朝已经停止的对犯赃官员籍没家产的制度在雍正朝再一次被采用，如年羹尧贪污受贿一案年羹尧及其子所有家赀俱抄没入官，山西巡抚苏克济亏空侵蚀银一案家产抄没入官。最后，官员侵蚀钱粮虽完赃减等，但是年限已满不能全完仍有被勾决的。虽然顺治朝以来一直禁止收受陋规，但很少有官员仅因为收受陋规被革职严讯的，雍正六年八月黄炳、余甸、博尔多因收受陋规被革职严讯。

四、乾隆朝

根据《清实录》进行不完全统计，乾隆朝影响较大的贪污贿赂犯罪案件计约 58 件。从时间分布上看，乾隆六年以前约 8 件，在此期间没有尚书、侍郎、总督、提督、巡抚、布政使等因侵贪而被处斩、处绞、斩监候、绞监候；乾隆六年至乾隆十五年约 10 件，在此期间反贪力度有所加大，乾隆六年提督鄂善因受贿谕令自尽、山西学政喀尔钦因贿卖文武生员谕令解部即行正法、山西布政使萨哈谅因婪赃一千六百余两谕令斩监候，乾隆十三年浙江巡抚常安因婪赃入己并家人李十得银一万六千八百余两谕令绞监候。乾隆十六年至乾隆二十年没有发生影响较大的贪污贿赂犯罪案件；乾隆二十一年至乾隆四十九年约 31 件，是乾隆朝反贪力度最大的一段时期。一品、二品官员约 29

人被判处死刑、24 人被实际执行死刑,朝中大臣有 3 人斩立决、1 人斩监候,盐政 1 人斩立决,总督有 3 人谕令自尽、1 人监候勾决、1 人斩监候,都统 1 人谕令自尽,副都统 1 人斩立决,将军有 1 人斩立决、2 人绞监候,巡抚有 4 人谕令自尽、3 人斩立决、1 人斩监候勾决、1 人绞监候,布政使有 1 人谕令自尽、3 人斩立决、1 人绞监候处决。三品以下官员仅甘肃捐监一案就有 100 多人被判处死刑、50 多人被实际执行死刑。这一段时期,不仅是乾隆朝反贪力度最大的一段时期,而且也是清朝二百六十多年统治期间反贪力度最大的一段时期,在此期间因贪污贿赂被处死的总督、巡抚、布政使一品、二品大员等超过了其他时期的总和。尽管惩贪力度很大,但是效果却差强人意。意大利著名刑法学家贝卡里亚认为,"严峻的刑罚造成了这样一种局面:罪犯所面临的恶果越大,也就越敢于规避刑罚。为了摆脱一次罪行的刑罚,人们会犯下更多的罪"。①"刑罚严厉性的进一步增强可能对减少犯罪起不到作用,并且,由于多种原因的影响,可能还会实际起到增长犯罪的作用。"②"刑罚客观确定性的增大往往与犯罪率的减小有关,但是客观严厉性的增强似乎与犯罪率的变化无关,或者与犯罪率的增长有关。"③

乾隆五十年至嘉庆三年(嘉庆四年以前实际统治权仍然掌握在太上皇乾隆手里)约 9 件,平均每年不到 1 件。乾隆五十年已是七十五岁的老人了,在此期间反贪力度明显减小,嘉庆元年至三年没有发生影响较大的贪污贿赂犯罪案件,在这十四年里一品、二品官员约 8 人被判处死刑、5 人被实际执行死刑,朝中大臣 1 人斩立决,总督有 1 人斩立决、1 人斩监候,巡抚有 2 人斩立决,提督 1 人斩立决,副都统 2 人绞监候。乾隆六十年已经是 85 岁的老人了,这一年乾隆帝处理了将军副都统舒亮等任意勒索貂皮等物案、闽浙总督伍拉纳受贿等案,舒亮、安庆绞监候秋后处决,伍拉纳(觉罗)、浦霖斩立决,钱受椿就地正法,为乾隆帝的反贪画上了一个圆满的句号。乾隆帝在位六十年里,各个时期的反贪力度不同,但是,总体上,乾隆帝是清朝皇帝中最重视惩贪的皇帝之一,惩贪力度也是最大的,乾隆三十年以前惩贪的

---

① [意]贝卡里亚:《论犯罪与刑罚》,黄风译,中国大百科全书出版社 1993 年版,第 43 页。
② [美]乔治·B. 沃尔德、托马斯·J. 伯纳德、杰弗里·B. 斯奈普斯:《理论犯罪学》,中国政法大学出版社 2005 年版,第 201 页。
③ 同上书,第 413 页。

效果也是较好的，乾隆帝三十年以后惩贪力度大、效果不佳是由多种原因造成的，并不能因此全盘否定乾隆帝的反贪。

从犯罪人构成的角度看，乾隆朝一品、二品官员中，地方官所占数量居绝对第一位，约56人，总督12人，巡抚17人，布政使12人，盐政1人，都统1人，副都统3人，将军3人，提督4人，住外办事大臣3人（有京衔但常驻地方因此按地方官对待）；京官4人，尚书3人，侍郎1人。三品及以下官员中，京官御史2人，地方官数百人，其中，学政2人，按察使2人，盐运使2人，总兵1人，道员2人，知府以下数百人。由上可知，乾隆朝一品、二品京官很少因贪污贿赂被参处，并非京官中没有贪污受贿现象，而是无人敢参、无人能参，乾隆朝六十年御史参劾案才4件，而且其中没有1件是参劾朝中大臣的，可见御史对朝臣贪污受贿的纠劾功能基本丧失。实际上，并非御史中没有刚正不阿之人，而是乾隆朝御史参劾朝中大臣要冒很大的风险，乾隆帝是否并不信任御史，也不重视发挥御史的作用，对御史的参劾不是持狐疑态度，就是刁难、不支持。乾隆帝对自己身边的大臣高度信任，不允许他人怀疑，尽管贪污受贿案件不断地粉碎他的信任，但他是否坚持用人不疑，特别是对自己身边的大臣更是如此，这就很难避免近臣结党营私，千古奇贪和珅的出现并不是偶然的。乾隆五十一年御史曹锡宝曾参奏和珅，但乾隆帝并未革职查办和珅，尽管也查了一下，但聪明的乾隆应当知道在朝中一手遮天的和珅如果不革职就很难查办，不能不让人怀疑查处的真正意图，表面上是查处，实际上却达到了保护和珅的作用，从此以后再无人敢参。从犯罪人构成及乾隆帝对和珅、于敏中的态度看，乾隆帝反贪，外紧内松，宽待京官，严惩地方官。乾隆帝虽然意识到了朝中大臣贪污受贿与地方督抚、布按等官员贪污受贿的关系，但是，并未在实际行动上重视对自己身边的贪污腐败分子的清除。尽管乾隆帝经常自恃聪明、自我夸耀，在位六十年也屡兴反贪大案，但是具有讽刺意味的是清朝最大的贪污腐败分子和珅潜藏在其身边长达二十多年都没有被其发现，于敏中也是死后才被发现，毫无疑问朝中大臣的腐败危害更大，某一地方的督抚腐败只涉及一地，而如果皇帝腐败了、朝中大臣腐败了则会危害全国。可以毫不客气地说，乾隆帝本人才是乾隆朝最大的腐败分子，和珅之腐败完全是乾隆一手造成的，罪魁祸首不是别人，正是乾隆。乾隆朝的经验告诉我们腐败分子反腐败、大腐败分子反小腐败分子，无论反腐力度多大，最终只能是越反越腐败。实践证明，反腐败也会为腐败分子提供新的腐败机会，使腐败的规模更大、危害更大。反腐败不能只反地方官而不反京官，只反小官而不反大官，不能对大官宽而对小官严；不能只反自己不熟悉的官员而不反自己身边的官员，历史的经验反复证明了一个颠扑不破的真理，皇帝身边的官员最容易腐败，最容易成为最大的腐败分子，危害也是最大的。历朝历代都存在反腐败不彻底、有选择地反腐败的问题，由于部分皇亲国戚、高官可以长期腐败而逍遥法外，反腐败的震慑力必然降低，效果必然有限，腐败必然成为不治之症。从实际效果看，乾隆帝的反腐败是失败的，是不足取的，以至于本人也发出了无奈的感叹。乾隆帝曾经深深地感叹为什么皇考用了几年时间就使吏治大为好转而轮到朕如此大力整顿都不见好转？嘉庆帝的一道奏折对回答这一问题或许有所启发，嘉庆十年十一月十五日谕："乾隆三十年以前并无亏空，三十年以后亏空增多，皆缘从前差务虽多，馈送甚少，迨后差务虽亦不少，而馈送较增，风气所趋，渐滋靡费。"①

从贪污贿赂犯罪案件的审理、裁判机制看，根据有据可查的54件案件的裁判机制看，只有4件遵照审案官员的拟议作出了最后裁决，其余的50件则由乾隆帝在参考审案官员的拟议的基础上作出完全不同的裁决或变更裁决。由此可见，在贪污贿赂犯罪案件的裁判中乾隆帝发挥着主导作用，轻重权衡由乾隆帝一人独断，审案官员的拟议有时得不到考虑，乾隆四十五年大学士、云贵总督李侍尧受贿一案大学士九卿核议斩立决，乾隆帝改为斩监候、秋后处决，未几李侍尧复起用为陕甘总督，乾隆四十九年因循误事（军务）本拟斩决，又计其功，李侍尧著加恩免其入于情实，仍永远牢固监禁，遇赦不赦，乾隆五十年以革职陕甘总督李侍尧署正黄旗汉军都统。不过，类似于李侍尧的情况并不多见，大部分侵贪官员远没有李侍尧幸运，如果仅用李侍尧一案说明乾隆帝所作的裁决完全不考虑法律的规定也是不公正的，应该肯定，乾隆帝所作出的大部分裁决是符合当时有效的律例规定的，类似于李侍尧这种完全不考虑法律的情况很罕见，就李侍尧一案而言，也并非完全不按律例规定裁决，而是依法作出的裁决没有被实际执行，即主要问题不是出现在裁决环节上，而是执行环节上。乾隆帝最大的问题不是裁判的随意性，而是实际执行环节上有时随意性太大。

---

① 《仁宗睿皇帝实录》，中华书局1986年版，卷一五二，第934页。

表6-4 清乾隆朝贪污贿赂犯罪案件（据现有资料不完全统计）

时间	题奏或告发人	犯罪人	犯罪事实	审批或部拟	裁决与执行	资料出处
乾隆元年	—	兵部尚书傅鼐	勒借商人银二千两	—	革职纳赎	《高宗纯皇帝实录》，中华书局1985年版，卷二十五
乾隆二年十月	—	安西镇总兵张嘉翰	剥削克扣军需	—	被判处死刑	同上，卷五六
乾隆二年	—	吏部侍郎俞兆岳	派捐受馈	—	革职	同上，卷四八
乾隆三年	—	军需道沈青崖，陕甘总督刘於义	浮侵糜帑银三万余两，受牵连	—	沈青崖处斩，刘於义杖流	同上，卷七六
乾隆三年七月	—	工部尚书赵宏恩	收受许登瀛馈送银两	大学士等遵旨会审，应革职治罪	得旨，赵宏恩照议革职，备资养亲在台站效力	同上，卷七二
乾隆五年十月	都察院左都御史查克丹、山东道御史宫焕文参奏	四川道御史褚泰等	受贿银五百两	乾隆五年四月十八日因受贿被判处死刑监候	刑部题朝审缓犯人犯一疏，得旨褚泰，常禄著改为情实	同上，卷一二九

246

第五章 中国古代惩治贪污贿赂罪司法实践的启迪

（续表）

时 间	题奏或告发人	犯罪人	犯罪事实	审拟或部拟	裁决与执行	资料出处
乾隆五年五月	闽浙总督宗室德沛奏	署福建巡抚王士任	纳贿婪赃	闽浙总督宗室德沛讯	王士任著革职，并案内人犯著该督会同将军策楞严审定拟具奏	《高宗纯皇帝实录》，中华书局1985年版，卷一一七
乾隆五年十一	—	江西巡抚岳濬	受贿营私	革职，被逮捕下狱治罪	—	同上，卷一二九
乾隆六年七月	乾隆帝先访闻，山西巡抚喀尔钦善被迫疏参	山西布政使萨哈谅、山西学政喀尔钦	萨哈谅升任潘司婪赃共计一千六百余两。喀尔钦贿卖文武生员	萨哈谅、喀尔钦二案著吏部侍郎杨嗣璟前往会同巡抚喀尔钦善秉公据实严审具拟。钦差吏部右侍郎杨嗣璟奉旨查审萨哈谅山西布政使任内贪婪不法款迹确凿，照律计赃拟罪一折。得旨：交与三法司从重定拟	刑部议奏，准吏部侍郎杨嗣璟审奏吏部右侍郎杨嗣璟审奏萨哈谅应将萨哈谅依拟斩立决。喀依议，解部即行正法。余依议。刑部解萨哈谅应斩即行正法，又刑部拟斩监候，萨哈谅应改拟为绞立决。萨哈谅改拟为绞立决，依前议萨哈谅依拟应斩、著解部监候，秋后处决	同上，卷一四六

247

(续表)

时间	题奏或告发人	犯罪人	犯罪事实	审拟或部拟	裁决与执行	资料出处
乾隆七年四月	左都御史刘吴龙参奏	浙江巡抚卢焯、嘉兴府知府杨景震	杨景震因桐乡县汪姓分家一案收受贿银三万两，汪姓即托杨景震转送巡抚卢焯银五万两。嘉兴县知县陶沛年亲送卢焯银二千两	交闽浙总督宗室德沛、钦差副都统汪扎尔等审理。刑部等部会题卢焯、杨景震俱依卢焯枉法赃律拟绞监候，秋后处决。所题：卢焯、杨景震俱应依拟应绞，著监候，秋后处决。余依议	乾隆八年刑部题以已革浙江巡抚卢焯私以营私受贿肉于全完。其不枉法赃银于营银等发落。依应题例减等发落。乾隆十六年召处，卢焯著发往军台效力。二十年起用署陕西西安巡抚，后又犯罪被发遣新疆	《高宗纯皇帝实录》，中华书局1985年版，卷一六四
乾隆七年四月	—	现山西布政使原嘉湖道吕守曾	贪赃逾万	照律拟死，无庸议	但伊身任监司，婪赃逾贯，原系应拟死罪之犯，自不得援照身死勿征之条宽免，仍著落嫡属勒追入官	同上，卷一六四
乾隆六年四月	御史仲永檀参奏	提督鄂善	收受贿银一万两	刑部等衙门会同九卿科道议奏升任御史仲永檀参鄂善原任提督鄂善于俞廷试家发掘原银两受贿婪赃，照律科断，拟绞候一疏	鄂善本应照后即时处绞，但刑于市曹，朕心始终不忍。著新柱带鄂善至伊家令其自尽，余著照原议完结。此时乾隆朝因贪赃被处决之首位一品大员	同上，卷一三五

(续表)

时间	题奏或告发人	犯罪人	犯罪事实	审批或部拟	裁决与执行	资料出处
乾隆九年	湖南巡抚蒋溥奏	湘潭县知县李松	呈送食莲四桶，共银一千两	—	李松不遵功令暗行馈遗着革职交与该抚将有无行求之处一并严审究拟具奏	《高宗纯皇帝实录》，中华书局1985年版，卷二二三
乾隆九年	—	西安布政使帅念祖	违例私受、幕僚，家人纳贿	—	解任	同上，卷二一九
乾隆十一年	—	湖广总督鄂弥达	其子随父出巡遍受贿赂	—	革职	同上，卷二七六
乾隆十三年	闽浙总督喀尔吉善参奏	浙江巡抚常安	婪赃人已并得银一万六千八百余两	常安著解任，命大学士高斌会同顾琮前往浙江会审具奏。刑部议奏革职浙江巡抚常安贪婪一案据大学士公讷亲查明，常安拟绞，解部监候，应如所题	常安请照风宪官吏求索财物加其余官吏罪二等，任邸赃八十两律，拟依法赃得官：常安依拟应绞，著监候，秋后处决。后死于监狱	同上，卷三二七
乾隆十五年七月	两广总督陈大受参奏	丁忧粮驿道明福	勒令州县折交粮价，赃银二百二十二万六千余两	庄亲王等会同军机大臣审明定拟，拟折监候，追赃入官	从之	同上，卷三六八

249

(续表)

时 间	题奏或告发人	犯罪人	犯罪事实	审批或部拟	裁决与执行	资料出处
乾隆十五年	—	四川学政朱荃	贿卖生童	严拿不获，报称落水死	—	《高宗纯皇帝实录》，中华书局1985年版，卷三六九
乾隆二十一年三月	浙江巡抚富勒浑揭发	前任浙江巡抚、现任山东巡抚鄂乐舜	任浙江巡抚期间向商人勒派银六千余两	委令户部侍郎刘纶为钦差大臣喀尔吉善、江同总督喀尔吉善查办此案。未能审明，后交柱新任按察使合押解到京交刑部审处	鄂乐舜身为巡抚，勒派商银至六千两，本应明正典刑，念其情节尚非因事任法可比，著从宽免其显戮，赐令自尽	同上，卷五〇九
乾隆二十二年九月	湖南巡抚陈宏谋参奏	湖南布政使杨灏	于应发兑补运江谷价二十万余两每两扣银一两二钱及二两六七钱不等，扣银三四千两人已，通计侵蚀三四千两人已	谕杨灏，周照皆著革职，其贪戾侵扛情由及管家人书吏，该抚并查拿严审，拟具奏。不久陈宏谋奏请将杨灏处以斩监候，秋后处决	乾隆二十二年秋，湖南巡抚将杨炳以杨灏干限内完赃，拟人缓决。乾隆二十二年九月九日，帝命将杨灏斩决	同上，卷五四六
乾隆二十二年九月	云南巡抚郭一裕参奏总督恒文	总督恒文、巡抚郭一裕	让属员买金，少付金价，巡营时纵容家人收受属员门礼	特命刘统勋会同贵州巡抚定长前任查察、三法司核拟	赐令恒文自尽，郭一裕革职，发往军台效力，准其纳赎	同上，卷五四七

（续表）

时间	题奏或告发人	犯罪人	犯罪事实	审拟或部拟	裁决与执行	资料出处
乾隆二十二年十一月	山西巡抚塔永宁奏	原任山西布政使、现任山东巡抚蒋洲，原任山西巡抚、布政使杨文龙	蒋洲于山西布政使任内亏帑至二万余金，杨龙文扣发县生息本银一千五百款，实系侵欺。明德收受蒋洲金银及各属古玩金银等物	刘统勋、杨龙文奏请将蒋洲、塔永宁审拟蒋洲等折，事均应照监守自盗一千两以上例斩即行正法，请旨即行正法，以儆官邪	据刘统勋、塔永宁审拟蒋洲一案，自认不讳。蒋洲亏空勒派一案，杨龙文亏空勒派一案，杨龙文俱拟依拟即行正法	《高宗纯皇帝实录》，中华书局1985年版，卷五五〇
乾隆二十四年六月	普省同知普喜揭参将军保德与同知普喜共同挪用公库银一万八千两亏垫补朴现象	绥远将军保德、同知普喜、副都统根敦札布	于穆纳山私欲木植收受赃银一千二百两，续查出挖诈木商银一千五百余两。同知普喜经查贪赃银万余两，并根据普德根敦礼布科款内凭出保德子穆纳山私欲出木植，收受赃银一千五百两	派钦差大臣刘统勋前任与抚塔永宁审理，审理过程中，查出同知普喜经查贪赃银万余两，并根据普德根敦礼布科款内凭出保德子穆纳山私欲出木植，收受赃银一千五百两	著刘统勋等将保德在该处监看正法。乾隆二十四年闰六月初九日谕令普喜即行处斩。当天又下了一道命令将呼世札布即行处斩	同上，卷五八八

251

(续表)

时 间	题奏或告发人	犯罪人	犯罪事实	审拟或部拟	裁决与执行	资料出处
乾隆二十五年十一月	江西学政谢溶生参奏	江西巡抚阿思哈	因生女收受司道金镯、绫缎	阿思哈著革职，交刘统勋等逐款严审，按律定拟具奏	刑部奏定拟阿思哈收受属员馈送一案，得旨：阿思哈依拟应绞，著监候，秋后处决。送贺礼各员均受到革职留任或降级处分	《高宗纯皇帝实录》，中华书局1985年版，卷六二四
乾隆二十五年十二月	总督常清参奏	将军松阿哩	收受属员马匹皮张，计赃八十两以上	刘纶、伊祿顺前往西安会同抚臣钟音查审，款已有确据。松阿哩著革职并案内应审人	犯交刘纶等奏公逐一严讯定拟具奏。松阿哩请依枉法论，律不减等，绞监候。下部议	同上，卷六二七
乾隆二十六年一月	—	浙江提督马龙图	多次挪用公款	—	被革职，判五年徒刑	同上，卷六二八
乾隆二十七年九月	帝闻知令帝巴尔品查明具奏	理藩院尚书富德	马畜内有少给银两，向札萨克王公购换者，亦有竟向伊等索取者	依律拟斩，帝命改为监候，将其所有家产入官。次年帝以其立有军功，授散秩大臣	乾隆四十一年五月初七日富德因克扣士兵盐菜钱两弥朴赏银并诬告阿桂叛逆罪，被判处死刑处斩	同上，卷六七一
乾隆二十九年六月	山东巡抚明山奏	盐运使王概	于署粮道任内浮收仓米五千余石及勒令铺户加倍折收银一万余两入己	—	帝命将王概革职严审，拟斩监候，后查出王概系"因循积弊"，乃准其赎罪	同上，卷七一二

252

(续表)

时间	题奏或告发人	犯罪人	犯罪事实	审拟或部拟	裁决与执行	资料出处
乾隆二十九年	—	闽浙总督杨廷璋	令属员代买物品，少发价银	—	解大学士任，降级散秩大臣	《高宗纯皇帝实录》，中华书局1985年版，卷七一三
乾隆三十年三月	—	前和田办事大臣和诚	将宫廷采办的进贡玉石占为己有	—	五月十一日被革职，逮捕审问，七月二十二日，被判处死刑，立即执行	同上，卷七四一
乾隆三十一年二月	乾隆看出端倪而追查	前任山西巡抚和其衷、江苏巡抚庄有恭、前任山西阳曲县知县段成功等	段成功在山西阳曲县任内恣意侵蚀库银数至万余两，在苏州知府任内纵容家人、书役勒索抚民巡抚和其衷徇纵营私	军机大臣会同刑部审拟具奏参革苏州府同知段成功与巡抚和其衷，均应依律拟斩，并请即行正法。扶吴县知府文绶，知同容隐之潘司文绶，刘捕，应拟斩监候	庄有恭应依律同斩，秋后处决。朱奎杨、孔传河、窦系为从、著免其死罪发往军台效力。段成功应斩即著处斩，和其衷改为斩监候，人才情实、已经勾决。其处斩。文绶、刘埔并著从宽免死，发往军台效力赎罪	同上，卷七四六
乾隆三十二年	—	湖南巡抚李因培	命人代下属弥补亏空银一万两	—	赐令自尽	同上，卷七八九

253

(续表)

时 间	题奏或告发人	犯罪人	犯罪事实	审拟或部拟	裁决与执行	资料出处
乾隆三十三年六月	两淮盐政尤拔世揭参	总管内务府大臣兼吏部侍郎前任两淮盐政高恒、前任两淮盐政普福	高恒贪污银三万二千余两，普福私销银一万八千八百余两	军机大臣会同刑部议奏：原任两淮盐政高恒，普福侵蚀盐政引余息，高恒收受银三万二千两，普福私销银一万八千八百余两，均依律拟斩监候，秋后处决	从之。乾隆三十三年十月二十七日高恒、普福一并勾决，立即执行	《高宗纯皇帝实录》，中华书局1985年版，卷八一二
乾隆三十四年正月	直隶总督杨廷璋参奏	保定府知府吴兆基	承审县丞林恭策得赃	—	吴兆基著发往军台效力赎罪	同上，卷八二七
乾隆三十四年九月至乾隆三十五年二月	贵州巡抚良卿参奏办铜铅之威宁州知州刘标，发运铅觔，短缺数百万	威宁州知州刘标，巡抚良卿，方世俊，署布政使高积等	方世俊子刘标开矿受银一千两之多，刘标侵蚀收受，良卿除收受属员馈送外，尚有多种罪行，高积身为臬司，恐吓属员，任情渔利，自行领出官库例发商水银盐贩卖求利三千余两不已	乾隆三十五年正月十九日钦差湖广总督吴达善审讯良卿，方世俊等审讯犯情形并审判定拟折，良卿应请即行正法。方世俊请即正法。刘标应拟绞，但与答人同科拟绞，情罪较重，从重完结。朱批：三法司核拟速奏	乾隆三十五年正月二十八日钦差湖广总督吴达善等审拟高积拟绞监候，秋后处决。三法司核拟善等奏，秋后处决。后彼判处良卿绞决。二月初二日谕令将良卿从宽改为监候，贵阳正法。方世俊情实，人干情实，余依议	同上，卷八五三

254

(续表)

时间	题奏或告发人	犯罪人	犯罪事实	审拟或部拟	裁决与执行	资料出处
乾隆三十六年二月	总督吴达善参奏	提督马铭勋	勒索属下马匹又将马骡卖与文员营员勒取重价及弁员受收礼物	—	马铭勋著革职。交与该督严审定拟具奏	《高宗纯皇帝实录》，中华书局1985年版，卷八七八
乾隆三十七年七月	云南厂员朱一深揭报上司一案，内所开藩司钱度赃款甚多	云南布政使钱度	钱度扣平余银四万余两，还勒令属员购买玉器、古玩，多收价银	著传谕袁守侗，李湖即将钱度、钱鄂迅速严行审讯明确	七月二十五日奉旨：钱度著即处斩，余依议。七月二十六日，帝命将钱度押赴法场斩首	同上，卷九一二
乾隆三十七年十二月	—	广州将军秦璜	因挑送骁骑校领催马文举收受银钱二百四十圆	两广总督李侍尧、广东巡抚德保奏审明广州将军秦璜接索款数属实，除各轻罪不议外，其因挑送骁骑校领催马文举收受银钱二百四十圆，应照任任赃例，与马文举同拟绞监候	下刑部议，寻议秦璜及各领受秦璜等所拟治罪。从之	同上，卷九二二

255

(续表)

时间	题奏或告发人	犯罪人	犯罪事实	审拟或部拟	裁决与执行	资料出处
乾隆三十八年一月	川东知府托隆经乾隆帝询问而说出实情	四川总督阿尔泰	勒派属员，代买物件，短发价值，并多收楠木肥己及收受马权朝珠。阿尔泰派由地方官出资及将楠木变卖得银上万两	四川巡抚富勒浑审查阿尔泰贻误军务及勒属派买，短发价值，得受回应扣养廉各款，俱已自认不讳。同三法司会同军机大臣会议，将阿尔泰照原有心贻误军机例拟以斩决	阿尔泰赐令自尽。四川布政使刘益通同阿尔泰父子勒派，着暗送扣存养廉，依拟应斩，监候秋后处决	《高宗纯皇帝实录》，中华书局1985年版，卷九二五
乾隆三十九年十一月	—	云贵总督彰宝	在保山县取用总督府费用银四万余两而造成保山亏空	—	彰宝被判处死刑，秋后处决。三年后人于情实，已经勾决，死于狱中	同上，卷九七一

256

(续表)

时间	题奏或告发人	犯罪人	犯罪事实	审批或部拟	裁决与执行	资料出处
乾隆四十三年九月	被驻疆大员玉贵告发	兵部侍郎驻新疆叶尔羌大臣高朴	将玉石偷运至苏州售卖银十万多两	—	高朴被判处死刑，就地正法	《高宗纯皇帝实录》，中华书局1985年版，卷一〇四〇
乾隆四十五年十月	广东总督、巡抚福长安、巴延三参奏	已故直隶总督杨景素	贪污商民捐款银共六万两。据伊阿龄奏家产约共值银三十三万余两	杨景素在直隶总督任内有簠簋不饬之事使其尚在，必当明正其罪，今已身故，亦不应使其子孙坐拥厚资，江南河堤应需修筑之处，罚令杨景素家属承修	著加恩将家产内酌量拨给三四万两，俾资养赡。理由：系身后渐次查出，亦无昭著劣迹；伊子杨炤闻信后，即将赃款所有产业，据实和盘托出，尚属具有天良	同上，卷一一一六

257

(续表)

时间	题奏或告发人	犯罪人	犯罪事实	审拟或部拟	裁决与执行	资料出处
乾隆四十五年十月	云南粮储道海宁揭告李侍尧勒索下属官员钱财,办理诉讼案件贪赃枉法收受贿赂	大学士、云贵总督李侍尧	受贿银三万一千余两	派侍郎和珅、喀宁阿驰驿前往查办,大学士九卿核议尚书和珅等定拟李侍尧贪纵营私各款,将原拟斩监候之处改为斩决	李侍尧著即定斩监候秋后处决。理由:(1)李侍尧身任总督二十余年,办事尚属认真勤干有为,闵鹗元奏,请援议勤议能之文稍宣一线;(2)先世李永芳于定鼎时归诚宣力。未几李侍尧复起用为陕甘总督。乾隆四十九年因循误事(军务)本拟斩决,又计其功,李侍尧著加恩免其人于情实,仍永远年固监禁,遇赦不赦。乾隆五十年固监署甘总统。乾隆五十三年正黄旗汉军都统。闽浙总督李侍尧病故,李侍尧在总督中,素能办事,然屡遭重谴,帝始终全宥之。寻谥恭毅	《高宗纯皇帝实录》,中华书局1985年版,卷一一七
乾隆四十六年六月	一	拉里县丞高大业	亏缺库银八千五百五十八两	一	著交佰瑞,即将高大业于藏地正法示戒,长随李昇拟斩,送成都监候,人于本年情实	同上,卷一一三四

258

（续表）

时间	题奏或告发人	犯罪人	犯罪事实	审拟或部拟	裁决与执行	资料出处
乾隆四十六年至四十七年	甘肃布政使王廷赞奏缴廉俸银四万两以资兵饷，一折引起了乾隆帝的怀疑，密谕令阿桂、李侍尧严密访查	勒尔谨、王亶望、王廷赞等210余名官员	收捐监粮私收折色，冒赈浮销，侵蚀监粮。王亶望贪污受贿银一百万两以上。王廷赞受贿贪污银额总三百多万两	谕行在大学士九卿会审。王亶望著即处斩，勒尔谨著加恩赐令自尽。王廷赞著加恩改为应绞监候，秋后处决，交刑部按例赶人秋审。蒋全迪著即处斩。杨士玑著亦应正法	闵鹓元等11人均著即处斩。程栋等28人著改为应斩监候，陈严祖等8人著勾决。此案陆续正法者，前后共五十六犯，死发遣者共四十六犯	《高宗纯皇帝实录》，中华书局1985年版，卷一一四二
乾隆四十七年七月	御史钱沣参奏	山东巡抚国泰、布政使于易简	国泰索贿银八万两	特派尚书和珅、左都御史刘墉前往查办并带御史钱沣亲讯。后又责大学士九卿、于易简等核议。国泰、于易简著加恩改为应斩监候，秋后处决，后因查出山东各属亏空竟至二百万两之多。国泰、于易简著加恩赐令自尽	先是国泰、于易简著从宽改为应斩监候，后因查出山东各属亏空竟至二百万两之多。国泰、于易简著加恩赐令自尽	同上，卷一一六〇

（续表）

时间	题奏或告发人	犯罪人	犯罪事实	审拟或部拟	裁决与执行	资料出处
乾隆四十七年八月	乌噜木齐都统明亮奏报前任都统索诺穆策凌捏报粮价冒销图采买冒销	乌噜木齐都统索诺穆策凌等	索诺穆策凌任听属员侵冒浮销，平等馈送德物至数万余两之多，且收受银物	特派侍郎喀宁阿驰赴该处会同明亮查办。知县瑚图里著即处斩。邬玉麟王老虎、邬玉麟之子俱著即行处绞	索诺穆策凌著所拟斩决之罪从宽改为应斩监候，又查出其受馈送一万余两，著照国泰于易简之例，赐令自尽	《高宗纯皇帝实录》，中华书局1985年版，卷一一六三
乾隆四十七年十二月	—	闽浙总督陈辉祖	同属员隐匿抽换王亶望入官财物	大学士九卿核议陈辉祖桂等审讯阿案，照例分别拟斩，请旨即正法	帝谕陈辉祖著从宽改为应斩监候，秋后处决	同上，卷一一七一
乾隆四十九年七月	乾隆帝南巡发现	江西巡抚郝硕	索贿受贿银六万八千多两	亲加刑讯。复令留京王大臣、大学士九卿审拟具奏，兹据奏将郝硕拟斩，即行正法	赐令自尽。馈送郝硕银两之知府顾奏等七十一员著照山东国泰勒索案内之例，免其革任，酌量议罚，留存该省公用	同上，卷一二一一

260

（续表）

时 间	题奏或告发人	犯罪人	犯罪事实	审批或部拟	裁决与执行	资料出处
乾隆五十一年闰七月	孙士毅奏富勒浑家人殷士俊等有招摇婪索之事	闽浙总督富勒浑	富勒浑听从家人长随伍拉纳等怂恿，勒令书吏豫缴银一万九千余两，存贮私宅，希图侵蚀	著依拟应斩监候，秋后处决。乾隆五十三年十二月初二日释放富勒浑，令其闭门思过	伍拉纳一案查出富勒浑在闽浙总督任上曾索取盐商银五万两，帝以其家已抄，从宽发往热河效力赎罪	《高宗纯皇帝实录》，中华书局1985年版，卷一二六〇
乾隆五十一年五月	都察院奏据湖北江陵县民蒋鲁玉等控告	湖北江陵县书苏秉六	克扣赈项，舞弊侵吞	帝派李侍尧驰驿前往，彻底查办，严审定拟具奏。经查其于覆查户口勒索保证银六十余两，五人分用	李侍尧等拟书吏苏秉六等从重改发乌噜木齐为奴。得旨：从之	同上，卷一二五四
乾隆五十一年九月	窦光鼐原奏平阳、平嘉永二县借勒合勘，并亲赴平阳查出黄梅亏空以弥补为名计亩派捐	原任平阳知县黄梅	借吴荣烈等钱二千一百千文，侵用田单公费钱暨朋贴采买钱一万四千余千文	黄梅著革职拿问	—	同上，卷一二六四

(续表)

时间	题奏或告发人	犯罪人	犯罪事实	审批或部批	裁决与执行	资料出处
乾隆五十三年七月	—	福建陆路提督、一等伯柴大纪	因嘉义县被围贪纵营私，酿成事变	—	被判处死刑处斩	《高宗纯皇帝实录》，中华书局1985年版，卷一三〇八
乾隆五十四年二月	—	和田领队大臣格朋额	贪案	—	被判死刑处斩	同上，卷一三二三
乾隆五十七年十二月	—	大兴县知县祝振	徇私散法，得赃至三千两之多	军机大臣会同刑部衙门审理	照军机大臣等所奏，应绞监候，改入本年秋审情实办理，现在朝审勾到之期已过，祝振著即处绞	同上，卷一四一八
乾隆五十八年二月	两淮盐政全德参奏	浙江巡抚福崧、两淮盐运使柴桢、布政使归景照等	柴桢于两淮运库挪用正项钱粮至二十二万两之多并馈送福崧金两，经布政使归景照转送。福崧向盐道蔡多赃	大学士阿桂等拟应斩柴桢、福崧俱拟斩请旨即行正法，归景照发往伊犁效力赎罪	谕令将柴桢、福崧就地正法，藩司归景照发往伊犁效力赎。山东巡抚吉庆遵旨于沂州李家庄将福崧就地正法	同上，卷一四二二

（续表）

时间	题奏或告发人	犯罪人	犯罪事实	审拟或部拟	裁决与执行	资料出处
乾隆六十年十月	将军魁伦等奏	闽浙总督伍拉纳、福建巡抚浦霖、按察使钱受椿、布政使伊辙布等	伍拉纳收受贿银十六万两，浦霖收受贿银三万多两。按察使钱受椿延案勒贿	亲加廷鞫得实。军机大臣会同刑部审讯将伍拉纳、浦霖同拟斩候，请旨即行正法	伍拉纳（觅罗）、浦霖俱著照拟即行处斩。钱受椿、周经（库吏）就地正法	《高宗纯皇帝实录》，中华书局1985年版，卷一四八八
乾隆六十年五月	舍尔图所控	将军副都统舒亮、安庆等	任意勒索貂皮等物	福长安审明寻议舒亮、安庆应照监临官吏强索所财物，计赃准枉法论，仍从重照实犯枉法赃八十两以上律	绞监候，秋后处决。庆依拟应绞，著监候，秋后处决	同上，卷一四七九

乾隆帝对贪污贿赂犯罪案件的审理与裁判总体上是值得肯定的，他的主要问题并不是出在审理与裁判环节上，而是出在对少数能臣的无原则的袒护、无原则的从宽上，出在对朝中亲信大臣贪污贿赂犯罪疏于防范，甚至明知不问上。乾隆帝的主要问题也不是出在惩贪立法的不合理上，而是出在一些行政措施的不合理上，如议罪银。另外，乾隆帝本人的多欲、喜奢华、自我放纵、自以为是、好大喜功等生活与性格缺陷所产生的负面影响也是不可低估的。

从贪污贿赂犯罪的执行机制看，乾隆朝贪污贿赂犯罪实际执行死刑的28件，立即执行死刑的有24件，位居各朝首位，其中，斩立决15件、赐令自尽8件、绞立决1件，斩监候实际执行死刑3件，朝审入于情实1件。大量适用斩立决、赐令自尽，绞立决很少适用，执行力度为历朝之最。乾隆一朝处死的总督共有5人，为历朝之最。顺治朝贪污贿赂犯罪适用流刑4件、康熙朝1件、雍正朝0件，乾隆朝贪污贿赂犯罪适用流刑10件，是清朝中前期适用流刑最多的朝代，而且对以后各朝影响重大，乾隆朝以后流刑成了适用于贪污贿赂犯罪的主要刑种。乾隆朝贪污贿赂犯罪适用流刑的一品、二品官员就达7人，包括尚书1人、总督1人、巡抚3人、都统1人、布政使1人，知府以下官员仅甘肃捐监一案就达46人。乾隆朝虽然存在作出刑事处罚决定以后不予执行的情况，如李侍尧一案，但那只是特例，并非普遍现象，绝大部分案件得到了严格执行，特别是乾隆二十三年以后侵欺案完赃不准减等、乾隆二十五年以后枉法赃完赃也不准减等。乾隆朝官员允许纳赎的案例也很少，上表中所统计的有判决结果的55案中只有3案，谕令允许纳赎，所占比例极低。乾隆朝贪污贿赂犯罪免除刑事处的情况也很少，55案中只有4案，即乾隆元年兵部尚书傅鼐勒借商人银二千两革职纳赎、乾隆二年吏部侍郎俞兆岳派捐受馈革职、乾隆十一年湖广总督鄂弥达因其子随父出巡遍受贿赂革职、乾隆二十九年闽浙总督杨廷璋属员代买物品少发价银解大学士任降授散秩大臣，与康熙朝相比数量要少很多。乾隆朝抄没财产制度执行很严厉，涉及官员侵贪案件在查处开始时就高度重视家产的及时、秘密查抄以防隐匿、寄顿，有些官员即使身死仍抄没家产，如已故直隶总督杨景素贪污商民捐款银共六万两生前并未发案、据估家产约共值银三十三万余两除恩准酌量拨给三四万两外均被抄没。乾隆朝反贪力度较大，但是严中也有宽。对行贿的官员处罚较轻，如山东巡抚国泰索贿案、江西巡抚郝硕索贿受贿案中的行贿官员不但没有与受贿同科，而且不予追究刑事责任、免革职，仅给予经济处罚。乾隆二十五年江西巡抚阿思哈因生女收受司道金镯、绫缎被处以绞监候而送贺礼各员只受到革职留任或降级处分。

五、嘉庆朝

根据《清实录》进行不完全统计，嘉庆朝影响较大的贪污贿赂犯罪案件计约24件。嘉庆朝的惩贪活动从时间分布上呈现出两头低、中间高的特点。嘉庆元年至嘉庆三年没有发生影响较大的贪污贿赂犯罪案件（嘉庆四年以前实际统治权仍然掌握在太上皇乾隆手里），嘉庆十七年至嘉庆二十五年影响较大的贪污贿赂犯罪案件只有2件，嘉庆四年至嘉庆十六年影响较大的贪污贿赂犯罪案件计约22件。这十三年是嘉庆朝反贪力度最大的一段时间，一定程度上延续了乾隆朝严惩贪污贿赂犯罪的做法，这一段时间也是清朝严惩贪污贿赂犯罪的最后绝唱，从此以后直至清朝灭亡再也没有出现过如此密集的严惩贪污贿赂犯罪活动，特别是嘉庆十七年至嘉庆二十五年、道光朝、咸丰朝，惩治贪污贿赂犯罪的力度明显下降，进入了清朝惩贪的谷底，咸丰朝没有发生影响较大的贪污贿赂犯罪案件，惩治贪污贿赂犯罪的活动基本停止，同治朝开始直至光绪朝结束曾出现惩治贪污贿赂犯罪的活动又一个小高潮，但是惩贪的力度始终没有达到乾嘉时期的水平。

根据有据可查的案件的裁判机制看，所有案件均由嘉庆帝在参考审案官员的拟议的基础上作出变更裁决。由此可见，在贪污贿赂犯罪案件的裁判中嘉庆帝发挥着主导作用，轻重权衡由嘉庆帝一人独断，但是嘉庆帝在作出最后裁决时完全不考虑承办案件官员的意见的情况很少见，嘉庆帝通常在基本尊重法律及承审官员拟议的基础上作出更轻或更重的最后裁决，虽然很少完全同意承审官员的拟议，但是量刑轻重调整幅度较小，例如，斩立决改为赐令自尽、斩监候改为绞立决、发往乌鲁木齐改为发伊犁效力赎罪、发往伊犁改为先枷号两个月满日发往伊犁效力赎罪、绞监候改为绞监候入于本年秋审情实，斩监候、绞监候案件提前入于情实或勾决。嘉庆朝由轻改重的判决较多，有些案件按照乾隆朝的做法进行裁决，例如，直隶州县勾串司书侵吞库项一案，"将侵银二万两以上者立置重典，侵银一万两以上者于秋审时予以勾决，侵银在一万两以下之陈锡钰、马河、戴书培、魏廷鉴四犯著加恩免其勾决，发往黑龙江充当苦差"。

表6-5 清嘉庆朝贪污贿赂犯罪案件（据现有资料不完全统计）

时间	题奏或告发人	犯罪人	犯罪事实	审拟或部拟	裁决与执行	资料出处
嘉庆四年正月	政治原因，科道诸臣列款参奏	大学士和珅、福长安等	和珅家产查抄计价约二亿数千万两，福长安家大员虽不及和珅之金银珠宝数逾千万，但已非伊家之所应有，其贪鄙昧良，仅居和珅之次	内阁、大学士、九卿文武大员翰詹科道等定拟和珅、福长安罪名，请将和珅照大逆律凌迟处死，福长安照律拟斩，请即行正法	和珅著加恩赐令自尽，福长安亦著从宽改为应斩监候。理由：(1) 遵照秋后处决先例；(2) 为国体起见	《仁宗睿皇帝实录》，中华书局1986年版，卷三七
嘉庆四年三月	礼部左侍郎罗国俊参奏	湖南布政使郑源璹	需索属员多金，方准到任，各员藉书役为之干办，遂纵令吓诈浮收，苦累百姓。收发库项，加扣平余，数逾八万	郑源璹著即革职拿问，交与姜晟审讯，其任所赀财，即行严密查抄，毋任隐寄	谕令斩之	同上，卷四一

266

（续表）

时间	题奏或告发人	犯罪人	犯罪事实	审拟或部拟	裁决与执行	资料出处
嘉庆四年十月	—	道员胡齐仑	经手湖北襄阳局军需四百一十九万余两并不按例支发，奉文扣平之外，复又私扣银至二万九千余两，任情馈送	军机大臣会同刑部严行审讯，明属实，今据审明属实，照侵盗钱粮人已数在一千两以上例问拟斩监候	胡齐仑著即处绞	《仁宗睿皇帝实录》，中华书局1986年版，卷五三
嘉庆五年二月	费淳奏富纲在任总漕任内有得受卫弁银两之事	前任漕督富纲	于江浙两省备弁肉所得馈送已不下万两	降旨令书麟洋查讯，交书麟严审定拟具奏，并著查抄家产	谕令绞监候，秋后处决。嘉庆五年十月二十六日勾决处死	同上，卷五九
嘉庆六年四月	—	贵州巡抚伊桑阿	索取属员门包，网上欺君	琅玕等奏，审讯伊桑阿骄纵勒索拟定斩候一折	伊桑阿著改为绞立决	同上，卷八八
嘉庆六年五月	—	已革黑龙江将军、公爵景熠	贪纵营私	—	被判处死刑监候。因为是皇室家族，享有特权规定，交宗人府圈禁（软禁）	同上，卷八三

(续表)

时间	题奏或告发人	犯罪人	犯罪事实	审拟或部拟	裁决与执行	资料出处
嘉庆七年一月	—	江西正考官周兴岱	收受程仪，听许银服	周兴岱交部严加议处	部议周兴岱，著加恩降为四品	《仁宗睿皇帝实录》，中华书局1986年版，卷九三
嘉庆七年一月	—	提督、步军统领明安，内廷卿员、行走鄂罗锡叶勒图	明安在开锅斗鞫案内听情受谢，听许银一千两，实收受五百两。鄂罗锡叶勒图代人请托，又于明安退还银五百两中挪用银一百五十两，意图侵蚀	军机大臣会同刑部审理明安拟发任乌鲁木齐。鄂罗锡叶勒图照议仅发任伊犁，亦未允当	明安著改发伊犁效力赎罪。鄂罗锡叶勒图著刑部内先枷号两个月，满日发任伊犁效力赎罪。余照议所行	同上，卷九三
嘉庆九年七月	宝泉局亏短铜斤七十余万	监督五灵泰、遐龄、董成谦、祁韵士、凤麟、丁树本	各任所得银两自三百两至一千八百两不等	宗人府会同刑部审讯，请将监督五灵泰等援照因事在官受财不枉法赃论，拟绞监候，所办大觉失之轻纵	五灵泰、遐龄、董成谦、祁韵士、凤麟、丁树本均著照枉法赃拟绞监候，入于本年秋审情实，届时再降谕旨	同上，卷一三一

268

（续表）

时间	题奏或告发人	犯罪人	犯罪事实	审拟或部拟	裁决与执行	资料出处
嘉庆十年九月	—	已革西宁办事大臣都尔嘉	前任意妄法，婪索银六千余两，又因祭海指称蒙古王公等派差蒙古不公，藉端勒索蒙古贝子旺沁丹津及蒙古王公等共银一万一千余两	宗人府审理	著派左宗人永珠、刑部侍郎贡楚克扎布将都尔嘉带至平人祖茔前监令自缢。若系都尔嘉即当依律立绞，姑念宗室，著加恩免赴市曹究竟著立绞诀	《仁宗睿皇帝实录》，中华书局1986年版，卷一五〇
嘉庆十年十月	—	盛京工部员外郎顺安	收受贿银二百两	—	勾决	同上，卷一五一
嘉庆十一年四月	河南巡抚马慧裕参奏	河督李亨特	勒索派累厅员及因借贷不遂抑勒厅员告奏	著派侍郎托津、广兴，吴璥驰驿前往，传旨将李亨特革职拏问，先将任所查抄，秉公严审，从重定拟具奏	—	同上，卷一五九

269

(续表)

时间	题奏或告发人	犯罪人	犯罪事实	审拟或部拟	裁决与执行	资料出处
嘉庆十二年三月	直隶藩司庆格查出司书王丽南等假雕印信串通银号虚收解款上奏	直隶藩司书瞻柱、颜检、郑制锦、同兴、陈锡珏、张麟书、王盛清、徐承勋等，司书王丽南等	州县勾串司书侵存库项三十一万六百余两	派协办大学士尚书费淳、尚书长麟带同明于司员即行驰驿前赴保定查明证逐一严讯，提集公定拟具奏。将侵银一万两以上者立置重典，侵银一万两以下者亦于本年秋审予以勾决	尚有侵银在一万两以下之陈锡珏等五犯亦俱审情实同拟斩候，人于本年秋审办理，陈锡珏又敢省捐监将陈锡珏、马河、戴书培，魏廷鉴四犯加恩免其勾决，发往黑龙江充当苦差	《仁宗睿皇帝实录》，中华书局 1986 年版，卷一七六
嘉庆十二年四月	一	已革道员孙长庚	动用库银生息渔利	刑部提讯	照刑部所请，著将孙长庚即日起解发往伊犁	同上，卷一九四
嘉庆十三年六月	巡城御史喜敬等奏砖商孙兴邦控告武帖双福笔等吉地工程地工银两任意侵蚀	内务府大臣盛住、成文	盛住前后侵用工程银两共有九万两之多，成文为从分肥	盛住既已身故，无可追论。嘉庆十五年成文因侵吉地工程银两，按律拟斩折候，已加恩两次勾ід决	成文为从分肥且年已八十有七，定例有八十以上犯罪减等之条，成文加恩改为流罪，仍推其照例收赎	同上，卷一九七

270

第五章 中国古代惩治贪污贿赂罪司法实践的启迪

（续表）

时间	题奏或告发人	犯罪人	犯罪事实	审批或部拟	裁决与执行	资料出处
嘉庆十四年正月	吉纶等奏访查广兴在东省案劣迹	刑部侍郎广兴等	广兴贪赃受贿银七万多两	河南巡抚广兴饮馈送银一千两，著加恩改为革职留任。河南省司道等馈送广兴银两之多，齐布森、昌昌会、巴哈布诸以谦，均著照部议降旨将广兴革职。经旨加廷讯处绞	将广兴案挪支国库银滥行供应的原任伊犁将军效力赎罪的由甘肃库项山东巡抚托长龄判处由发黑龙江效力赎罪。因成后邱庭隆枷号三个月，知府金湘发后枷号半年，张鹏升发吉林效力赎罪	《仁宗睿皇帝实录》，中华书局 1986 年版，卷二〇六
嘉庆十四年五月	一	巡漕御史英纶	挟势索求所部财物	军机大臣会同刑部议奏将英纶拟绞	英纶著即处绞。派御前侍卫富翰、刑部侍郎景禄押赴市曹，监视处决	同上，卷二一二
嘉庆十五年十一月	一	吉林将军秀林、吏部尚书秀林副都统达棱	秀林在办理人参事务中共贪污公款和向商人捐银两三万余两，达棱在办理吉林参务中贪污银二千两	秀林在办理人参事务中贪肆，人于本年朝审情实。姑加恩免其肆市，派军机大臣托前任刑部侍郎景未理传旨，赐令自尽	副都统达棱在办理吉林人参事务中贪污银二千两，被判处死刑监候，已经勾决，归入下年情实处绞	同上，卷二三六

271

(续表)

时间	题奏或告发人	犯罪人	犯罪事实	审拟或部拟	裁决与执行	资料出处
嘉庆十五年四月	—	西藏粮员将作梅	私挪库项,交商生息。将恩赏喇嘛银两及后藏兵饷易换,侵渔肥己	—	将作梅著照所拟即于西藏正法	《仁宗睿皇帝实录》,中华书局1986年版,卷二二八
嘉庆十六年十二月	—	湖南学政徐松	索取陋规陈俗之礼节省银两	—	革职,流放	同上,卷二五一
嘉庆十九年六月	—	巡抚成林	置办铺垫等项并买不发价,并家人裴兴等索取门包,每逢年节开送众家人名单	初彭龄等奏请将成林照应伊管门家人裴兴等索取陋规知情故纵罪坐本官律拟以杖流,请旨改发伊犁	著文蒋攸铦会同台斐音来据成林及伊管门家人裴兴等供吐,另行加严鞫,务令据实供吐,加重定拟具奏	同上,卷二九二
嘉庆二十一年十二月	—	河南巡抚文宁	纵容家人需索站规	—	命来京听候部议,旋,革职	同上,卷三二七

272

嘉庆朝贪污贿赂犯罪案件的裁决总体上较为公平，但也存在不能平等适用法律的问题。嘉庆七年正月江西正考官周兴岱收受程仪、衣服，嘉庆帝先令周兴岱著退出南书房并交部严加议处，部议周兴岱照溺职例革职，著加恩降为四品。嘉庆二十二年十二月河南巡抚文宁纵容家人需索站规革职。嘉庆十四年正月刑部侍郎广兴受贿案，河南巡抚两次馈送广兴盘费银一千两，著加恩改为革职留任。河南省司道等两次摊凑银两馈送广兴数至二万两之多，齐布森、诸以谦、吕昌会、巴哈布均著照部议革职。嘉庆十六年十二月湖南学政徐松索取陋规陈俗之礼节银两被处以革职、流放。

从贪污贿赂犯罪的执行机制看，嘉庆朝一品、二品官员约 8 人被判处死刑并实际执行，朝中大臣有 2 人赐令自尽、1 人绞立决，将军有 1 人赐令自尽，巡抚有 1 人绞立决，布政使有 1 人斩立决，总漕 1 人被绞监候勾决处死，副都统有 1 人被绞监候勾决处死，三品以下官员仅嘉庆十二年直隶州县勾串司书侵吞库项一案侵银二万两以上者斩立决、侵银一万两以上者秋审予以勾决就处死多人，一品、二品官员约 7 人被处以流刑，三品以下官员有 8 人被处以流刑。嘉庆朝官员允许纳赎的案例也很少，上表中所统计的有判决结果的案件只有 1 案，谕令允许纳赎，所占比例极低。嘉庆朝贪污贿赂犯罪免除刑事处罚的仅有 2 案。宗室成员贪污贿赂犯罪交由宗人府变通执行，比其他官员的惩罚要轻一些，或者予以优待。已革黑龙江将军、公爵景熠贪纵营私，被判处死刑监候。因为是皇室家族，享有特权规定，交宗人府圈禁（软禁）。已革西宁办事大臣都尔嘉受贿、贪污银一万七千多两，因系宗室加恩免赴市曹绞决，赐令自尽。

六、道光朝

根据《清实录》进行不完全统计，道光朝影响较大的贪污贿赂犯罪案件计约 6 件。道光朝的惩贪活动明显减少，道光三十年影响较大的贪污贿赂犯罪案件平均每五年 1 件，从时间分布上看，道光十一年以前仅有 1 件，就是这仅有的一件也因未能彻底查清，最终仅给予降一级处分；道光十二年至二十年仅有 2 件，其中仅有 1 件给予刑事处罚；道光二十一年至三十年仅有 3 件。由此可见，道光朝的惩贪活动在各个时期没有明显的变化，力度始终很小，惩贪已经不是皇帝所关注的重要问题了。道光帝对贪污贿赂犯罪案件通常从宽裁决，体现出了对于贪污贿赂犯罪更大的宽容而不是严惩。道光朝一品、二品官员因贪污贿赂被处罚人数进一步下降，惩贪力度更小了。

从贪污贿赂犯罪的执行机制看，道光朝没有一品、二品官员因贪污贿赂被判处死刑，轻则革职，重则流放，实际惩罚力度为历朝最低。道光朝 5 件受贿案件中 1 件革职留任、1 件革职、3 件革职流放，1 件贪污案件历任管库及查库之王大臣均革职留任。

七、同治朝

根据《清实录》进行不完全统计，同治朝影响较大的贪污贿赂犯罪案件计约 6 件。同治朝的惩贪活动发生了一个小小的逆转，与道光朝相比不仅数量明显增多，同治十三年影响较大的贪污贿赂犯罪案件平均每 2 年 1 件，而且处罚力度也明显加大。从贪污贿赂犯罪的执行机制看，实际惩罚力度比道光朝大。同治朝大臣因贪污贿赂有 1 人被判处死刑谕令自尽、1 人被流放新疆，总兵因贪污 1 人被军前正法、1 人被发往黑龙江充当苦差，贝子 1 人、国公 1 人因贪污被折圈禁二年。

八、光绪朝

根据《清实录》进行不完全统计，光绪朝查实影响较大的贪污贿赂犯罪案件计约 11 件，光绪朝的惩贪活动保持了同治朝的良好势头，光绪朝统治三十四年影响较大的贪污贿赂犯罪案件平均约每 3 年 1 件，仍比道光朝多。

从贪污贿赂犯罪的裁判、执行机制看，实际惩罚力度仍比道光朝大。光绪朝一品、二品官员因贪污贿赂有 4 人被发往军台效力赎罪，总兵 2 人被处死，国公 1 人因受贿被折圈禁 1 年，三品太常寺卿 1 人被发往军台效力赎罪，四品道员 1 人被发往军台效力赎罪，四品以下官员 9 人被发往军台效力赎罪或黑龙江效力赎罪。光绪朝也存在对贪污贿赂犯罪仅予以革职处分的情况，如光绪二十一年七月江西巡抚德馨收受属员馈送谕令革职。

第五章 中国古代惩治贪污贿赂罪司法实践的启迪

表6-6 清道光朝贪污贿赂犯罪案件（据现有资料不完全统计）

时间	题奏或告发人	犯罪人	犯罪事实	审批或部拟	裁决与执行	资料出处
道光六年七月	御史吴杰上奏参劾	山西巡抚福棉	福棉五十岁生日，各述州府县多赴省城拜寿送礼	有旨令松筠查办，因未能查出馈赠礼物	加恩降为三品顶戴革职留任	《清宣宗实录》，中华书局1986年版，卷一〇七
道光十二年九月	—	山西巡抚阿勒清阿	得已革知县李联蒙之赃银后，将其调补首县	—	命将阿勒清阿革职	同上，卷二一九
道光二十年一月	—	户部尚书、管内务府大臣奕纪	收沙布朗馈送银	—	革职，被判处遣戍黑龙江	同上，卷三三〇
道光二十三年四月	库丁盗户部大库案	历任库官、查库御史及查库之王大臣	嘉庆五年以来，户部正项饭银亏空九百二十五万二千余两	著派载铨、敬徵、裕诚、赛尚阿核实查办，查谕令历任库官、查库御史按年月罚赔一定额银两	历任管库例之王大臣及查库大臣均照溺职例革职，姑念人数众多，一时简用无人，著从宽均改为革职留任	同上，卷三九一

275

(续表)

时间	题奏或告发人	犯罪人	犯罪事实	审批或部批	裁决与执行	资料出处
道光二十八年五月	民人杨锦报递说帖指称其前在山西巡抚任内有徇情受贿	山西巡抚梁萼涵	失察伊弟撞骗多赃	先发往军台	第二年因山西巡抚王兆琛一案释放回籍，并赏给六品顶带	《清宣宗实录》，中华书局1986年版，卷四五五
道光二十九年七月	—	山西巡抚王兆琛、霍州知州杨树年	王兆琛收受商人规费又失察巡捕事，滋事；杨树年挟势借贷部民银两，馈送巡抚红封	陈孚恩、福济叠审，军机大臣会同刑部覆审定拟，请发往新疆效力赎罪	帝裁定。从之	同上，卷四七〇

276

第五章 中国古代惩治贪污贿赂罪司法实践的启迪

表6-7 清同治朝贪污贿赂犯罪案件（据现有资料不完全统计）

时间	题奏或告发人	犯罪人	犯罪事实	审批或部拟	裁决与执行	资料出处
同治元年十月	—	库伦大臣色克通额	勒索商人	—	革职，流放新疆	《穆宗毅皇帝实录》，中华书局1987年版，卷四五
同治元年十一月	—	钦差大臣督办陕西军务胜保	贪污欺罔，受贿赂，收纵寇，拥兵贻误军机	—	谕令胜保自尽	同上，卷四八
同治四年六月	员外郎喀呢音布呈控陵寝司员冒领工项并该管大臣及司员等勒索书吏钱文	贝子载华、奉恩辅国公恩彻、镇总兵麟翔	载华、恩彻、麟翔于属员承领工程扶同舞弊，侵用银两，并向书吏索取银钱	派令灵桂、贺寿慈前往查办。恩彻均著照所拟杖一百，流三千里，交宗人府照例惩办，麟翔著即革职，从重改发黑龙江充当苦差	贝子载华、奉恩辅国公恩彻均著照所拟先行革去世职，仍按照闲散宗室初次犯流三千里罪名例，折圈禁二年，免其枷责	同上，卷一四四

277

(续表)

时间	题奏或告发人	犯罪人	犯罪事实	审拟或部拟	裁决与执行	资料出处
同治六年正月	—	湖广总督官文	在湖广总督任内动用捐款馈送升任侍郎胡家玉等程仪银四千余两	命问书绵森、侍郎谭廷襄前往查办，并令胡家玉明白回奏	大学士一等伯官文著革去湖广总督，加恩仍留伯爵大学士，改为革职留任，八年无过，方准开复，并罚俸十年，不准抵销	《穆宗毅皇帝实录》，中华书局1987年版，卷一九四
同治九年十一月	左宗棠特参	甘肃总兵周东兴	采买粮价数目浮冒制钱一万串有奇	左宗棠查办	周东兴著即在军前正法	同上，卷二九六
同治十二年四月	—	卢龙县知县唐钺	办案收受银四百两之多	著李鸿章按照所参各节确切访查，据实复奏	寻奏遵查唐钺尚无贪赃任法等事，惟捕务废弛，应请革职	同上，卷三五一

278

表 6-8 清光绪朝贪污贿赂犯罪案件（据现有资料不完全统计）

时间	题奏或告发人	犯罪人	犯罪事实	审拟或部拟	裁决与执行	资料出处
光绪四年四月	曾国荃奏	山西阳曲县仓书李杯儒、孙毓树	承办粥厂放赈事宜，运送米石时商同侵盗至五十石之多	—	业经曾国荃将该犯李杯儒、孙毓树饬令就地正法	《德宗景皇帝实录》，中华书局1987年版，卷七一
光绪六年二月	左宗棠奏请	粮局委员候选从九品高梓材，记名总兵于维槐	高梓材以粮局委员冒领仓粮至一千九百余斤之多。于维槐冒领仓粮，辄与高梓材朋比行收买图利私行收买	于维槐著即革职，递解回籍，交地方官严加管束，不准投效各路军营	高梓材著即革职，从重发往黑龙江充当苦差	同上，卷一〇九
光绪六年二月	—	甘肃总兵肖兆元	在采购和运输军粮当中，贪污军粮	—	裁判处死刑	同上，卷一一〇
光绪九年五月	御史洪良品奏云南报销一案贿银十三万两	太常寺卿周瑞清、云南粮储道崔尊彝、永昌府知府潘英章等	周瑞清商同说合，过付银两。潘英章辗转行贿托数至万。云南粮道崔尊彝侵用公款三万三千二百余两	由派惇亲王、薛允升等会同查办。孙家穆、周瑞清均著发任黑龙江效力赎罪。福趾、龙继栋、李郁华均著发往军台效力赎罪	崔尊彝虽已病故，仍著革职。著将该故员家属完缴。其它涉案人员分别给子革职、降调、降级留任处分	同上，卷一六三
光绪九年三月	—	奉恩镇国公溥泰等	接受禁臣淀地	宗人府、刑部审理	革去公爵，照例折圈禁一年	同上，卷一六一

279

（续表）

时间	题奏或告发人	犯罪人	犯罪事实	审拟或部拟	裁决与执行	资料出处
光绪十一年十月	刘铭传奏	台湾道刘璈、提督高登玉	刘璈侵欺银一万多两。又于其子刘济南招勇船价浮冒银一万两零	特派锡珍、卫荣光驰往查办	刘璈著照所拟斩监候，其应缴之款除抄产抵外，余著勒限追完，高登玉著从重发往军台效力赎罪	《德宗景皇帝实录》，中华书局1987年版，卷二一七
光绪二十一年七月	御史高燮曾奏参	江西巡抚德馨	平日收受属员馈送，纵容门丁遇事婪索	谕令张之洞按款确查	江西巡抚德馨著即革职	同上，卷三七三
光绪三十年正月	丁振铎等奏	云南普洱镇总兵高德元	婪索投诚礼物，欺罔贪污等	—	所请革职发往军台不足蔽辜，高德元著即行正法	同上，卷五二六
光绪三十一年八月	松蕃参奏	甘肃新疆巡抚潘效苏	潘效苏等冒销分用款项达二十三万余两之多	—	潘效苏即行革职，发往军台效力赎罪	同上，卷五四八
光绪三十二年五月	—	科布多参赞大臣瑞洵	纵容家丁营私通贿，又复捏报添兵	谕令连魁确查。瑞业经因案发往军台，著薄颁派员押解来京，交刑部严讯	法部奏审明瑞洵报销尚无侵挪，限内赃款全缴，应否仍行发往军台请旨折，瑞洵仍发往军台效力赎罪	同上，卷五六〇
光绪三十四年四月	归化城副都统告发	署尚书、绥远将军贻合	将有罪台吉丹丕尔误杀并挪用银两六万两	刑部审理	被判处发配新疆，后按本人要求改发四川巴塘	同上，卷五八九

表6-9 清代贪污贿赂犯罪死刑执行情况

时　间	犯罪人	死刑执行方式
顺治二年正月	赤城道朱寿鏊	处斩
顺治六年八月	福建巡抚周世科	命斩之
顺治十一年三月	大学士、吏部尚书陈名夏	著处绞
顺治十一年十二月	广西巡抚王一品	处绞
顺治十二年十一月	顺天巡按顾仁、刑部司官贺绳烈	顾仁处斩，贺绳烈处绞
顺治十三年闰五月	河西务分司员外郎朱世德	处绞
顺治十五年四月	顺天乡试考官李振邺、张我朴等	立斩
顺治十五年十一月	江南乡试主考方犹、钱开宗等	俱著即正法
顺治十六年十月	江南按察使卢慎言	凌迟处死
顺治十八年十一月	原任巡按湖南御史仵劭昕	著处斩
康熙二十七年三月	陕西按察使索尔逊	处绞
康熙三十年四月	前任潍县知县、现吏部主事朱敦厚	处绞
康熙四十三年十一月	工部郎中费仰嘏	刑部题覆朝审案件由可矜著改情实
康熙五十二年一月	江南科场副考官编修赵晋、同考官句容县知县王曰俞、福建科场同考官吴肇中等	斩立决
康熙五十二年二月	顺天乡试行贿之周三、周启	斩立决
康熙五十七年二月	山西太原府知府赵凤诏	处斩
雍正三年十二月	原任大将军川陕总督年羹尧	著交步军统领阿齐图令其自裁
雍正五年六月	原任夔州知府程如丝	奉旨正法，部文未到之前自缢身死
雍正十二年三月	河南学政俞鸿图	斩立决
雍正十三年七月	甘州提督刘世明	斩立决
乾隆五年十月	四川道御史褚泰、常禄	刑部题朝审缓决人犯一疏，得旨褚泰、常禄著改为情实

（续表）

时　　间	犯罪人	死刑执行方式
乾隆六年七月	山西学政喀尔钦	斩立决
乾隆六年四月	提督鄂善	赐令在家里自尽
乾隆十三年七月	浙江巡抚常安	绞监候，死于监狱
乾隆二十一年三月	山东巡抚鄂乐舜	赐令自尽
乾隆二十二年九月	湖南布政使杨灏	斩决
乾隆二十二年九月	云贵总督恒文	赐令自尽
乾隆二十二年十一月	原任山西巡抚蒋洲、布政使杨文龙	斩立决
乾隆二十四年六月	绥远将军保德等四人	斩立决
乾隆三十年三月	前和田办事大臣和诚	斩决
乾隆三十一年二月	山西阳曲知县段成功	段成功斩立决原，同案犯原任山西巡抚和其衷斩监候，于十月将和其衷处斩
乾隆三十三年十月	总管内务府大臣兼吏部侍郎前任两淮盐政高恒、前任两淮盐政普福	斩监候勾决，立即执行
乾隆三十五年二月	贵州巡抚良卿、贵州布政使高积	良卿在贵阳正法、高积斩决
乾隆三十七年七月	云南布政使钱度	斩立决
乾隆三十八年一月	四川总督阿尔泰	赐令自尽
乾隆三十九年十一月	云贵总督彰宝	被判处死刑，秋后处决，入于情实，已经勾决。死于狱中
乾隆四十三年九月	兵部侍郎驻新疆叶尔羌大臣高朴	就地正法
乾隆四十六年六月	拉里县丞高大业	藏地正法

(续表)

时　间	犯罪人	死刑执行方式
乾隆四十六年至四十七年	陕甘总督勒尔谨、原任甘肃巡抚王亶望、甘肃布政使王廷赞等56人	勒尔谨著加恩赐令自尽，王亶望等14人斩立决，王廷赞等人斩监候勾决
乾隆四十七年七月	山东巡抚国泰、布政使于易简	赐令自尽
乾隆四十七年八月	乌噜木齐都统索诺穆策凌	赐令自尽。同案犯，知县瑚图里斩立决，邬玉麟、王老虎、郭子绞立决
乾隆四十九年七月	江西巡抚郝硕	赐令自尽
乾隆五十三年七月	福建陆路提督、一等伯柴大纪	处斩
乾隆五十四年二月	和田领队大臣格朋额	处斩
乾隆五十七年十二月	大兴县知县祝振	绞立决
乾隆五十八年二月	原任浙江巡抚福崧	就地正法
乾隆六十年十月	闽浙总督伍拉纳、福建巡抚浦霖	斩立决，同案犯按察使钱受椿、库吏周经就地正法
乾隆四十一年五月	原任理藩院尚书富德	处斩
嘉庆四年正月	大学士和珅	赐令自尽
嘉庆四年三月	湖南布政使郑源璹	斩立决
嘉庆四年十月	湖北军需道员胡齐仑	绞立决
嘉庆五年二月	前任总漕富纲	谕令绞监候，秋后处决。嘉庆五年十月二十六日勾决处死
嘉庆六年四月	贵州巡抚伊桑阿	绞立决
嘉庆九年七月	监督五灵泰、遐龄、董成谦、祁韵士、凤麟、丁树本	绞监候，入于本年秋审情实

（续表）

时间	犯罪人	死刑执行方式
嘉庆十年九月	已革西宁办事大臣都尔嘉	将都尔嘉带至伊祖墓前监令自缢
嘉庆十年十月	盛京工部员外郎顺安	勾决
嘉庆十二年三月	直隶州县勾串司书侵吞库项一案侵银二万两以上者、侵银一万两以上者	侵银二万两以上者斩立决，侵银一万两以上者秋审予以勾决
嘉庆十四年十二月	刑部侍郎广兴	绞立决
嘉庆十四年五月	巡漕御史英纶	绞立决
嘉庆十五年十一月	吉林将军、吏部尚书秀林、副都统达禄	秀林赐令自尽，达绞监候，已经勾决，归入下年情实处绞
嘉庆十五年四月	西藏粮员蒋作梅	西藏正法
嘉庆二十二年	西城御史萧镇	斩监候，勾决
同治元年十一月	钦差大臣督办陕西军务胜保	谕令自尽
同治九年十一月	甘肃总兵周东兴	军前正法
光绪四年四月	山西阳曲县仓书李林儒、孙毓树	就地正法
光绪三十年正月	云南普洱镇总兵高德元	即行正法

表6-10 清代贪污贿赂犯罪流刑执行情况

时间	犯罪人	流刑执行方式
顺治十四年七月	原任山西巡按刘嗣美	流徙尚阳堡
顺治十五年四月	顺天乡试行贿考生王树德等24人及其妻子、父母、兄弟	流徙尚阳堡
顺治十五年十一月	江南乡试行贿考生方章钺等8人及其妻子、父母、兄弟	流徙宁古塔
顺治十五年四月	（1）陈之遴并父母、兄弟、妻子；（2）吴惟华、胡名远、王回子等并父母、兄弟、妻子	（1）流徙盛京；（2）流徙宁古塔

(续表)

时　间	犯罪人	流刑执行方式
康熙四十三年五月	原任山东布政使刘暟	刘暟著发往奉天
乾隆三年七月	工部尚书赵宏恩	自备资斧前往台站效力
乾隆七年四月	浙江巡抚卢焯	发往军台效力
乾隆二十二年九月	云南巡抚郭一裕	发往军台效力，准其纳赎
乾隆三十一年二月	知府孔传炯、按察使朱奎杨、巡抚文绶、知府刘墉	发往军台效力
乾隆三十四年正月	保定府知府吴兆基	发往军台效力赎罪
乾隆四十七年十月	（1）内旗人奇明等五犯；（2）汉人周人杰等十犯	（1）著照善达等之例发往极边烟瘴地方；（2）著发往黑龙江充当苦差
乾隆五十一年五月	湖北江陵县书苏秉六	从重改发乌噜木齐为奴
乾隆五十八年二月	藩司归景照	发往伊犁效力赎罪
乾隆六十年五月	都统明亮	路过乌噜木齐时，即留于该处效力赎罪
乾隆六十年	原任闽浙总督富勒浑	发往热河效力赎罪
嘉庆七年一月	提督、步军统领明安，卿员、内廷行走鄂罗锡叶勒图	发伊犁效力赎罪
嘉庆十二年三月	直隶州县勾串司书侵吞库项一案陈锡钰、马河、戴书培、魏廷鉴四犯	发往黑龙江充当苦差
嘉庆十三年四月	已革道员孙长庚	发往伊犁
嘉庆十五年	内务府大臣成文	加恩减为流罪，仍准其照例收赎
嘉庆十四年十二月	刑部侍郎广兴一案：（1）原山东巡抚长龄；（2）山东布政使邱庭隆、知府金湘；（3）张鹏升	（1）发往伊犁效力赎罪；（2）发黑龙江效力赎罪；（3）发吉林效力赎罪
嘉庆十六年十二月	湖南学政徐松	流放
道光二十年一月	户部尚书、总管内务府大臣奕纪	遣戍黑龙江

(续表)

时　　间	犯罪人	流刑执行方式
道光二十八年五月	前任山西巡抚梁萼涵	发往军台
道光二十九年七月	山西巡抚王兆琛	发往新疆效力赎罪
同治元年十月	库伦大臣色克通额	流放新疆
同治四年六月	泰甯镇总兵麟翔	从重改发黑龙江充当苦差
光绪六年二月	粮局委员候选从九品高梓材	从重发往黑龙江充当苦差
光绪九年五月	云南报销一案：（1）户部主事孙家穆、太常寺卿周瑞清；（2）员外郎福趾、知府潘英章、户部主事龙继栋等	（1）发往黑龙江效力赎罪；（2）发往军台效力赎罪
光绪十一年十月	提督高登玉	从重发往军台效力赎罪
光绪三十一年八月	甘肃新疆巡抚潘效苏等4人	发往军台效力赎罪
光绪三十二年五月	科布多参赞大臣瑞洵	发往军台效力赎罪
光绪三十四年四月	署尚书、绥远将军贻谷	被判处发配新疆，后按本人要求改发四川巴塘，死于途中

第二节　中国古代惩治贪污贿赂犯罪司法实践的启迪

　　唐太宗对官吏贪赃枉法适用重刑、执法严厉，因此，唐太宗时期的吏治不仅是唐代最好的，而且在中国古代也是为数不多的吏治清明时期。在专制政体之下，良法易得，良君难遇，因此，法治无法建立起来，但毫无疑问，法治推行最好的时期都是能守法、善用法的贤君在位，都是历史上有名的盛世，百姓受益也最多，这并不是偶然的。法治优于一人之治，重视依法治理优于蔑视法律的纯粹权力之治。实行法治是唯一的长治久安之策，唯一的长效机制，舍此别无他途，这是唐代"贞观之治"的基本经验。君主专制政体之下关键在人，在于皇帝及其所任用的官员，而不在于法律是否优良；无论法律多么高明，如果得不到适用、遵守，就无法发挥其治世之功能。君主专制政体之下，皇权不受法律约束，是推行法治最大的政治难题。法治高度依赖于皇权，皇帝守法是推行法治最重要的前提条件，皇帝一旦不守法，法治的推行就失去了动力支持。因此，在专制政体之下是政治决定一切，法律适用的效果完全取决于政治。人治政治使得法律的稳定性与统一性时刻面临人的非理性的喜怒哀乐等私人情绪的巨大影响，无法保障其稳定、客观以及适用的统一，特别容易出现宽严不一，特别容易出现架空成文法的现象，使得一个国家完全受制于皇帝一人的喜怒哀乐，使得盛世无法持续，使得人的权威在成文法之上，成文法律没有权威，法治秩序确立极其艰难而破坏又非常容易。古代为何用持法二字，乃取其容易破坏，需要小心呵护之意也。在古代法治秩序即使建立了也总是很脆弱，极易破坏，很难长期稳固、持续存在，使得人亡政息成为一种无法逃避的政治发展规律。

明太祖惩元治纵驰之习，欲用威以革之。乃观于《大诰》所言，一则曰："弃市之尸未移，新犯大辟者即至。"再则曰："朝治而暮犯，暮治而晨亦如之。"尸未移而人为继踵，治愈重而犯愈多。然则威既竭而习革，其效可睹矣。[1] 人欲不可灭，贪欲不可除，私利不能无。法律不可能灭人欲，除非杀掉；法律不可能消除人的本能，让人变成木头；法律不可能让人大公无私，因为无欲才能无私，有欲必有私。对于活人而言，要除私去欲是无法做到的。人的欲望可遏制、可引导，但不可灭。沈家本曰："世之议刑者，不问罪与刑之相比与否，辄曰是宜从重，抑知民之贪冒嗜利而无耻，非徒治其标，必当深究其本也。观于《大诰》，而用威之不足言治也可知矣。"[2] 明太祖一心想根除官吏贪赃，虽然他用尽了所有严酷的手段对付贪吏，但是他所遇到的困难是超乎想象的，以至于后来他不得不减少大规模的适用死刑，让一些官吏戴罪供职。洪武二十三年以后，最终放弃了采用严酷的手段，转向以感化为主，事实上等于宣告了自己所用严酷手段的失败。不过，尽管他没有实现根除官吏贪赃的政治目的，但是在当时也取得了明显的实际效果，官

---

[1] 沈家本：《历代刑法考》，中华书局1985年版，第2281—2283页。
[2] 同上。

吏贪赃的规模、烈度明显比元末小多了。

惩贪虽然不是越严越好，但是对待贪官污吏严厉惩罚比宽纵容忍好却是一条基本经验，惩贪往往毁于不严，从来惩贪没有毁于严的，只是严惩难以持久，特别是中国古代只有初世才用严的观念根深蒂固，十分有害。只要严惩贪污贿赂就有社会效果，严惩总体上比不严惩效果更好，多管其下比单纯严惩更好。惩治贪官污吏不应当宽严相济，不应当时严时宽，不应当只在乱世、开国初期用严，时而宽，时而严。惩贪法律应当追求公平划一，而不是宽严相济，宽严相济易陷于或枉或纵，易陷于法外从宽，或者法外从严，从而使法律失其公，失其平，失其威，最后易陷于人治，滥权越加严重，法律则日益成为具文，效用日减，以至于权势熏天，法则无人守、无人用，徒有法之虚名耳。而在纯粹的权治下，不是陷入无序、混乱，就是陷入恐怖、死寂，全社会公平荡然无存，大多数人只能苟且偷生，极少数人则可以为所欲为。惩贪应当始终坚持用严，对贪官污吏任何时候都要严惩，任何时候都不能心慈手软。但是，应当依法用严，而不应当法外用严；应当对所有的官员都严，而不能对小吏严，而对大吏宽，对京官严，对地方官宽，特别是不能对地方官严，而对京官宽；更不能以情乱法，以情代法，置法律于不顾，以个人好恶而随意轻重，关键是皇帝对自己身边的官员要严，一断于法。

中国古代的惩贪往往无法持久，大多前功尽弃，大多由严惩走向宽容，开国之君多能严惩贪吏，但后起之君多数不能严惩贪吏。惩贪是社会安定、吏治清明、人民安居乐业、国家强大的前提条件，是盛世形成的重要因素。古代的君主专制政治体制自身存在先天的制度缺陷，即权力过分集中于少数官员，集中于皇帝，监督制约机制不独立，皇权不受任何其他平行或更高权力的制约，皇权滥用十分普遍，而且无法遏制，除非皇帝自己认识到自己的错误，并主动地改正，否则任何官员无论权力多大，无论多么贤明，都无法迫使皇帝改正错误。可以说，皇帝基本靠自制、自觉、自励、自醒，这就要求皇帝完全是一个理性人，没有非理性行为，皇帝没有私心杂念、没有个人利益，百分之百地代表庶民利益，只为庶民服务，而不为自己服务，而现实中的皇帝都无法达到这一要求，能够在实现自己利益的同时，兼顾庶民利益的皇帝已属于贤君，有相当数量的皇帝不能很好地兼顾庶民利益，甚至有些皇帝驱民于水火。在君主专制政治体制下严惩贪吏是最有效的措施,是遏制官吏贪腐行为所必须的,也是协调官民矛盾、保护庶民利益所必须的。如果不改变君主专制政治体制本身,只有贤君在位、严惩贪官,才能形成稳定的政治秩序,否则必然造成国家和社会的衰落,造成政治的不稳定。在君主专制政治体制下多数时候反贪的政治力量小于贪污的政治力量,一旦贪污的政治力量大于反贪的政治力量,两种力量博弈的结果必然是贪污的政治力量占上风,此时反贪,必然成效不大。皇帝的立场和态度至关重要,多数官员本能地对惩贪持抵制态度,如果皇帝反贪的立场不坚定,反贪的力度不大,甚至包庇、纵容贪污,反贪就无法取得满意的效果。反贪是逆水行舟,一旦松劲,就会前功尽弃。贪官通常最善于讨好皇帝,善于满足皇帝个人的私欲,皇帝与贪官经常有着共同利益,因此皇帝不可能彻底地、毫不妥协地反贪,不得不容忍一些官员的贪污受贿行为。官员们彼此之间共同的政治命运、共同的利益以及盘根错节的利益关系使得他们无法彻底地、毫无顾忌地反贪。对大多数官员来说反贪的直接收益不大,却存在一定的政治风险,因此靠官员们反贪是很难成功的,常常会演变成钩心斗角、排除异己,而靠皇帝一个人的力量反贪是远远不够的,在君主专制政治体制下反贪常常以失败而告终,因此,专制王朝无法避免腐败的命运,无法避免灭亡的命运。绝对的权力意味绝对的腐败,君主专制政治体制下的权力是一种绝对的权力,从根本上是不受制约的,正是这一点决定了严重腐败的宿命。虽然在民主体制下也有腐败存在,但是民主体制下不存在绝对的权力,民主体制下的腐败更易于得到有效控制,相比较而言,民主体制是一种比专制体制更少腐败的体制,仅从预防和减少腐败的角度看,民主体制显然优于专制体制。民主体制下腐败也易于被发现,易于惩治,腐败的规模可以控制在一定的限度内,不会无限地升级,不会成为一匹脱缰的野马自由驰乘,直到国家和社会彻底陷入混乱状态,最终导致政府的彻底重组。在君主专制政治体制下任何严惩的效果都是有限的,任何严惩都是无法持久的,严惩贪官并非治本之策,仅是权宜之计,君主专制体制下严重腐败并不仅在于惩贪不严,而在于无法做到始终严惩,在于制度本身更易于滋生腐败,在于权力的配置不合理,在于拥有无限私欲的、有限理性的个人拥有无限的权力,在于这种体制下无法避免权力的非理性运用，建立更加民主的、更多监督的政治体制，避免权力过分集中于某个人或某几个人手里，避免某个人或某几个人的权力不受法律控制，是预防和减少腐败的根本出路。总之，严惩贪污贿赂比不严好，但严惩仅是解决问题的一种临时方法，是一种治标而不治本的方法，而并非最好的方法，只有建立合理的政府体制，科学地配置政治权力，形成合理的政治权力结构，从根本上提高政治体制自身的免疫力才是治本之策。

历史上各个王朝的惩贪都是虎头蛇尾，几乎形成了一个规律，王朝统治初期都能严惩贪吏，有的王朝由于惩贪有力，短期内吏治明显好转，但是当一个王朝发展到中期时，随着宫廷中长大的皇帝执政，随着经济的繁荣，多数皇帝不再高度重视惩贪，惩贪力度明显减小，等到了一个王朝的后期，腐败往往非常严重，而执政者多数能力平平，社会秩序开始出现乱象，已经无力反贪、无暇反贪，贪贿公行，反贪法律已不能实行。中国古代从来不患无法，立法从来都不是什么难事，就像元代也有比较完善的反贪立法。但有法而不能守、有法而不能用，是古今之通病。历史上，好立法者甚多，能持法者极少，徒有立法之虚名，而无行法之实政，法律往往流于形式，法的实效更无从谈起。元代不仅惩贪立法趋于轻缓，而且多数皇帝有法不守、有法不用，因此之故，元代是中国历史上最腐败的一个王朝，也就不足为奇了。

中国古代惩贪立法在一千多年的唐代就已经达到了很高的水平，但是惩贪立法的高水平与政治清廉之间只有很微弱的联系，多数朝代对执法的重视程度没有立法高。在惩贪执法方面存在以下明显问题：（1）体制自身的监管漏洞很大，体制内的执法资源有限、执法能力严重不足；（2）由于自身利益的缘故，官僚集团内部缺乏反贪的意愿，只能是被动地反贪，往往演变成官场上的权力斗争。古代中国惩贪执法的力度主要取决皇帝执法的意愿、能力及皇帝的法律意识。一方面，皇帝自己不受反贪法律的约束，他是严格按照自己所发布的成文反贪法律去惩贪，还是凭自己对某官的好恶及自己临时的想法而任意轻重完全由他自己决定，多数皇帝并不能做到严格按照自己所发布的成文反贪法律去惩贪，作为最后裁决者的皇帝常常在成文法外任意轻重，并且皇帝有时也袒护一些官员的贪污行为，对于皇帝的行为大臣们只能劝谏，而无其他办法，无论如何法律是不制约皇权的，专制体制下也不存在制约、监督皇权的政治机构，由于皇权高于成文法，这就使得成文法的稳定性经常受到皇权的干扰，皇帝个人意志可以取代成文法。由于成文法与皇帝个人意志的矛盾，皇帝多不能依成文法惩贪，这就得反贪具有极大的随意性。另一方面，有的皇帝想惩贪，但是执行力不足，效果有限；有的皇帝自己惩贪的意愿就不强，主观上就不想严厉反贪，甚至对贪贿表示理解，认为不可避免，表现出对于反贪的无能为力，客观上起到了纵容贪贿的效果；有的皇帝认为严厉反贪是权宜之计，统治初期尚能严厉反贪，但随着吏治的好转往往转向宽以待官，反贪力度逐渐减弱，于是贪风又烈。实际上，即使是一心想反贪的帝王仅凭自己一人之力反贪也是力不从心的，历史上即使如朱元璋那样严厉反贪的皇帝也深感无能为力，任凭他严刑峻法，贪官污吏仍然层出不穷、前赴后继，以至于到了他统治的后期反贪力度就明显减小了，惩贪重法《明大诰》也被弃之不用。实践证明，反贪防贪必须靠制度建设，必须靠人民群众集体的力量，反贪问题上的个人英雄主义效果是有限的，也是短暂的，无论如何英明的帝王，无论在反贪问题上态度如何坚决，手段如何严酷，都无法战胜企图利用权力谋求个人利益的官员，皇帝可能胜利于一时，而官僚集团作为经济上的一个分利集团却可以长期存在，时隐时现，时强时弱，他们才是最终的胜利者。政治生活中充满了各种政治力量的博弈，有组织的博弈者通常会胜过无组织的博弈者，强大的胜过弱小的，政治力量决定一切，只有多数无组织的大众组织起来，只有他们结成强大的政治力量，才能对官僚集团形成有力的制约，否则，没有天敌的政治力量是无法自我保持克制的，无法不利用权力寻租的，因为滥用权力给他们带来了巨额的财富，没有天敌却可以带来巨额财富的权力之滥用是无法从根本上遏制的。因此，皇帝虽然拥有最高权力，但是在反贪问题上他却是弱者，最终胜利的并不是他而是官僚集团，但官僚集团无论如何强大，其在数量上毕竟只占少数，如果占多数的民众组成更大的集团，官僚集团作为整体的强势地位也就不存在了。

参考文献

一、档案

1. 康熙朝起居注［A］．北京：中华书局，1984：55，62.
2. 康熙朝汉文硃批奏折汇编［A］．北京：档案出版社，1985：221，389.
3. 雍正朝起居注［A］．北京：中华书局，1993：198，245.
4. 雍正朝汉文谕旨汇编［A］．桂林：广西师范大学出版社，1999：319，378.
5. 雍正朝汉文硃批奏折全译［A］．南京：江苏古籍出版社，1989：546，589.
6. 清代档案史料丛编［A］．北京：中华书局，1990：34，78，95，109.

二、官书

1. 清世祖实录［M］．北京：中华书局，1985：57－1047.
2. 清圣祖实录［M］．北京：中华书局，1985：102－1076.
3. 清世宗实录［M］．北京：中华书局，1985：94－1057.
4. 清高宗实录［M］．北京：中华书局，1986：157－2235.
5. 清仁宗实录［M］．北京：中华书局，1986：412－934.
6. 清宣宗实录［M］．北京：中华书局，1986：42－543.
7. 清文宗实录［M］．北京：中华书局，1986：65－421.
8. 清穆宗实录［M］．北京：中华书局，1987：12－321.
9. 清德宗实录［M］．北京：中华书局，1987：24－295.
10. 清朝通志［M］．杭州：浙江古籍出版社，2000：327，328.
11. 清朝通典［M］．杭州：浙江古籍出版社，2000：147，149.
12. 清朝文献通考［M］．杭州：浙江古籍出版社，2000：56，59.
13. 清朝续文献通考［M］．杭州：浙江古籍出版社，2000：234，238.

三、各国法典

1. 葡萄牙刑法典［M］．北京：中国人民公安大学出版社，2010：163，164.

2. 芬兰刑法典［M］. 北京：北京大学出版社，2005：112，113.

3. 挪威一般公民刑法典［M］. 北京：北京大学出版社，2005：27，28.

4. 西班牙刑法典［M］. 北京：中国政法大学出版社，2005：153，154.

5. 最新意大利刑法典［M］. 北京：法律出版社，2007：115.

6. 奥地利联邦共和国刑法典［M］. 北京：中国方正出版社，2004：115.

7. 德国刑法典［M］. 北京：中国法制出版社，2000：227，228，229.

8. 马其顿共和国刑法典［M］. 北京：中国人民公安大学出版社，2010：151－154.

9. 匈牙利刑法典：2008年修订版［M］. 北京：中国人民公安大学出版社，2008：105.

10. 波兰刑法典［M］. 北京：中国人民公安大学出版社，2009：85，86.

11. 保加利亚刑法典［M］. 北京：中国人民公安大学出版社，2007：142，143.

12. 日本刑法典：2005年修订版［M］. 北京：法律出版社，2006：73，74.

13. 巴西刑法典：2008年修订版［M］. 北京：中国人民公安大学出版社，2009：134，135.

14. 埃及刑法典［M］. 北京：中国人民公安大学出版社，2011：49－53.

15. 瑞士联邦刑法典：2003年修订版［M］. 北京：中国方正出版社，2004：101，102.

16. 法国新刑法典［M］. 北京：中国法制出版社，2003：155.

17. 希腊刑法典［M］. 北京：中国人民公安大学出版社，2010：96.

18. 澳大利亚联邦刑法典［M］. 北京：北京大学出版社，2006：110－112.

19. 土耳其刑法典［M］. 北京：中国人民公安大学出版社，2009：110，111.

20. 菲律宾刑法［M］. 北京：北京大学出版社，2006：47－51.

21. 朝鲜民主主义人民共和国刑法典［M］. 北京：中国人民公安大学出版社，2008：46，48.

22. 阿根廷刑法典［M］. 北京：中国方正出版社，2009：65，66.

23. 埃及刑法典［M］. 北京：中国人民公安大学出版社，2011：54，55.

24. 冰岛刑法典：2008年修订版［M］. 北京：中国人民公安大学出版社，

2009：63.

25. 丹麦刑法典与丹麦刑事执行法［M］. 北京：北京大学出版社，2005：44.

26. 古巴刑法典：2008 年修订版［M］. 北京：中国人民公安大学出版社，2010：86.

27. 美国模范刑法典及其评注［M］. 北京：法律出版社，2005：180 - 187.

28. 喀麦隆刑法典［M］. 北京：中国方正出版社，2007：120.

29. 美国量刑指南：美国法官的刑事审判手册［M］. 北京：法律出版社，2006：66，67，103，104，429，430.

30. 墨西哥联邦刑法典［M］. 北京：中国人民公安大学出版社，2010：115.

31. 新西兰刑事法典［M］. 北京：中国方正出版社，2007：46 - 51.

32. 越南刑法典［M］. 北京：中国人民公安大学出版，2005：125 - 132.

33. 蒙古国刑法典：2002 年修订版［M］. 北京：北京大学出版社，2006：67.

34. 塞尔维亚共和国刑法典［M］. 北京：中国人民公安大学出版社，2011：160.

35. 克罗地亚共和国刑法典［M］. 北京：中国人民公安大学出版社，2011：151.

四、著作

（一）古代

1. 王庆云. 石渠馀纪［M］. 北京：北京古籍出版社，1985：85.

2. 徐珂. 清稗类钞［M］. 北京：中华书局出版社，1984：74.

3. 张集馨. 道咸宦海见闻录［M］. 北京：中华书局出版社，1981：68.

4. 蒋良骐. 东华录［M］. 山东：齐鲁书社出版，2005：113.

5. 雷梦麟. 读律琐言［M］. 北京：法律出版社，2000：46.

9. 王明德. 读律佩觿［M］. 北京：法律出版社，2001：116.

10. 陈康祺. 郎潜纪闻初笔二笔三笔［M］. 北京：中华书局出版社，1984：156，179.

11. 刘肃. 大唐新语［M］. 北京：中华书局出版社，1984：23，29.

12. 清朝野史大观：2，3 卷［M］. 上海：上海书店出版，1981：60.

13. 叶留. 为政善报事类［M］. 湖南：岳麓书社出版，2005：40.

15. 薛允升. 唐明律合编［M］. 北京：法律出版社，1999：134，172.

16. 吴兢. 贞观政要［M］. 济南：齐鲁书社出版，2010：43，91.

17. 贺庆祺，等. 刑案汇览［M］. 北京：北京古籍出版社，2004：70－92.

18. 许槤，熊莪纂. 刑部比照加减成案［M］. 北京：法律出版社，2009：45，106，192.

19. 全士潮，等. 驳案汇编［M］. 北京：法律出版社，2009：341.

20. 沈之奇. 大清律辑注：上下［M］. 北京：法律出版社，2000：567－570.

21. 沈家本. 历代刑法考：附寄簃文存［M］. 北京：中华书局出版社，1985：998，999，1039，2281－2283.

（二）现代

1. 刘俊文. 中华传世法典：唐律疏议［M］. 北京：法律出版社，1999：47，89.

2. 薛梅卿. 中华传世法典：宋刑统［M］. 北京：法律出版社，1999：165，167，196－208.

3. 郭成伟. 中华传世法典：大元通制条格［M］. 北京：法律出版社，2000.

4. 怀效锋. 中华传世法典：大明律［M］. 北京：法律出版社，1999：9－21，183－121，2657.

5. 田涛，郑秦. 中华传世法典：大清律例［M］. 北京：法律出版社，1999：373，202，223，226，227，235，241，242，243，246，247，260，261，272，345，349，607，230.

6. 中国第一历史档案馆. 乾隆朝惩办贪污档案选编：（1）（2）（3）（4）［M］. 北京：中华书局出版社，1994：5－349.

7. 高潮，马建石. 中国历代法学文选［M］. 北京：法律出版社，1983：3.

8. 群众出版社编辑部. 历代刑法志［M］. 北京：群众出版社，1988：190，191.

9. 华尔嘉. 清代贪污受贿大案［M］. 北京：群众出版社，2007：56－69.

10. 二十五史精华：一，二，三，四［M］. 湖南：岳麓书社出版，1992：47，128，192，290.

11. 中国人民大学清史研究所. 盛京刑部原档 [M]. 北京：群众出版社，1985：23，129.

12. 程树德. 九朝律考 [M]. 北京：中华书局出版社，2006：59，60，262，263.

13. 曹漫之. 唐律疏议译注 [M]. 吉林：吉林人民出版社，1989：39.

14. 高绍先. 中国历代法学名篇注译 [M]. 北京：中国人民公安大学出版社，1993：442.

15. 钱大群. 唐律疏议新注 [M]. 南京：南京师范大学出版社，2007：618，619，808，809.

16. 赵秉志. 外国刑法各论 [M]. 北京：中国人民大学出版社，2005：187.

17. 赵克尧，许道勋. 唐太宗传 [M]. 北京：人民出版社，1984：49-54.

18. 王立民. 中国法学经典解读 [M]. 上海：上海教育出版社，2006：192.

19. 周保明. 清代地方吏役制度研究 [M]. 上海：上海书店出版社，2009：243.

20. 谢世诚. 晚清道光、咸丰、同治朝吏治研究 [M]. 南京：南京师范大学出版社，1999：45-56.

21. 张晋藩，郭成康. 清入关前国家法律制度史 [M]. 沈阳：辽宁人民出版社，1988：49.

22. 张中秋. 中国法律形象的一面：外国人眼中的中国法 [M]. 北京：法律出版社，2002：196.

23. 高道蕴，高鸿钧，贺卫方. 美国学者论中国法律传统 [M]. 北京：清华大学出版社，2004：79.

24. 魏光奇. 有法与无法：清代的州县制度及其运作 [M]. 北京：商务印书馆，2010：259.

25. 佐伯富. 清雍正朝的养廉银研究 [M]. 台北：台湾商务印书馆，1996：189.

26. 郭东旭. 宋朝法律史论 [M]. 保定：河北大学出版社，2001：152.

27. 瞿同祖. 清代地方政府 [M]. 北京：法律出版社，2003：49-58.

28. 胡世凯. "明主治吏不治民"：中国传统法律中的官吏渎职罪研究 [M].

北京：中国政法大学出版社，2002：125-129.

29. 戴建国. 宋代刑法史研究 [M]. 上海：上海人民出版社，2008：123，124，125.

30. 彭信威. 中国货币史 [M]. 上海：上海人民出版社，1954：368，388，393，400，402，406.

31. 王春瑜. 中国反贪史 [M]. 成都：四川人民出版社，2000：756.

32. 黄惠贤，陈锋. 中国俸禄制度史 [M]. 武汉：武汉大学出版社，1996：108.

33. 彭炳金. 唐代官吏职务犯罪研究 [M]. 北京：中国社会科学出版社，2008：25，29.

（三）国外

1. 约书亚·德雷斯勒. 美国刑法精解 [M]. 王秀梅，译. 北京：北京大学出版社，2009：103，127.

2. 大谷实. 刑法各论 [M]. 黎宏，译. 北京：法律出版社，2003：49，134，279.

4. 西田典之. 日本刑法各论 [M]. 北京：中国人民大学出版社，2007：18，90，245.

5. 大谷实. 刑法讲义各论 [M]. 黎宏，译. 北京：中国人民大学出版社，2008：48，30，193.

6. 埃德温·萨瑟兰，唐纳德·克雷西，戴维·卢肯比尔. 犯罪学原理 [M]. 吴宗宪，译. 北京：中国人民公安大学出版社，2009：89，120.

7. 乔治·B. 沃尔德，托马斯·J. 伯纳德，杰弗里·B. 斯奈普斯. 理论犯罪学 [M]. 方鹏，译. 北京：中国政法大学出版社，2005：201，413.

8. 罗纳德·J. 博格，小马文·D. 弗瑞，帕特里克亚·瑟尔斯. 犯罪学导论：犯罪，司法与社会 [M]. 刘仁文，等，译. 北京：清华大学出版社，2009：10，56，110.

9. 韦恩·莫里森. 理论犯罪学 [M]. 刘仁文，等，译. 北京：法律出版社，2004：26，40，190.

10. 切萨雷·龙勒罗俊. 犯罪及其原因和矫治 [M]. 吴宗宪，等，译. 中国人民公安大学出版社，2009：54.

11. 贝卡里亚. 论犯罪与刑法［M］. 黄风，译. 北京：中国大百科全书出版社，1993：9，42，43，59，60，61，62，65.

12. 恩里科·菲利. 实证派犯罪学［M］. 郭建安，译. 北京：中国人民公安大学出版社，2004：94.

13. 恩里科·菲利. 犯罪社会学［M］. 郭建安，译. 北京：中国人民公安大学出版社，2004：42.

14. 詹姆斯·马奇，马丁·舒尔茨，周雪光. 规则的动态演变：成文组织规则的变化［M］. 上海：上海人民出版社，2005：41.

15. 大卫·D. 弗里德曼. 经济学语境下的法律规则［M］. 杨欣欣，译. 北京：法律出版社，2004：268，271，273.

16. 罗斯科·庞德. 法律史解释［M］. 邓正来，译. 北京：中国法制出版社，2002：29.

17. E. 博登海默. 法理学：法律哲学与法律方法［M］. 邓正来，译. 北京：中国政法大学出版社，2004：340.

18. 托马斯·莱塞尔. 法社会学导论［M］. 高学军，等，译. 上海：上海人民出版社，2008：39.

19. 柯武刚，史漫飞. 法经济学［M］. 韩朝华，译. 北京：商务印书馆，2008：476.

20. 理查德·A.·波斯纳. 法律上的经济分析［M］. 蒋兆康，译. 北京：中国大百科全书出版社，1997：321.

21. 孟德斯鸠. 论法的精神［M］. 张雁深，译. 北京：商务印书馆，2004：38.

22. P·诺纳特，P. 塞尔兹克尼. 转变中的法律与社会：迈向回应型法［M］. 张志铭，译. 北京：中国政法大学出版社，2004：21，29.

23. 雅各布·格林. 萨维尼法学方法论讲义与格林笔记［M］. 杨代雄，译. 北京：法律出版社，2008：15.

24. 唐纳德·J. 布莱克. 法律的运作行为［M］. 唐越，苏力，译. 北京：中国政法大学出版社，2004：91.

25. 纳玛丽．同治中兴：中国保守主义的最后抵抗（1862—1874）［M］．北京：中国社会科学出版社，2002：67.

26. 曾小萍．州县官的银两：18 世纪中国的合理化财政改革［M］．董建中，译．北京：中国人民大学出版社，2005：118.

27. 黄宗智，尤陈俊．从诉讼档案出发：中国的法律、社会与文化［M］．北京：法律出版社，2009：140.

28. 马伯良．宋代的法律与秩序［M］．北京：中国政法大学出版社，2010：82，83.

29. D. 布迪，C. 莫里斯．中华帝国的法律［M］．朱勇，译．南京：江苏人民出版社，2004：239.

30. 切萨雷·龙勃罗梭．犯罪人论［M］．黄风，译．北京：中国法制出版社，2005：78，101.

31. 李斯特．德国刑法教科书［M］．徐久生，译．北京：法律出版社，2006：67，189.

32. 加罗法洛．犯罪学［M］．王新，译．北京：中国大百科全书出版社，1996：159.

33. 劳伦斯·M. 弗里德曼．法律制度：从社会科学的角度［M］．林欣，等，译．中国政法大学出版社，2004：314，349.

五、论文

1. 柏华，刘志勇．中国古代官吏赃罪研究的文献计量分析：以 1980—2006 年大陆学者研究为例［J］．北方杂志，2008（3）：112 - 118.

2. 高积顺．中国专制王朝由廉转贪的定律［J］．河北法学，1996（6）：33 - 39.

3. 张建国．惩贪肃贿法制的历史考察［J］．中外法学，1995（6）：49 - 55.

4. 丁玉翠．明代科道监察制度中预防职务犯罪的取向［J］．学习与探索，2006（3）：169 - 172.

5. 高积顺．古今惩贪与治盗的宽严比较［J］．北方杂志，2008（3）：112 - 118.

6. 黄启昌．试论中国古代的反贪立法［J］．中国史研究，1999（1）：

146-155.

7. 胡仁智. 由简牍文书看汉代职务罪规定 [J]. 法商研究, 2001 (3): 138-144.

8. 刘守芬, 许道敏. 制度反腐败论 [J]. 北京大学学报: 哲社版, 2000 (1): 5-17.

9. 徐岱. 论胤禛"有治人, 即有治法"的吏治思想 [J]. 吉林大学社会科学学报, 1997 (6): 75-79.

10. 余洪波. 明朝《大诰》颁行动机新议 [J]. 河南社会科学, 2001 (2): 92-94.

11. 范忠信. 君权监督与和平转移: 中国传统法学的盲点 [J]. 河北法学, 1999 (6): 13-17.

12. 黄毅. 论中国古代限制君权的思想 [J]. 中国法学, 1996 (5): 104-115.

13. 蒋建新, 周宝砚. 唐王朝"依法治吏"的经验与启示 [J]. 社会科学, 2001 (5): 70-74.

14. 艾永明. 清朝文官考绩制度及其实施状况 [J]. 法制与社会发展, 2003 (5): 145-154.

15. 吕鹤云. 中国古代刑律中有关官吏赃罪的探究 [J]. 华中师范大学学报, 1987 (4): 46-50.

16. 鲁生. 论中国古代刑律对官吏赃罪的惩治 [J]. 内蒙古大学学报, 1988 (2): 74-80.

17. 梁凤荣. 论中国古代防治官吏赃罪的对策 [J]. 郑州大学学报: 哲学社会科学版, 1999 (5): 25-31.

18. 陈汉生, 梅琳. 我国古代法律中"赃"罪的规定 [J]. 上海大学学报: 社科版, 1995 (3): 56-59.

19. 程天权. 论惩治官吏赃罪的实践 [J]. 政治与法律, 1984 (4): 51-53.

20. 陈乃华. 秦汉官吏赃罪考述 [J]. 山东师范大学学报, 1991 (1): 33-37.

21. 顾江龙. 两晋南北朝与隋唐官僚特权之比较［J］. 史学月刊，2007（12）：37－44.

22. 周东平. 论唐代惩治官吏赃罪的特点［J］. 厦门大学学报：哲社版，1984（1）：41－46.

23. 侯文. 谈唐代对官吏赃罪的惩治［J］. 首都师范大学学报：社会科学版，1996（2）：80－85.

24. 彭炳金. 唐代官吏赃罪述论［J］. 史学月刊，2002（10）：30－36.

25. 孙玉荣. 唐代刑事立法中的"赃罪"［J］. 法学杂志，1995（2）：32－33.

26. 郭东旭. 宋朝的物价变动与计赃论罪［J］. 中国经济史研究，2004（1）：69－75.

27. 郭东旭. 宋朝以赃致罪法略述［J］. 河北大学学报：哲学社会科学版，2002（3）：5－10.

28. 王宝来. 试论元朝惩治官吏赃罪的实践［J］. 法律科学，1990（4）：52－56.

29. 怀效锋. 明初重惩官吏赃罪浅论［J］. 中国法学，1984（2）：127－132.

30. 秦文. 论唐代对受贿犯罪的惩治：兼与现代刑法之比较［J］. 探索与争鸣，2009（12）：119－122.

31. 毕连芳. 论唐代的反贪立法［J］. 法学杂志，2002（1）：60－62.

32. 赵旭. 宋代以"重禄法"治吏惩赃政策评析［J］. 史学集刊，2010（1）：57－65.

33. 史旺成. 宋初严法治贪官［J］. 法学，1983（7）：42－43.

34. 郭东旭，郑迎光. 宋朝司法腐败现象简论［J］. 河北大学学报：哲学社会科学版，2005（5）：29－34.

35. 何孝荣. 康熙惩贪述论［J］. 清史研究，1996（1）：31－39.

36. 喻大华. 论康乾盛世的惩贪［J］. 辽宁师范大学学报：社科版，1994（4）：75－79.

37. 李祖萌，袁辉. 惩治贪污的法史观［J］. 法律文化研究，2009（10）：576－579.

38. 万方. 略论我国古代惩贪法制 [J]. 河北大学学报, 1993 (4): 130-134.

39. 薛梅卿. 中国古代惩贪法律的实施及其昭示 [J]. 法学家, 1996 (4): 33-40.

40. 梁希哲. 乾隆朝贪污案与惩贪措施 [J]. 吉林大学社会科学学报, 1991 (4): 67-75.

41. 郭成康. 十八世纪中国的政治 [J]. 清史研究, 1993 (1): 7-35.

42. 郭成康. 十八世纪后期中国贪污问题研究 [J]. 清史研究, 1995 (1): 13-26.

43. 刘凤云. 试析乾隆惩贪屡禁不止的原因 [J]. 清史研究, 1992 (1): 56-61.

44. 曹松林. 乾隆朝的贪污腐败 [J]. 湖南师范大学社会科学学报, 2001 (1): 58-65.

45. 王宏斌. 晚清银钱比价波动与官吏贪污手段 [J]. 中州学刊, 1989 (4): 115.

46. 李雄舟. 关于贿赂犯罪的几点思考 [J]. 鄂州大学学报, 2010 (5): 28-31.

47. 王秀梅. 论贿赂犯罪的破窗理论与零容忍惩治对策 [J]. 法学评论 2009 (4): 67-70.

48. 曾凡燕, 陈伟良. 贪污贿赂犯罪起刑数额研究 [J]. 法学杂志 2010 (3): 132-134.

49. 卢勤忠. 我国受贿罪刑罚的立法完善 [J]. 国家监察官学院学报, 2008 (3): 82-88.

50. 侯明. 对我国贪污贿赂犯罪死刑适用的研究 [J]. 中州大学学报, 2009 (5): 44.

51. 王明高, 牛天明. 论废除我国贪污贿赂型犯罪中的死刑规定, 湘潭大学学报: 哲学社会科学版, 2006 (5): 41-45.